DE L'AFRIQUE.

DE L'AFRIQUE,

CONTENANT

LA DESCRIPTION DE CE PAYS,

PAR LÉON L'AFRICAIN.

ET

LA NAVIGATION DES ANCIENS CAPITAINES PORTUGAIS
AUX INDES ORIENTALES ET OCCIDENTALES.

TRADUCTION DE JEAN TEMPORAL.

TOME SECOND.

PARIS,

IMPRIMÉ AUX FRAIS DU GOUVERNEMENT
POUR PROCURER DU TRAVAIL AUX OUVRIERS TYPOGRAPHES.

AOUT 1830.

DESCRIPTION DE L'AFRIQUE

ET DES CHOSES MÉMORABLES QUI Y SONT CONTENUES.

LIVRE CINQUIÈME.

DU ROYAUME DE BUGGIE ET DE THUNES.

PROÈME.

J'avois promis, quand je vins à parler de la Barbarie, de mettre le domaine de Buggie pour un royaume; mais considérant depuis plus diligemment, et épluchant les choses par le menu, j'ai trouvé que Buggie n'avoit été cité royale, sinon depuis peu de temps en çà, et de droit appartient la seigneurie d'icelle au roi de Thunes. Mais elle fut longuement occupée par les rois de Telensin, jusqu'à ce qu'Abu-Feriz, roi de Thunes, sentant ses forces assez grandes, se mit en campagne avec son armée, au moyen de laquelle il s'empara non-seulement de Buggie, mais mena jusque-là le roi de Telensin, qu'il

Buggie. Depuis quand fut la cité royale.

Abu-Feriz, roi de Thunes, occupe Buggie, et rend tributaire le roi de Telensin.

fut contraint à lui rendre tribut, laissant son fils le roi de Thunes pour seigneur de cette cité, tant pour sûre garde d'icelle, comme pour prévenir tous différends qui s'en seroient pu ensuivre après son décès entre ses fils, qui étoient trois, à l'un desquels, appelé Habdulhariz, il donna Buggie ; à l'autre, nommé Hutmen, il donna le domaine du royaume de Thunes, qu'il gouverna par l'espace de quarante ans. Le troisième et dernier, que l'on nommait Hammare, eut pour sa part le pays de Datières, et se révolta contre son frère Hutmen, roi de Thunes, lequel le poursuivit si vivement qu'il le prit dans la cité d'Assacos ; puis, par son propre consentement (étant au choix d'élire quel genre de supplice il vouloit recevoir pour punition de ses démérites), les yeux lui furent crevés ; puis il fut mené à Thunes, où il vécut ainsi aveugle par long temps. Quant au seigneur de Buggie, il se rendit toujours obéissant à son frère. Ainsi cette famille eut la jouissance du royaume longuement, jusqu'à ce que le roi Ferdinand l'en priva par le moyen et vertu grande du comte Pierre de Navarre.

Hutmen, roi de Thunes, dompte Hammare, son frère, et lui crève les yeux.

Buggie, grande cité.

BUGGIE est une ancienne cité, édifiée, selon l'opinion d'aucuns, par les Romains, en la côte d'une très haute montagne sur la mer

Méditerranée, ceinte de belles, hautes et anciennes murailles; contenant environ huit mille feux en la partie qui est habitée seulement; car, étant toute peuplée, elle en pourroit contenir plus de vingt-quatre mille, vu sa grande étendue devers la montagne, qui est merveilleuse. Les maisons sont d'assez belle montre; il y a des temples et colléges là où demeurent les écoliers et docteurs qui font des lectures en la loi et aux mathématiques. Il y a plusieurs hôpitaux, couvents pour les religieux de leur loi, étuves et hôtelleries. Les places sont fort belles et ordonnées; mais on ne sauroit aller parmi la cité, qu'il ne faille monter ou descendre. Du côté de la montagne, se voit une petite forteresse, ceinte de murailles et embellie par tant de mosaïque et menuiserie, avec ouvrages azurés outre-marins si merveilleux et singuliers, que l'artifice surmonte de beaucoup le prix et valeur de l'étoffe. Les habitans de cette cité furent jadis opulents, et souloient armer plusieurs fustes et galères, lesquels ils envoyoient courir sur les frontières d'Espagne; tellement que la ruine d'eux et de leur cité en est procédée, parce que le comte Pierre de Navarre y fut envoyé pour la prendre. Ils vivent pauvrement, parce que leurs terres ne rapportent guère de grains; mais elles sont merveilleusement fructifères. Autour de la cité il y a une infinité de jardins produisant fruits en abondance, et mêmement hors la porte qui regarde du côté du Levant. Outre cela, on y voit plusieurs montagnes fort scabreuses, qui sont toutes couvertes de bois, dans lesquels se nour-

Singes et léopards. rissent une infinité de singes et de léopards.

Les citoyens sont assez joyeux, qui ne tâchent à autre chose qu'à se donner du bon temps et à vivre joyeusement, tellement qu'il n'y a celui qui ne sache sonner d'instruments musicaux et baller; principalement les seigneurs, lesquels n'eurent jamais guerre contre personne, qu'ils en fussent le motif : au moyen de quoi ils en sont tant apoltronis, et de si lâche courage, qu'étant tous intimidés par la descente de Pierre de Navarre avec quatorze vaisseaux, décampèrent avec le roi qui fut des premiers à gagner le haut, prenant les montagnes pour refuge de lui et des siens.

En sorte de quoi, sans coups ruer ni glaive briser, le comte (après y être descendu) la saccagea; puis soudainement y fit édifier un fort près le rivage de la mer, sur une belle plage, et fortifia encore une autre ancienne forteresse, qui est semblablement du côté de la marine, et joignant de l'Arsenal; et fut prise, comme vous l'avez entendu, par les Espagnols, en l'an de l'hégire neuf cent dix-sept.

Depuis, voulant, à six ans de là, Barberousse la recouvrer d'entre les mains des chrétiens, la vint assiéger, accompagné de mille Turcs qui se mirent à battre la forteresse vieille, laquelle fut prise et fortifiée; puis, avec l'aide de tous les montagnards des prochaines montagnes, s'attentèrent de vouloir prendre l'autre qui est assise sur la plage de la mer; mais, à la première rencontre, cent Turcs des plus courageux et vaillants y laissèrent leurs vies, avec quatre cents montagnards, qui les rendit tant étonnés, que leur chaude colère fut bien refroidie : tellement qu'ils n'en voulurent plus manger ni ruer coups de bonne sorte, encore moins si accoster; qui donna occasion à Barberousse de se retirer au château de Gegel, comme nous avons ci-devant récité.

Gegel, château.

Gegel est un ancien château édifié par les Africains, sur la mer Méditerranée, de la sommité d'un haut rocher, distant de Buggie par l'espace de soixante milles, et contient environ six cents feux. Les maisons sont assez mal bâties; mais les habitants sont vaillants, libéraux et fidèles; s'adonnant tous au labourage de la terre, bien que leurs terres soient âpres et ne produisent autre chose qu'orge, lin et chanvre, qui y naît en grande abondance, avec semblable quantité de noix et figues, lesquelles ils envoient à Thunes par mer, dans quelques petits navires. Ils se sont toujours maintenus en leur liberté, malgré les rois de Thunés et Buggie, parce que leur château est hors d'échelle et siége. Toutefois ils se soumirent volontairement à Barberousse, lequel ne leur imposa autre tribut que quelques grains et fruits, choses qui étaient licites et coutumées de tout temps.

<small>Les rois de Thunes et Buggie, tributaires à Barberousse.</small>

Mesila, cité.

Cette cité fut anciennement édifiée par les Romains, aux confins des déserts de Numidie, distante de Buggie par l'espace de cent quarante milles, et ceinte de murailles autant fortes et belles à voir, comme les maisons sont laides et lourdement bâties. Les habitants sont tous artisans et laboureurs, lesquels se tiennent très mal en ordre, à cause que la pauvreté les y contraint, tant parce que la moitié de leurs fruits sont détenus par les Arabes, leurs voisins, comme pour être par trop oppressés des rois de Buggie : tellement que, me retrouvant en cette cité, il ne me fut pas possible de trouver assez d'avoine pour la dînée de douze chevaux.

Distefe.

Distefe est une ville que les Romains édifièrent, distante de Buggie soixante milles, laquelle, après avoir passé les monts, se découvre aussi en une plaine, ceinte de pierres de taille, grosses et quadrangulaires. Elle fut jadis civile et bien habitée; mais, depuis que les Mahométans vinrent à la posséder, elle est fort déchue : mêmement par occasion des Arabes, qui ruinèrent grande partie des murailles, ne laissant dans la cité que cent maisons habitables. Toutefois on peut bien encore voir quel grand circuit elle pouvoit avoir, ce que j'ai considéré m'acheminant de Fez à Thunes.

Necans.

Necans est une cité qui confine avec la Numidie, édifiée par les Romains, distante de la mer environ octante milles, et autant de la cité précédente. Elle est environnée de fortes et anciennes murailles, auprès desquelles passe un fleuve, qui a ses rivages tout couverts de noyers et de figuiers, et produisent leurs fruits tant singuliers, qu'on les estime pour les plus parfaits et savoureux qui soient dans tout le royaume de Thunes, et se transportent à Constantine, qui est distante par l'espace de cent octante milles de cette cité, autour de laquelle se voient de grandes plaines et toutes fertiles en grain.

Les habitants sont riches, civils et libéraux, se tenant honnêtement en ordre, à la mode des citoyens de Buggie, et tient le commun une maison garnie en manière d'hôpital, en laquelle sont reçus tous les étrangers. Il y a aussi un collége, là où on entretient les écoliers à la bourse publique ; puis un temple merveilleusement grand, et accommodé de tout ce qu'on y pense être nécessaire.

Les femmes sont blanches et belles, de chevelure noire et reluisante, parce qu'elles fréquentent fort les étuves, prenant un plaisir à se tenir nettes et polies. Toutes les maisons sont quasi à un étage, mais fort plaisantes et récréatives, à cause qu'en chacune d'elles y a un jardin semé de fleurs, et principalement de roses damasquines, violettes, marjolaines, œillets, et telles autres gentillesses, avec leur fontaine à part. De l'autre côté du jardin y a des treilles de ceps de vignes, lesquels, grimpant contre les murailles, rendent à la maison une ombre fraîche et délectable : tellement que qui converse quelque peu dans cette cité, étant alléché par les plaisances d'icelle, caresses et privautés des habitants, il ne la peut laisser qu'avec un grand regret.

Chollo.

Chollo est une grande cité, édifiée par les Romains, sur la mer Méditerranée, sous une montagne sans aucune muraille, parce qu'elles furent rasées par les Goths; et étant venue entre les mains des Mahométans, la laissèrent ne plus ne moins qu'ils l'avaient trouvée. Néanmoins elle est civile, les habitants plaisants et libéraux, dont la plupart est d'artisans faisant de grands trafics de leurs cires, qu'ils retirent en grande quantité de la montagne, qui est très fertile, et ont grand nombre de cuirs, qu'ils troquent contre d'autres marchandises avec les Genevois, qui viennent aborder à leur port. Ils se maintiennent en liberté, ayant toujours bien résisté aux forces des rois de Telensin et du seigneur de Constantine, parce qu'entre icelle et Chollo se trouvent de hautes montagnes, avec cent vingt milles de distance, et est la moitié du territoire habitée par vaillants hommes, tant que par toute la rivière de Thunes il n'y a cité plus opulente ni plus sûre que celle-ci, à cause que l'on gagne toujours au double sur leurs marchandises.

Sucaicada.

Cette cité fut anciennement édifiée par les Romains, sur la mer Méditerranée, environ trente-cinq milles, et ruinée par les Goths; mais parce qu'il y a un bon port, le seigneur de Constantine y a fait dresser certains logis et magasins pour les marchands genevois qui trafiquent en ce pays, avec un village, sur le sommet de la montagne, qui l'avertit incontinent que quelque navire vient surgir près du port. Les montagnards échangent leurs grains pour draps et autres marchandises, que les Genevois y transportent de l'Europe. Depuis là jusqu'à Constantine se voit un chemin pavé de pierres noires, comme on en voit aucuns en Italie, qui sont appelés Chemins de Rome : grand argument pour se persuader que cette cité ait été édifiée par les Romains.

Chemins de Rome.

Constantine.

Les Romains fondèrent anciennement cette cité, comme en rendent assez amples témoignages aux spectateurs les murailles qui sont hautes et épaisses, la maçonnerie desquelles est d'une pierre noire entaillée. Elle est située sur une haute montagne du côté qui regarde le midi, et environnée de hauts rochers, sous lesquels passe un fleuve, nommé Sufegmare, qui de l'autre rive est encore ombragé de roches : tellement que la grande profondité qui est entre deux sert en lieu de fossés, mais avec plus grand profit. De la partie de Tramontane, sont les murailles fortes à merveilles, et outre ce, le sommet de la montagne, de sorte qu'il n'y a que deux petits et étroits sentiers (l'un du côté du Levant, et l'autre devers Ponant) pour s'acheminer à la cité, qui est de si ample étendue, qu'elle peut contenir environ huit mille feux, étant fort abondante, civile et embellie de plaisantes maisons et somptueux édifices : comme est le temple majeur, deux colléges et trois ou quatre monastères, avec plusieurs places belles et bien ordonnées, séparant les arcs qui sont disposés chacun en son ordre.

Les hommes sont vaillants et adonnés aux armes, mêmement les artisans; davantage le nombre des marchands (qui tiennent les draps de laine du pays) est grand, et de ceux aussi qui font transporter les toiles, huiles et soies, en Numidie, toutes lesquelles choses ils tro-

Dattes en abondance et à vil prix, à Sucaicada.

quent contre esclaves et dattes : tant qu'il ne se trouvera, en toute la Barbarie, là où il y ait plus grand marché de ce fruit qu'en cette cité, en sorte qu'on en peut avoir huit et dix livres pour quinze deniers. Les habitants sont vêtus fort à la légère, pour être aucunement tenants et avares ; au reste, superbes et mécaniques.

C'était jadis la coutume des rois de Thunes de bailler cette cité à leur premier né, ce qu'a quelquefois observé le roi qui est à présent, et quelquefois non. Premièrement, il en pourvut l'aîné de ses enfants, lequel, voulant mouvoir guerre contre les Arabes, fut occis à la première rencontre. Depuis, il en empara le second, qui, pour un chancre qui s'encharna sur lui à cause de ses excès, termina

Malheur advenu au troisième fils du roi de Thunes, par sa méchante vie.

misérablement ses jours. Enfin, il la donna au tiers, qui, pour son effrénée et éhontée jeunesse, n'avoit aucune honte de se soumettre à tel traitement, duquel on a coutume d'user à l'endroit du sexe féminin : ce que ne pouvant supporter les habitants, ni endurer l'abomination d'un tel opprobre et contumélieux acte, joint aussi qu'ils estimoient être chose trop vile s'assujettir et prêter obéissance à un seigneur noté et marqué d'un tel vice, qui le rendoit du tout efféminé et inhabile pour gouverner, se bandèrent contre lui en propos ferme et délibéré de le priver de vie ; mais le père, prévenant un tel scandale, le fit mener prisonnier à Thunes ; puis envoya, pour gouverneur en Constantine, un chrétien renié, sur lequel le roi, pour avoir expérimenté en lui une infidélité grande, et connu suffisant en choses de grande importance, se reposoit totalement, comme aussi pour son bon gouvernement fut très satisfait et content le peuple de la cité.

Cette cité, du côté de Tramontane, a une grande et quasi inexpugnable forteresse, édifiée de même temps que la cité ; mais un chrétien renié, nommé Elcaied Nabil, lieutenant du roi, la rendit encore plus forte, et fut celui qui, par le moyen de ce fort, dompta si bien la cité, et mit le frein à la témérité et outrecuidé vouloir des citoyens et prochains Arabes, qui sont les plus nobles et braves hommes de toute l'Afrique ; le chef desquels ayant entre ses mains, ne lui voulut jamais rendre la liberté, qu'il n'eût premièrement trois de ses enfants en otage. Mais finalement, le souvenir de ses vertueux actes et victoires heureusement obtenues l'éleva en telle gloire et le fit tant présumer de soi, qu'il voulut faire battre monnoie en son nom : ce que le roi trouvant trop étrange, le porta fort indignement ; mais l'autre se remit en grâce à force de péçune et présens. Dont ces derniers effets étant fort dissemblables aux autres, et contrariant totalement à la prud'hommie, qu'on pensoit premièrement lui faire compagnie, le peuple, qui auparavant lui étoit tant affectionné, le prit en haine fort grande, lui portant très mauvais vouloir; tellement que, ayant assiégé une cité en Numidie, nommée Pescara, nouvelles lui vinrent par lesquelles il entendit le peuple de Constantine s'être révolté et bandé contre lui. Pour laquelle chose pacifier et amortir voulut faire retour; mais il trouva les portes fermées. Ce que voyant, il prit la route de Thunes, pour demander secours au roi; lequel ne l'eut pas plus tôt vu, qu'il le fit détenir prisonnier, ne lui voulant donner relâche qu'il ne lui eût premièrement consigné cent mille ducats; lesquels ayant délivrés à sa majesté pour sa rançon, il obtint tel secours qu'il demandoit, avec lequel il rentra dans Constantine à force d'armes, là où il fit tuer plusieurs des principaux; au moyen de quoi il s'acquit telle inimitié, que le peuple se banda une autre fois contre lui, l'assiégeant dans la forteresse et tenant de si court, que toute espérance perdue, il mourut de regret et déplaisir; dont les habitants, après s'être réconciliés avec le roi, ne voulurent plus

Elcaied délaissé du peuple de Constantine, et fait prisonnier par le roi de Thunes.

s'assujettir à aucun gouverneur, quel qu'il fût. Pourquoi il y envoya ses enfants l'un après l'autre, comme nous avons ci-dessus récité.

Les terres qui dépendent de cette cité sont bonnes et fertiles, rendant trente pour un ; et sur les rivages du fleuve y a de fort beaux jardins, mais qui produisent peu de fruits, parce que les habitants ne savent en quelle manière ils se doivent cultiver.

Hors de la cité y a plusieurs antiques édifices, et loin d'icelle; environ à un mille et demi se voit un arc de triomphe, semblable à ceux qui sont à Rome. Mais la sottise du populaire, qui est sans jugement, le fait estimer un palais, auquel souloient converser les malins esprits qui furent par les Mahométans puis après déchassés, du temps qu'ils vinrent habiter à Constantine. Auprès du fleuve, sous les roches, se voient certains degrés taillés et martelés à force de ferrements; et joignant iceux une petite loge faite à voûte, et cavée en la manière de ces marches, de sorte que les colonnes, bases, chapiteaux, le plan, le niveau de pavé, le couvert et la loge même, sont tous d'une pièce ; et en ce lieu, les femmes de la cité descendent pour laver la buée. D'autre côté y a un bain, distant de la cité à trois jets de pierre, qui est une fontaine très chaude, laquelle se vide et

Arc de triomphe.

coule parmi certaines grosses pierres, sous lesquelles se trouve une infinité de tortues qué les femmes pensent être quelques diables ou malins esprits, estimant qu'elles soient cause de la moindre fièvre ou mal qui leur survient : et de fait, pour prévenir cet inconvénient, tuent un certain nombre de poules blanches, qu'elles mettent, avec leurs plumes, dans un pot de terre, aux orles duquel elles attachent de petites chandelles de cire; puis portent tout cela à cette fontaine, là où s'acheminent occultement quelques bons compagnons, suivant à la dérobée ces simples matrones qui n'ont pas plus tôt tourné le pied, qu'ils saisissent le pot et les poulailles, lesquelles mettent bouillir, et en font une bonne gorge chaude.

Tortues réputées pour diables par les femmes de Constantine, et de la superstition d'icelles.

Outre la cité devers Levant sourd une fontaine d'eau vive et cristalline, auprès de laquelle est élevé un édifice de marbre, là où sont taillées des figures humaines, comme j'en ai vu dedans Rome et par toute l'Europe, dont le populaire tient qu'en ce lieu étoient quelques écoles garnies de plusieurs maîtres et écoliers, qui, par leurs démesurés vices et damnables iniquités, furent, par le vouloir divin, avec les écoles même, transformés en pierres de marbre. Les citoyens ont coutume de dresser une voiture et charroi deux fois l'an-

Métamorphose.

née, pour l'envoyer en Numidie, la chargeant de draps du pays, et de je ne sais quelles autres menues bagatelles qu'ils nomment *elhasis*. Or, pour autant qu'ils sont assaillis plusieurs fois par les Arabes en leur chemin, ils mènent pour plus grande sûreté des arquebusiers turcs, qui sont fort bien par eux salariés. Ces marchands-ci sont exempts de gabelle dans la cité de Thunes, payant seulement à Constantine deux et demi pour cent; mais le voyage de Thunes leur apporte plutôt dommage que profit, parce que, détenus par les plaisirs lascifs, consument la plus grande partie de ce qu'ils portent après les femmes publiques.

Mela.

Mela est une ancienne cité édifiée par les Romains, distante de Constantine environ douze milles, et ceinte d'anciennes murailles, contenant environ trois mille feux. Mais il y a pour le présent peu d'habitations par l'injustice et tyrannie des seigneurs. Les artisans y sont en grand nombre, et des tissiers de draps de laine, de quoi se font les couvertures de lits. Dans la place se voit une belle fontaine, de laquelle se servent pour leurs commodités les habitants, qui sont gens courageux, mais de peu d'entendement. Le pays est fort abondant non-seulement en pommes, poires, et autres espèces de fruits (d'où je pense qu'il a pris son nom), mais en pain et chair. Le seigneur de Constantine a coutume d'envoyer un gouverneur en cette cité, tant pour administrer justice selon droit et équité, comme pour recevoir les deniers à lui appartenants, qui peuvent monter à la somme de quatre mille oboles. Mais il advient le plus souvent que ces gouverneurs sont tués par l'insensée bestialité de ces gens-là.

Bona.

Bona est une cité anciennement édifiée par les Romains, sur la mer Méditerranée, environ cent vingt mille devers Ponant, jadis appelée Hippo, de laquelle saint Augustin fut évêque, et a été par les Goths subjuguée; mais depuis elle parvint sous la seigneurie de Hutmen (tiers pontife depuis Mahomet), qui la mit à feu et à sang, tellement qu'elle demeura vide et abandonnée.

Saint Augustin, évêque de Bona, jadis nommée Hippo.

De là, à plusieurs années, fut redressée près celle-ci environ deux milles, et fabriquée de ses ruines, une autre cité appelée *Beld-Elhuneb*, qui signifie la cité des Jujubes, pour la grande abondance de ce fruit qui y croît, lequel on fait sécher pour le manger en hiver. Cette cité peut contenir environ trois cents feux, étant bien peuplée; mais les maisons sont lourdement bâties, et y a un fort somptueux temple du côté de la marine. Les hommes sont fort plaisants, dont les uns exercent le train de marchandises, les autres sont artisans et tissiers de toiles, lesquelles ils vendent en grande quantité aux cités de Numidie; mais ils sont tant outrecuidés et brutaux, qu'outre ce qu'ils massacrent leurs gouverneurs, ils prennent encore cette présomption d'user de menaces envers le roi de Thunes, et de rendre la cité entre les mains des chrétiens, s'il ne donne ordre qu'ils soient pourvus de bons et suffisants gouverneurs; et combien qu'ils soient superbes, ils ont néanmoins une simplicité grande qui accompagne leur outrecuidance; car ils ajoutent ferme foi à d'aucuns qui vont en manière de fous et transportés, lesquels ils réputent être saints, participants en quelque chose de la divinité : au moyen de quoi ils les ont en grand honneur et révérence. Là n'y a aucunes fontaines, mais en lieu d'icelles on s'aide de citernes. Et du côté du Levant se voit une grande et presque imprenable forteresse, environnée de fortes murailles, fabriquées par les rois de Thunes, et là où le gouverneur a coutume de résider.

Hors la cité y a semblablement une ample et spacieuse campagne, laquelle a d'étendue environ quarante milles, et vingt-cinq en largeur, dont le terroir est très fertile en grains. Elle est habitée par un peuple arabe appelé *Merdez*, qui la cultive, nourrissant plusieurs bœufs, vaches et brebis ; le lait desquelles rend tant de beurre porté à Bona, qu'on n'en sauroit à peine recevoir argent, et du grain semblablement. Tous les ans plusieurs vaisseaux de Thunes, de toute la rivière de Gerbo et de Gennes, abordent à cette cité pour acheter des grains et du beurre, au moyen de quoi les marchands sont humainement reçus et caressés des habitants, lesquels ont coutume de faire un marché chaque vendredi hors de la cité, près les murailles, lequel ne dure jusqu'au soir. Et un peu plus outre y a une plage, là où se trouvent quelques branches de corail ; mais on n'oserait les bouger, à cause que le roi arente ce lieu aux Genevois, lesquels, se voyant ordinairement par les corsaires molestés, demandèrent licence à sa majesté d'y fabriquer une forteresse : mais le peuple ne s'y voulut jamais accorder, disant qu'autrefois sous telles ruses et palliations s'emparèrent de la cité, et la

Branches de corail.

saccagèrent; mais depuis elle fut recouverte par un roi de Thunes.

Tefas.

Tefas fut une cité anciennement par les Africains édifiée, sur la côte d'une montagne, distante de Bona environ cent cinquante milles du côté de Midi, laquelle étoit fort peuplée, civile, et ornée de plusieurs beaux édifices; mais elle fut ruinée et saccagée au temps que les Arabes passèrent en Afrique; puis elle fut redressée, demeurant quelque peu de temps sans être par aucuns molestée. Depuis les Arabes la subjuguèrent, qui de rechef la mirent en ruine. *Tefas saccagée par les Arabes.* Finablement un peuple d'Afrique la remit sur bout, non pour autre fin que pour y tenir ses grains. Ce peuple-ci (appelé Harara) fut favorisé par un prince de notre temps, qui vint à son aide, accompagné de grande cavalerie, dont, malgré les Arabes, et contre leur vouloir, prit la campagne pour sa résidence, et étoit celui qui tua le seigneur de Constantine, fils du roi de Thunes. Dernièrement il saccagea cette cité, et mit en ruine ce qui restoit encore en être.

Tebesse.

Tebesse est une ancienne et forte cité, édifiée par les Romains, aux confins de Numidie, distante deux cents milles de la mer Méditerranée, de la partie du Midi, ceinte de grosses et hautes murailles, la maçonnerie étant de grosses pierres entaillées, qui retirent à celles du Colisée de Rome. Vous assurant qu'il ne s'en est point offert à ma vue, en quelque part j'aie été de l'Europe et Afrique, qui me semblassent si belles; mais les maisons sont autant de laide montre, comme les murailles se voient somptueuses, qui sont outre-passées par un très grand fleuve, lequel entre dans la cité; et parmi les places d'icelle et autres lieux se voient colonnes, avec épitaphes de lettres latines en icelles gravées, avec d'autres piliers de marbre soutenant une voûte sur leurs chapiteaux. La campagne est abondante, mais de petite étendue; et à voir la cité de quatre ou cinq milles, on jugeroit qu'elle fût assise au milieu d'un bois, qui n'est d'autres arbres que de noyers, qui sont ainsi épaissement semés; et tout auprès de la cité y a une grande montagne, dans laquelle se trouvent plusieurs cavernes entaillées et ouvertes à force de ferrements, dont le peuple estime que ce fussent retraits et habitation de brigands. Mais la chose est tout évidente à ceux qui ont tant peu soit-il de jugement, que les Romains tirèrent les pierres de là, de quoi ils firent dresser les murailles de la cité. Les habitants sont si mécaniques, avares et brutaux, que tant s'en faut qu'ils honorent et caressent les étrangers, qu'ils ne les veulent voir en sorte que ce soit : tellement qu'à Eldabag, poète, natif de la cité de Melaga en Grenade, bien renommé en ces parties-là, passant par cette cité, fut fait quelque déplaisir et outrage, au moyen de quoi il composa ces vers souscrits au déshonneur des habitants d'icelle.

Eldabag, poète lourdement traité par les habitants de Tebesse, décrit leurs vertus.

> Tebesse n'a rien qui soit de valeur
> Fors que les noix. Je faux, elle a cet heur,
> D'un fleuve avoir, dont les eaux cristallines,
> Et l'ample tour des murailles insines,
> Lui donnant lustre. Or, quant à la vertu,
> Le peuple en est tellement dévêtu,
> Que connaissant Nature en celui luire
> Tout vice, y fait à force noix produire :
> Comme sachant qu'avec les douces eaux
> Brutaux esprits se paissent en pourceaux.

Ce poète-ici fut très facond en langue arabesque, et admirable à détracter d'autrui. Or (reprenant mes erres), les habitants de la cité furent toujours rebelles au roi de Thunes, tellement qu'ils ne pouvoient endurer aucuns gouverneurs que sa majesté leur envoyât, qu'ils ne les missent à mort. Par quoi au voyage que fit le roi, qui est à présent en Numidie, étant parvenu en cette cité, envoya les avant-coureurs, leur enchargeant de leur demander, Qui vive? mais il leur fut répondu par les habitants : Vive la muraille rouge! voulant inférer les murs de leur cité. Ce qu'ayant entendu, le roi fit parquer l'exercite devant icelle, qui fut assaillie fort et ferme, si bien que la prise s'en ensuivit, dont plusieurs des habitants furent pendus, et les autres eurent les têtes avalées ; tellement qu'elle demeura déserte en l'an neuf cents de l'hégire.

Tebesse, prise par le roi de Thunes.

Urbs.

Urbs est une cité anciennement par les Romains édifiée (comme son nom le donne clairement à entendre) en une belle plaine, et en la fleur de toutes les provinces d'Afrique, là où sont les terres plaines, grasses, et bien arrosées de petits ruisseaux s'écoulant par icelles, lesquelles fournissent de grains toute la cité de Thunes, à cause que celle-ci en est distante environ cent nonantes mille du côté de

Midi. En icelle y a plusieurs antiquités romaines, comme statues et tables de marbre posées sur les portes, gravées en lettres latines, avec plusieurs masures de pierres grosses et entaillées. Mais elle fut subjuguée par les Goths avec l'aide des Africains, aiguillonnés par l'ardente convoitise de la saccager, à cause que toute la richesse des Romains étant en Afrique, là étoit demeurée, et fut quelque temps inhabitée, puis redressée en la manière d'un petit village. Entre une roche qui est là, et deux hameaux, passe un gros ruisseau très bon et clair, prenant son cours par un canal de pierres tant blanches et polies, qu'elles ne cèdent en rien à la naïveté de l'argent, et sur icelui sont des moulins à blé. Il prend sa source en une colline, distante un demi-mille ou environ de cette cité. Les habitants sont fort incivils, parce qu'ils ne s'adonnent à autre chose qu'à cultiver les terres et faire les toiles : toutefois ils sont fort oppressés par les rois de Thunes. Mais s'ils eussent bien connu tant l'abondance de la cité en bétail, grains, et eaux douces, comme la douceur et bonne disposition de l'air, je ne doute pas qu'ils n'eussent abandonné Thunes pour y venir faire demeurance : et ne sont ignorants les Arabes du doux climat et fertilité d'icelle, au moyen de quoi ils y viennent faire

Urbs subjuguée par les Goths.

leur charge de grains, puis s'en retournent sans faire aucuns frais en leur désert.

Beggia.

Beggia est une cité anciennement édifiée par les Romains sur la pente d'un coteau, distant de la mer environ vingt-cinq milles, et octante de Thunes, du côté de Ponant, sur le grand chemin qui va de Constantine à Thunes. Elle fut fabriquée par les Romains sur les fondements d'une autre, qui y étoit auparavant, et pour cela s'appeloit Vecchia, qui signifie *vieille;* et par la corruption du temps le *v* fut transmué en *b*, et les deux *cc* en deux *gg*, tant que maintenant elle retient le nom de Beggia. Mais je crois qu'il a été corrompu par les grandes et fréquentes mutations des seigneuries et lois, vu que cette diction n'est arabesque. Les murs de cette cité sont toujours demeurés en leur entier, et sont les habitants assez civils, maintenant bonne police, donnant ordre partout, et tenant garnie leur cité de toutes sortes d'artisans, même de tissiers et d'une infinité de gens s'adonnant à l'agriculture, parce que la campagne est fort spacieuse et fertile, tant qu'ils ne sont en assez grand nombre pour cultiver si ample territoire, au moyen de quoi ils laissent la plus grande partie aux Arabes pour labourer; et avec tout cela il en demeure encore en désert. Néanmoins ils ne laissent de vendre tous les ans plus de vingt mille setiers de grains, tellement qu'il est venu en commun dire dedans Thunes :

>Si deux Beggies étoient
>Assises en deux plaines,
>Les grains surmonteroient
>Le nombre des arènes.

Mais le roi de Thunes oppresse tant fort les habitants, et leur impose si grands tributs, que peu à peu ils vont en décadence, qui leur fait perdre une bonne partie de leur civilité accoutumée.

Ham Sammit.

Cette cité a été de notre temps édifiée par le roi de Thunes, distante de la sus-nommée environ trente milles, et fut fabriquée de peur que ces terres, qui demeuroient sans cultiver, vinssent à se perdre. Toutefois, de là à peu de jours, les Arabes lui apportèrent sa ruine, avec le consentement du roi de Thunes. Néanmoins les tours et maisons sont encore demeurées sur pied, auxquelles ne défaut autre chose que les Ham Sammit, ruinée par les Arabes.

couvertures, comme je l'ai vu moi-même.

Casba.

Cette cité fut d'ancienneté par les Romains édifiée au milieu d'une très large plaine, laquelle a de circuit environ douze milles, et distante de Thunes par l'espace de vingt-quatre. Les murailles n'ont encore été ruinées, mais demeurent en leur être, fabriquées de grosses pierres entaillées; mais la cité a été démolie par les Arabes, et demeure le terroir sans être cultivé, tant pour les petites forces, comme pour la négligence du roi de Thunes et de ses sujets, qui sont si lâches et misérables, qu'ils se laissent réduire jusques à endurer la faim, étant au milieu de si bonnes et grosses terres.

Choros, château.

Choros est un château, naguère par les Africains édifié sur le fleuve Magrida, distant de Thunes par l'espace de huit milles, et est assis au milieu d'une fertile campagne, auprès de laquelle se voit un grand bois comme d'oliviers : toutefois il a encore été ruiné par aucuns Arabes, appelés *Beni Heli*, qui de tout temps se sont montrés rebelles au roi de Thunes; joint aussi qu'ils ne mettent le but de leur vie que sur pillages et voleries, oppressant les pauvres paysans par quelques impositions extraordinaires, lesquelles reviennent à plus grande somme que les ordinaires.

Biserte.

Bensart, ou Biserte, est ancienne cité édifiée par les Africains sur la mer Méditerranée, distante de Thunes environ trente-cinq milles; elle est petite, et habitée de pauvres et misérables personnes, et auprès d'icelle passe un petit bras de mer, s'étendant étroitement devers le Midi; depuis vient à s'élargir, en sorte qu'il forme un gros lac, à l'entour duquel sont assis plusieurs villages, habitations de pêcheurs et laboureurs: pour autant que devers Ponant, auprès de ce lac, il y a une grande plaine appelée Mater, laquelle est fort abondante, mais trop oppressée par le roi de Thunes et Arabes. Dedans le lac se pêche du poisson en grande quantité, principalement des *orates*, qui pèsent cinq et six livres, et, passé le mois d'octobre, l'on prend une infinité d'une espèce de poisson, que les Africains appellent *giarrafa*, les Romains, *laccia*, et les nôtres, *alouze*, parce que par les pluies l'eau s'adou-

Orates ainsi appelés en ce pays.

cit, qui la fait monter dans le lac peu profond, et dure la pêche jusqu'à l'entrée du mois de mai : alors ce poisson commence d'amaigrir ne plus ne moins que celui qui se prend dans le fleuve prochain de Fez.

Carthage, grande cité.

<small>Variété d'opinions fort grande touchant la fondation de Carthage.</small>

Cette cité (comme il est assez notoire à un chacun) est fort ancienne, et fut édifiée (selon l'opinion d'aucuns) par un peuple venu de Syrie : les autres disent qu'une reine jeta les premiers fondements; mais Ibnu Rachif, historien africain, a certené qu'elle fut bâtie par un peuple qui vint de Barca, lequel fut expulsé de ses terres par les rois d'Égypte; tellement que la vérité est obscurcie par tant d'opinions et contrariétés, si bien que la chose demeure incertaine, et mêmement (encore que les historiens africains et l'Esserif ne s'accordent quant à ceci en chose que ce soit) il n'y en a pas un d'entre eux qui en fasse mention, sinon depuis que l'empire de Rome fut transporté en autres mains; car alors tous les lieutenants et gouverneurs qui étoient en Afrique demeurèrent seigneurs particuliers de plusieurs lieux; mais soudainement ils furent démis par les Goths de leurs seigneuries.

<small>Ibnu Rachif, historien Africain.</small>

Étant passés les Mahométans en Afrique, s'emparèrent de Tripoli de Barbarie et Capis : demeurant ces deux cités privées d'habitants, qui vinrent faire demeurance en Carthage, là où s'étoient retirés tous les Goths et nobles Romains, lesquels se rallièrent et joignirent ensemble pour mieux résister à l'impétuosité et lourde charge de leurs ennemis. Toutefois, après plusieurs batailles et coups rués, les Romains (quittant la place) se retirèrent à Bona, et les Goths abandonnèrent Carthage, qui fut détruite et saccagée, dont elle demeura plusieurs années inhabitée, jusqu'à tant que El-maheli, pontife, la fit redresser; mais des vingt parties, l'une ne fut pas peuplée. On voit encore à présent plusieurs murailles entières, et même une citerne très-large et profonde avec les aqueducs par lesquels on faisait descendre l'eau dedans la cité, d'une montagne qui en est à trente milles loin, étant de telle grandeur que ceux par où s'écouloit l'eau dans le palais majeur de Rome. J'ai voulu voir la source de cette eau qui souloit venir par les aqueducs, qui sont à fleur de terre par l'espace de douze milles, parce que la terre est haute auprès de la montagne, d'où plus s'éloigne l'eau et s'abaisse la terre, d'autant se haussent et se jettent en l'air les aqueducs jusqu'à l'entrée de Carthage, hors

Tripoli et Capis ruinées par les Mahométans.

Ruine de Carthage et restauration d'icelle.

de laquelle je vois encore plusieurs anciens édifices, mais de la structure je ne me saurois particulièrement souvenir.

Autour de la cité (principalement du côté du Ponant et Midi) y il a plusieurs jardins remplis de divers fruits non moins admirables en beauté naïve qu'en grosseur, comme les pêches, figues, oranges et olives, de quoi se fournit toute la cité de Thunes. La campagne prochaine est très bonne en terroir, mais fort étroite, parce que du côté de Tramontane elle a la montagne, la mer et le lac de la Golette; devers Midi et Levant, confine avec les plaines de Biserte qui font tous les contours de cette cité, laquelle est pour le présent réduite en pauvreté et calamité, n'ayant plus de vingt-cinq boutiques, et environ cinq cents maisons lourdes et viles. Mais il y a un beau temple érigé de notre temps, avec un collége sans écoliers, de sorte que les rentes d'icelui reviennent à la chambre royale. Les habitants sont superbes, mais pauvres et misérables, combien qu'à contempler leurs gestes et façons de faire, on les prendroit pour religieuses personnes, dont la plus grande partie s'adonne au jardinage ou à cultiver les terres; mais ils sont oppressés par le roi de si grandes exactions qu'ils ne sauroient trouver le moyen d'épargner dix ducats, et est

Carthage, en quel être aujourd'hui.

cette injustice et tyrannie si manifeste, qu'elle se connoît à vue d'œil.

La grande cité de Thunes.

Thunes est appelée des Latins *Tunetum*, et *Tunis* par les Arabes ; mais ils retiennent ce vocable d'un autre corrompu, car en leur langue il ne veut signifier aucune chose. Anciennement elle étoit nommée *Tarsis*, à l'imitation de celle qui est située en Asie. Tant y a qu'elle fut par quelque temps bien peu spacieuse, édifiée par les Africains sur le lac de la Golette, distante de la mer Méditerranée environ douze milles ; mais depuis la ruine de Carthage elle commença fort à augmenter, tant en habitants comme en habitations, à cause que la gendarmerie ne voulut faire aucun séjour dans Carthage après l'avoir opugnée, par crainte de quelque inespéré secours qui eût pu survenir de l'Europe ; au moyen de quoi elle se vint retirer à Thunes, là où les soldats dressèrent plusieurs maisons et bâtiments.

Depuis un pontife quatrième, appelé Hucba de Umen, remontra à l'exercite (duquel il étoit capitaine) qu'il ne se devoit arrêter ni faire trop long séjour dans les cités maritimes ; et pour autant, il fabriqua une cité nommée

Cairaran, distante de la mer par l'espace de vingt-six milles, et cent de Thunes. De là à trois cent cinquante ans, cette cité, par l'exercite bâtie, fut ruinée des Arabes, à cause de quoi le gouverneur prit la fuite devers Pouant, là où il occupa le domaine de Buggie, suppéditant toutes les marches prochaines; et dans Thunes demeura une famille de sa lignée qui, en son absence, s'empara du domaine de Cairaran. Dix ans après, ceux de Buggie furent déchassés par Joseph, fils de Tesfin, lequel s'étant acheminé à Thunes, et voyant l'humilité et obéissance grande des seigneurs d'icelle, les laissa en leur état, auquel ils se maintinrent tant que dura la famille de Joseph. Mais enfin Habdul Mumen, roi de Maroc, ayant conquété Mahdia, que les chrétiens avoient usurpée, à son retour passa par Thunes, de laquelle il s'empara; et durant son règne, de son fils et des descendants de Jacob, la seigneurie d'icelle demeura en paix sous le gouvernement des rois de Maroc.

Après le décès de Mansor, Mahomet Ennasir, son fils, suscita guerre contre le roi d'Espagne, qui le vainquit et lui donna la chasse, dont il se retira à Maroc; puis peu de temps après cette route il expira, laissant un sien frère appelé Joseph, lequel, succédant à la seigneurie, fut tué par aucuns soldats du roi de Telensin. Entre la route de Mahomet et la mort de son frère, les Arabes, pour une autre fois venir résider dans Thunes, l'assaillirent plusieurs fois; mais le gouverneur fit incontinent entendre au roi de Maroc que le trop retarder d'envoyer secours lui pourroit causer la perte de Thunes, les grands assauts des Arabes, auxquels il seroit contraint de la rendre, ne voyant le moyen comment il pût résister à leurs forces. Ce qu'ayant entendu le roi, il se va penser qu'à bien conduire une telle affaire la grandeur d'esprit de quelque homme courageux et bien expérimenté étoit requise, si qu'entre tous ceux de sa cour il en va choisir un nommé Habdulvahidi, natif de Sibilidie, cité en Grenade, vertueux personnage, qu'il connoissoit pour sûr être suffisant et digne que l'on se reposât entièrement sur lui d'une telle entreprise, et de fait le dépêcha, lui laissant l'autorité même de commander comme s'il y eût été en personne.

Celui-ci donc, accompagné de vingt gros navires, arriva à Thunes, qu'il trouva à demi ruinée des Arabes; mais, par sa grande prudence et faconde, pacifia tout le domaine, duquel il reçut les revenus. Après qu'il fut décédé, son fils, appelé Zacharie, lui succéda non-seulement à la seigneurie, mais aussi à la doctrine et sagesse, en quoi surmonta encore son aïeul, et fit édifier dans Thunes, devers Ponant, au plus haut lieu et éminent, une forteresse dans laquelle il fit semblablement bâtir plusieurs édifices avec un temple fort somptueux, là où il y a une haute tour élevée avec une grande somptuosité d'industrieuse architecture. Puis s'achemina encore jusqu'à Tripoli, et retournant du côté de Midi, venoit levant les fruits et revenus du pays, tellement qu'après sa mort on trouva qu'il avoit délaissé un grand trésor. Son fils lui succéda, qui fut un superbe adolescent, lequel ne daignoit plus prêter obéissance aux seigneurs de Maroc; car ils commençoient déjà à décliner, et se levoit la maison de Marin qui régnoit en la région de Fez, Benizeijen, Telensin et Grenade.

Ces seigneurs ici commencèrent à se formaliser, et mêmement à jouer entre eux leurs domaines : ce qui augmentoit grandement les forces du seigneur de Thunes; tellement qu'avec une grande armée il s'achemina à la volte de Telensin, qu'il subjugua et rendit tributaire; ce qu'étant parvenu aux oreilles du roi de la maison de Marin (qui étoit pour lors au siége de Maroc), lui envoya plusieurs présents; au reste, recommandant à sa majesté soi et son royaume.

[marginal note: Telensin subjuguée par le roi de Thunes.]

Le seigneur le reçut amiablement, mais comme son inférieur, et s'en retourna dans Thunes victorieux, se faisant attribuer le titre de monarque de l'Afrique universelle : ce que de raison et à bon droit lui appartenoit, d'autant que pour lors il n'y avoit plus grand roi en icelle que lui. Et dès lors commença d'ordonner et disposer ses états, créer conseillers, secrétaires et capitaines en chef, observant les coutumes et cérémonies mêmes desquelles souloient user les rois de Maroc, tant que depuis le temps de ce seigneur jusqu'à présent, la cité de Thunes est toujours augmentée et accrue, tant en civilité, louables coutumes et honnêtes mœurs, comme en terres et possessions; tellement qu'elle est pour le présent une des singulières et magnifiques cités d'Afrique.

Après la mort de celui-ci, le fils, qui succéda à la couronne, fit bâtir aucuns bourgs à l'entour d'icelle, l'un desquels est hors la porte Beb Suvaica, qui contient environ trois cents feux; un autre hors la porte nommée Beb el Manera, qui en fait mille, et sont ces deux remplis d'une infinité d'artisans, comme apothicaires, pêcheurs et autres. En ce dernier il y a une rue séparée quasi comme si c'était un autre bourg, et là font résidence les chrétiens de Thunes, desquels le seigneur se sert pour ses gardes, étant encore qu'ils vaquent à autres offices, esquels les Maures ne se daigneroient employer. Il s'est fait encore un autre bourg qui est hors de la porte appelée Bel el Bahar, qui signifie la porte de la marine, laquelle est prochaine du lac de la Golette environ demi-mille, et là vont loger les marchands chrétiens étrangers, comme les Genevois, Vénitiens et ceux de Catalogne, lesquels ont tous leurs boutiques, magasins et hôtelleries séparées d'avec celles des Maures; mais les maisons sont petites, de sorte que, comprenant la cité et les faubourgs, le tout peut contenir environ dix mille feux.

La cité est fort belle et bien gouvernée, étant tous les arts séparés les uns d'avec les autres, et avec ce qu'elle est fort peuplée et habitée de gens qui sont à peu près tous artisans, et principalement tissiers de toiles, lesquelles se vendent par toute l'Afrique, parce qu'il s'en y fait une infinité et bonnes en perfection, à cause que les femmes savent singulièrement bien filer. Or leur coutume et façon de filer est telle : elles se mettent en un haut lieu ou à la fenêtre de la maison qui répond sur la cour ou à quelque autre pertuis fait expressément sur le solier, et de là laissent tomber en bas pirouettant le fuseau qui, par sa pesanteur, rend le

Façon et manière étrange de filer des femmes de Thunes.

filet bien tors, tiré et uni. Outre ce, il y a un grand nombre de boutiques de marchands, estimés les plus riches de Thunes, lesquels ne tiennent autre chose que très-belles et fines toiles, avec un grand nombre d'autres artisans, comme de ceux qui vendent, les parfumeurs, veloutiers, couturiers, selliers, pelletiers, fruitiers, ceux qui vendent, le lait, les autres qui font fritures en huile, et bouchers, lesquels ont coutume de tuer plus fréquemment des agneaux qu'autres animaux, mêmement à la primeur et en été. Il y a encore plusieurs autres métiers, si je voulois décrire particulièrement, ce seroit une chose non moins inutile que superflue.

Le peuple est fort courtois et amiable, et les prêtres, docteurs, marchands, artisans, ensemble tous ceux qui sont commis à quelque office, se tiennent magnifiquement en ordre, portant des turbans en tête avec un linge replié par-dessus. Les courtisans et soldats portent ce même ornement de tête, mais ils ne le tiennent pas couvert. Il s'y trouve peu de gens riches, pour la grande cherté du blé, duquel le prix ordinaire est de trois obles pour charge, et cette cherté provient par faute que les habitants ne sauroient cultiver leurs terres pour être continuellement molestés par les Arabes; mais ils font venir les grains *L'oble, monnoie africaine, est de la valeur d'un ducat d'Italie et un tiers, qui monte à la valeur de trois livres des nôtres.*

de loin, comme de Urgs, Beggie et Bone.

Quelques citoyens ont aucunes petites possessions près de la ville, fermées et ceintes de murailles, là où ils font semer quelque peu d'orge et froment; mais le terroir veut être bien souvent arrosé; à cause de quoi ils tiennent en chacune des possessions un puits d'où ils font tirer l'eau avec quelques roues qui sont à ce propices, et les font tourner par un chameau; et autour d'icelles y a quelques petits canaux ou conduits assez industrieusement inventés, tellement que l'eau qu'elles jettent vient à arroser la terre ensemencée; et vous laisse à penser quelle grande quantité de grains peut être produite dans un petit canton ou carreau de terre emmuraillé et entretenu par tant de moyens diversifiés; vous assurant que cela n'est suffisant pour nourrir et mener jusqu'à la moitié de l'année ceux qui possèdent et font cultiver.

Néanmoins on trouve dedans la cité un pain fort blanc, très-savoureux et bien apprêté, encore qu'il ne soit de farine pure, mais la laissent sans passer, ce que donne une peine presque insupportable, sinon à ceux qui sont nerveux et robustes de corps, quand ce vient à la pétrir, car il la faut battre avec pilons qui ne sont moins massifs et grands que ceux avec lesquels l'on pile le riz ou le lin au pays d'Égypte.

Les marchands, citoyens et artisans usent d'une viande très sale et vile, laquelle est faite avec farine d'orge, détrempée en eau qui la rend en forme de colle, puis y mêlent un peu d'huile, du jus de citron ou de pomme d'orange; ce qu'ayant fait, ils la dévorent et transgloutissent à grande hâte, tant s'en faut qu'ils aient la patience de mâcher et savourer les appétissants morceaux d'icelle, qu'ils appellent *besis*, chose qui me semble fort bestiale.

Il y a une autre place en laquelle ne se vend autre chose que farine d'orge, qu'on achète pour ce même fait, et usent encore d'une autre viande, mais plus honnête et de meilleur goût. Ils prennent de la pâte légère, et la font bouillir dans l'eau, puis, étant bien cuite, la mettent dans un grand mortier, là où ils la pilent bien fort, et l'ayant réduite au milieu (après y avoir mis de l'huile ou bouillon de chair), en usent autant civilement comme de l'autre, et l'appellent *bezin*. Ils en ont encore quelques autres qu'ils apprêtent plus honnêtement et sont aussi plus délicates.

Il ne se trouve dans la cité aucun moulin assis sur l'eau, mais on les fait tous tourner par des bêtes, de sorte qu'en un jour à grande peine se pourra moudre une charge de blé. Il n'y a fleuve, fontaine, ni aucun puits d'eau vive;

mais, en défaut de ce, les habitants ont plusieurs citernes dans lesquelles s'écoule et demeure l'eau de la pluie. Hors la cité y a un puits d'eau vive, mais quelque peu salée, de laquelle vont épuiser plusieurs, qui, après en avoir rempli des barils, les chargent sur des bêtes et la portent vendre dans la cité, d'où les habitants en boivent plutôt (pour être plus saine) que de celle des citernes. Vrai est qu'il se trouve plusieurs autres bons puits, mais ils sont réservés pour le roi et sa cour. Là se voit un beau temple fort spacieux, selon le revenu duquel on y institue une grande quantité de prêtres, et s'en trouve d'autres par les bourgs de la cité, mais de moindre grandeur.

Outre ce, il y a plusieurs colléges et monastères de religieux, lesquels ont bon moyen de s'entretenir honnêtement des grandes aumônes *Bêtise et a-* du peuple, lequel est tant hébété et surpris de *bus du peuple de Thunes et* telle sottise, que voyant quelque fou ou trans-*de leur roi.* porté ruer des pierres par les rues de la cité, il le tient pour un homme menant sainte vie ; tellement que le roi (adhérant à cette folle opinion) fit édifier à l'un de ces fous ici (nommé Sidi el Dahi, lequel vêtu d'un sac, la tête découverte et pieds nus, allait ruant de gros cailloux parmi la cité, et criant si effrayement qu'il ressembloit plutôt démoniaque ou enragé qu'autrement) un monastère auquel il assigna si bon revenu que lui et ses parents en étoient entretenus. La plus grande partie des bâtiments est de pierres de taille d'assez belle montre, et l'on use fort de mosaïques au plancher des maisons, merveilleusement bien entaillé, dépeint avec azur et autres riches couleurs, et font cela parce qu'en Thunes la cherté du bois est grande, au moyen de quoi ils ne sauroient faire de beaux soliveaux; puis sont pavées les chambres de pierres émaillées et reluisantes, et les cours d'autres pierres carrées et vives. Les bâtiments sont quasi tous d'un étage, en manière d'allée et entre deux portes, ayant leur entrée dont l'une répond sur la rue et l'autre au corps de la maison, pour en laquelle entrer il faut monter quelques marches de degrés qui sont d'une pierre rare et entaillée, et de fait chacun s'étudie de faire apparoître l'entrée plus belle et de meilleure grâce que tout le reste du logis, à cause que les citoyens le plus communément ont coutume d'eux poser et seoir à ces entrées, et là s'entretenir avec les amis ou deviser avec leurs serviteurs et domestiques. Il y a force étuves, mieux accommodées que celles de Fez, mais non pas si belles ni de telle grandeur.

Hors la cité y a plusieurs possessions produisant de beaux fruits : vrai est que c'est en petite quantité, mais d'autant plus parfaits et savoureux. Quant aux jardins, ils sont quasi en infinité remplis d'orangers, citrons, roses, fleurs gentilles et suaves, mêmement en un lieu appelé Bardo, là où sont les jardins et maisons de plaisance du roi, fabriquées avec une architecture non moins industrieuse que superbe, enrichie d'entailles et peintures des plus fines couleurs. Autour de la cité, environ cinq ou six milles, y a plusieurs territoires d'olives, lesquelles rendent l'huile en si grande abondance qu'elle en est toute fournie, et en reste encore beaucoup que l'on transporte en Égypte. Le bois des oliviers est employé partie à faire charbon et partie à chauffer; car je pense qu'au demeurant du monde ne se pourroit trouver lieu auquel le bois soit tant cher comme en cette cité.

Finalement, pour la pauvreté qui presse le menu peuple, non seulement se trouvent des femmes, lesquelles impudiquement offrent leurs corps, abandonnant leur chasteté pour si petit prix que rien; mais encore les enfants se soumettent jusqu'à l'exécrable sodomie, qui les rend plus infâmes, déshonnêtes et éhontés que ne sont les putains publiques. Les femmes (j'entends les pudiques qui ne font acte qui tache en rien l'honneur, duquel toute dame

Paillardise et sodomie communes à Thunes.

vertueuse doit être aornée) se tiennent honnêtement en ordre, et, sortant de la maison, se couvrent le visage (en imitant la coutume de celles de Fez) avec un voile qu'elles tiennent sur le front, fort large, et un autre qui s'appelle *setfari*, de sorte que leurs têtes ressemblent mieux celles de géants que femmes; mais, au reste, elles vont si bien polies et agencées, qu'en parfums et parures elles emploient le plus grand de leur souci; tellement que les parfumeurs demeurent toujours des derniers à serrer boutique. Les habitants ont coutume de manger une certaine mixtion nommée l'*hasis*, laquelle est fort chère; mais ils n'en sauroient avoir usé une once qu'ils se trouvent joyeux à merveilles, incités à rire merveilleusement, surpris d'un appétit et vouloir de manger démesuré, tous transportés, et par telle manière de viande merveilleusement provoqués à paillardise.

Habits de dames, matrones et honnêtes femmes de Thunes.

Cour du roi, ordre, cérémonies, et officiers députés en icelle.

Le roi de Thunes jouit du royaume par succession de père à fils ou par élection du père, prenant le serment des principaux, comme sont les capitaines, prêtres, docteurs, juges et lecteurs; et n'est pas plus tôt le roi décédé, que celui, lequel a été élu, est posé et élevé en siége royal, là où il reçoit les hommages de tous. Puis se vient présenter celui qui est le premier en dignité, lequel s'appelle *munafid* (étant comme un roi au gouvernement du royaume), et lui rend compte de toutes les choses qu'il a eues jusqu'alors en maniement; depuis, avec la permission du roi, ordonne les officiers qu'il informe pleinement en quelle manière ils doivent procéder à bien exercer leur office, et provisionner les soldats et gardes du roi. Celui qui le seconde est appelé *mesuare*, qui représente la personne d'un capitaine général, lequel a toute puissance et autorité sur les soldats et gardes du roi, et peut diminuer et accroître la solde d'iceux comme bon lui semble, puis en enrôler, dresser armées et telles autres choses; combien que le roi y veut assister maintenant en personne. Le tiers en dignité est le châtelain, qui a sous sa conduite les soldats du château, le gouvernement des palais du roi, et prééminence sur la fabrique d'iceux, avec la charge des prisonniers qui sont détenus dans le château pour chose de grande importance. Il a semblablement puissance d'administrer justice et faire droit à ceux qui se présentent devant lui, non autrement que si c'étoit le roi même. Le quart est le gouverneur de la cité, qui est commis sur les choses criminelles pour donner châtiment et punition aux malfaiteurs selon la grandeur de son délit. Le cinquième est le secrétaire, qui écrit et fait réponse au nom du roi, avec autorité de pouvoir ouvrir les lettres d'un chacun, fors des deux susnommés. Le sixième est le maître de salle, qui, au jour du conseil, a charge de tendre la chambre de tapisseries et draps, en assignant à chacun le lieu qui est ordonné, commandant aux huissiers au nom du roi ce qui a été ordonné par le conseil, ou de saisir et constituer prisonnier quelque grand personnage. Celui-ci a grande familiarité avec le roi, pour autant qu'à toutes les heures a commodité se présenter à lui pour parler à sa majesté. Le septième est le trésorier, député pour recevoir les deniers des ministres et les remettre entre les mains de quelques-uns qui sont ordonnés à la quête pour les distribuer selon le vouloir et commandement du roi, ou comme l'officier majeur l'ordonne, avec le soussigné de sa majesté. Le huitième est le gabelier, qui reçoit les deniers de gabelle de tout ce qui entre dans la cité, et le cens des marchands étrangers, qui est de deux et demi pour cent; tenant un grand nombre de sergents, lesquels voyant entrer quelque marchand qui n'est de ses marchés, et qui se montre d'un port apparent, ils le présentent devant le gabelier, en l'absence duquel ils le détiennent prisonnier jusqu'à son retour, qui puis lui fait payer une certaine somme de deniers après lui avoir fait donner plusieurs serments. Le neuvième est le péager, l'office duquel est de recevoir les deniers de ce qui se transporte hors la cité et qu'on veut charger sur mer, et de ce qui vient semblablement de dessus icelle. Le lieu de la douane est assis sur le lac de la Goulette, près de la cité. Le dixième est le dépensier, lequel, comme maître d'hôtel, a charge de tenir garni le palais de vivres et autres choses nécessaires, comme entretenir d'habillements, dames, damoiselles, esclaves noires et chambrières de la maison du roi. Outre ce, il tient compte de la dépense qui se fait pour les enfants du roi et leurs nourrices, disposant des offices vacants dans le palais ou hors d'icelui, desquels il pourvoit les chrétiens esclaves qu'il entretient d'habits et de tout ce qui leur est nécessaire.

Voilà les principaux offices et magistrats qui sont en la cour du roi, en laquelle s'en trouve bien plusieurs autres moindres et de plus bas degré, comme écuyer d'écurie, le chapelain, le juge du camp, le garde-robe, le maître des enfants de sa majesté, le capitaine des estafiers, et quelques autres. Le roi tient mille cinq cents chevau-légers, dont la plus grande partie est de chrétiens reniés; et un chacun d'eux a bonne provision d'icelui seigneur pour homme et cheval, étant sous la conduite d'un capitaine qui les reçoit selon ce que bon lui semble. Il a encore cent cinquante chevau-légers Maures naturels, qui sont le conseil privé du roi, et desquels il se sert touchant les choses concernant le fait de la guerre, et comme mestres-de-camp. Davantage, il tient cent arbalétriers, dont il y en a plusieurs qui sont chrétiens reniés; et ceux-là marchent toujours devant sa majesté, s'acheminant hors la cité; mais la garde (qui est des chrétiens habitants au bourg, duquel nous avons par ci-devant parlé) se tient encore plus près de sa personne. Devant ce seigneur y a une autre garde à pied, qui est de Turcs armés d'arcs et pistolets à feu, avec le chef des estafiers qui va à cheval; puis d'un côté marche celui qui porte l'écu du roi, et de l'autre celui qui tient la pertuisane; puis au derrière suit à cheval celui qui porte l'arbalète, étant cotoyée sa majesté de plusieurs, comme des connétables et massiers qui sont ministres des cérémonies. Voilà en somme l'ordre et la coutume qu'on observe ordinairement en la cour du roi de Thunes. Mais la différence est fort grande quant à la manière de vivre des rois passés et de celui-ci qui règne à présent, pour autant qu'il est d'autre naturel, coutume et gouvernement. Et, quant à moi, certes ce ne m'est peu de fâcherie quand je suis contraint de publier les vices particuliers de quelque seigneur que ce soit, et mêmement de celui-ci, de la libéralité duquel j'ai reçu plusieurs bénéfices : par quoi (laissant les autres choses à part) je dis qu'il est merveilleusement subtil à retirer deniers de ses sujets, partie desquels il distribue aux Arabes, et partie il emploie à la fabrique de ses palais et édifices, là où il demeure en grande volupté entre chantres, ménétriers et femmes qui savent chanter, se transportant d'heure à autre à ses châteaux et jardins plaisans et solacieux. Puis, quand quelqu'un veut chanter en sa présence, il se fait bander les yeux comme quand l'on veut bailler le chaperon aux faucons, et puis entre là où les dames sont l'attendant. Le ducat d'or qu'il fait battre est de vingt et quatre carats, montant à la valeur d'un ducat et un tiers de ceux qui se battent en Europe. Il fait encore battre quelque autre monnoie d'argent carrée qui s'appelle *nasari*, du poids de six carats, dont les trente ou trente-deux pièces d'icelle font un ducat des leurs, qui sont appelés double en Italie; et suffise ceci à la générale description de Thunes; car je n'ai rien omis qui m'ait semblé digne de mémoire.

Napoli.

Les Romains bâtirent anciennement cette petite cité sur la mer Méditerranée, près de la Goulette, et distante de Thunes environ douze milles du côté de Levant, étant nommé Nabel par les Maures, laquelle fut par un temps bien peuplée et fort civile; mais elle n'est aujourd'hui habitée que d'aucuns laboureurs qui ensemencent les terres de lin, et n'en recueillent autre chose.

Cammar.

Cammar est une autre cité ancienne, distante de Thunes par l'espace de huit milles, devers Tramontane, étant bien habitée, mais de jardiniers seulement, lesquels portent vendre leurs herbes et fruits dans la cité de Thunes. Les terres produisent en abondance des roseaux de sucre, qui s'y vendent semblablement; mais ceux qui les achètent ne s'en servent à autre chose qu'à les sucer après le repas, parce qu'ils ne savent par quel moyen il en faut tirer le sucre.

<small>Roseaux de sucre.</small>

Marsa.

Marsa est une cité, contenant un petit circuit, édifiée sur la mer Méditerranée à l'endroit où souloit être le port de Carthage, dont elle retient le nom de Marsa qui signifie port. Elle a demeuré par un long temps en ruine; mais maintenant elle est habitée de pêcheurs, laboureurs, et de ceux qui blanchissent les toiles, ayant autour de son pourpris des maisons et possessions, là où le roi de Thunes coutumièrement passe son été.

Marsa, port.

Ariana.

Cette cité-ci est de petite étendue et ancienne, édifiée par les Goths, distante de Thunes par l'espace de huit milles de la partie de Tramontane. Il y a plusieurs jardins produisant divers fruits auprès des murailles, lesquelles sont fort anciennes. L'on peut voir encore, à l'entour de Carthage, plusieurs petites villes qui sont inhabitées, et dont le nom ne me revient en mémoire.

Hammamet et Eraclia, cité.

Hammamet a été naguère édifiée par les Mahométans, et ceinte de fortes murailles, distante de Thunes environ cinquante milles, habitée de gens fort pauvres et nécessiteux qui sont mariniers, charbonniers et blanchisseurs de toiles, oppressés par le roi à toute extrémité.

Eraclia est une petite cité édifiée par les Romains, sur un tertre près de la mer, et fut détruite par les Arabes.

Suse.

Suse est une grande cité que les Romains fondèrent jadis sur la mer Méditerranée, distante de Thunes environ cent milles, hors laquelle il y a plusieurs endroits qui produisent force figuiers et oliviers, desquels on tire de l'huile en grande quantité. Il y a aussi plusieurs terres qui sont bonnes pour semer orge; mais les Arabes (pour être trop molestes) ne les laissent cultiver aux habitants qui sont humains et plaisans, recevant les étrangers avec grandes caresses et courtoisie. Ils exercent quasi tous l'état de marinier, et vont avec les navires des marchands en Levant et en Turquie; mais les aucuns vont courir sur la mer, cotoyant les plages de Sicile et d'Italie. Le reste s'adonne ou à faire les toiles, garder des vaches, tournoyer des écuelles et plusieurs sortes de vases, desquels ils fournissent toute la rivière de Thunes, de laquelle s'étant les Mahométans emparés, cette cité fut députée pour la résidence du lieutenant, et son palais se peut voir encore à présent. La cité est belle, ceinte de fortes murailles, et située en un beau lieu, ayant été jadis bien peuplée et embellie de somptueux édifices, dont il en reste encore quelques-uns, avec un temple fort magnifique. Maintenant elle est quasi tout inhabitée, par l'injustice et tyrannie des seigneurs, tellement qu'il n'y reste plus que cinq ou six boutiques d'apothicaires, fruitiers et de pêcheurs. Étant abordé en cette cité, je fus contraint d'y demeurer par l'espace de quatre jours, à cause de la difficulté et malignité du temps.

Monaster.

Monaster est une ancienne cité édifiée par les Romains, sur la mer, distante de Suse par l'espace de douze milles, ceinte de murailles fortes et superbes, et embellie d'édifices compassés par plaisante et industrieuse architecture. Une chose y a que les habitants sont détenus en grande pauvreté et misère extrême, vêtus de pauvres et vils habits, traînant aux pieds je ne sais quelles pantoufles faites de joncs marins, et sont quasi tous pêcheurs, n'usant à

leur manger que de pain d'orge et de cette viande qu'ils appellent bezin, avec l'huile dont nous avons parlé ci-dessus, comme c'en est aussi la coutume le long de cette rivière, à cause que le terroir ne produit autre grain qu'orge. Et suivant ce propos, réciterai ce qui m'advint, me retrouvant sur un galion avec une ambassade de cette cité, qui tiroit à la volte de Turquie. « Celui-ci, m'entretenant de divers *Aventure de l'auteur.*
« propos, vint à tomber d'un à autre sur la
« provision qu'il avait du roi de Thunes, qui
« étoit quelque nombre de ducats, et environ
« vingt-quatre muids d'orge par an. Alors, pour
« le peu de connoissance que j'avois du pays,
« lui dis qu'il devoit avoir une grande écurie;
« mais il me répondit tout le contraire de ce
« que je pensois; et, répliquant, lui demandai
« à quoi donc il employoit si grande quantité
« d'orge. Lors le teint qui lui monta au visage
« (ample témoignage de la honte honnête qu'il
« recevoit) découvrit ce que lui-même vouloit
« cacher par paroles; à quoi je connus qu'il
« n'étoit substanté d'autre chose que de ce
« grain, qui me causa un grand repentir de
« m'être montré tant indiscret et peu civil;
« m'étant avancé jusque-là de lui user de telle
« demande que je fis (certes), pensant que cela
« fût distribué aux pauvres. » Hors de la cité

se voient plusieurs possessions de fruits, comme de figues, pommes, poires, grenades, caroubes, et une infinité d'olives; néanmoins les habitants sont fort foulés par leur seigneur.

Tohulba.

Tohulba est une cité édifiée par les Romains sur la mer Méditerranée, distante de Monaster par l'espace de douze milles, jadis bien habitée, ayant son terroir bien fertile; mais il fut abandonné par la tyrannie des Arabes. La cité n'est guère peuplée de maisons, lesquelles sont encore habitées le je ne sais quelles personnes qui mènent vie de religieux, tenant un grand lieu en manière d'hôtellerie pour loger les étrangers. Aucuns Arabes s'y transportent bien souvent, mais ils ne se montrent jamais molestes ni importuns.

El Mahdia.

El Mahdia est une cité édifiée de notre temps par Mahdi, hérétique et premier pontife de Cairaran, qui la fonda sur la mer Méditerranée, et en la partie d'une montagne qui se jette sur la mer, l'environnant de fortes et épaisses murailles, et gros tourillons, avec le port qui est fort bien remparé et soigneusement gardé. Celui-ci s'achemina en ces pays déguisé en pélerin, et, feignant d'être descendu de la race de Mahomet, sut si bien par ses ruses et palliations acquérir l'amitié de ces peuples, que, moyennant leur aide et support, il s'empara de la seigneurie du Cairaran, se faisant appeler El Mahdi, calife. Mais depuis, ainsi qu'il alloit lever et recevoir les deniers de son revenu en la Numidie, distante de Cairaran par l'espace de quarante journées, il fut saisi et détenu prisonnier par le prince de Segelmesse, lequel enfin, mu de compassion, le remit en liberté, en récompense de quoi l'autre lui procura sa mort et l'occit. Puis se mit à exercer si grande tyrannie, que le peuple conspira contre lui; ce qu'ayant su, fit édifier une cité comme pour forteresse, avec laquelle il se pût remparer et défendre, quand besoin en seroit, contre ceux qui le voudroient assaillir. Et lui valut ce projet, parce qu'un Beiezid, prédicateur, surnommé le chevalier de l'âne (à cause qu'il n'usoit d'autre monture), se banda contre lui avec un exercite de quarante mille hommes, qu'il fit marcher à la volte du Cairaran, que El Mahdi abandonna (étant averti de sa venue), pour se retirer en sa nouvelle cité, dans laquelle, moyennant le secours de trente na-

Mahdi, rendu prisonnier du prince de Segelmesse.

vires, d'un seigneur de Cordoue Mahométan, sut si bien recharger ses ennemis, que, les ayant mis en route, tua Beiezid avec un sien fils. Cette victoire ainsi heureusement et contre le vouloir de tous obtenue, il fit retour au Cairaran, là où il gagna l'amitié du peuple; au moyen de quoi la seigneurie demeura à sa postérité, jusqu'à cent trente ans. Depuis, la cité fut prise par les chrétiens; mais elle fut puis recouverte par un pontife et roi de Maroc; et maintenant elle est sous la puissance du roi de Thunes, lequel y met un gouverneur sans trop charger d'impositions les habitants, lesquels ont coutume de trafiquer par mer, et ont grandes inimitiés avec les Arabes, qui pour cette occasion leur ôtent tout moyen de cultiver leurs terres. De notre temps, le comte Pierre de Navarre se hasarda de s'en emparer avec dix vaisseaux; mais on lui fit un si doux accueil, avec les boulets de soudaines canonnades, qu'il fut contraint, en lieu de marcher avant (comme il le pensoit bien faire), tourner le dos avec son grand désavantage, et sans rien faire : ceci advint en l'an de la nativité de Jésus-Christ mil cinq cent dix-neuf.

Beiezid tué, avec un sien fils.

Asfachus, cité.

Asfachus est une grande et ancienne cité, édifiée par les Africains sur la mer Méditerranée, du temps des guerres qu'ils eurent avec les Romains, ceinte de très hautes murailles, et jadis bien habitée ; mais maintenant il n'y sauroit avoir plus haut de trois ou quatre cents feux, et y a peu de boutiques, parce que les habitants sont fort mal traités, tant par les Arabes, comme du roi de Thunes, à cause de quoi ils se tiennent très mal en ordre, et sont quasi tous tissiers, mariniers ou pêcheurs, prenant du poisson en grande quantité, qu'ils appellent spares, non inconnu entre Latins, Arabes et Barbares. Ils usent de pain d'orge et bezin ; et s'en trouve quelques-uns d'entre eux, lesquels avec une certaine manière de vaisseaux s'en vont trafiquant en Egypte et Turquie.

Cairaran, jadis au nombre des grandes cités.

Cairaran, noble cité, fut édifiée par Hucba, capitaine des exercites, envoyé en l'Arabie déserte par Hutmen, pontife tiers, lequel fit asseoir les fondements en un lieu distant de la mer Méditerranée environ trente-six milles, et cent de la cité de Thunes, non pour autre respect que pour assurer son armée et trésors qu'il avoit amassés en saccageant toutes les cités de Barbarie et Numidie. Puis l'environna de belles murailles, dont la maçonnerie étoit toute de briques, et dans le circuit un grand et merveilleux temple, soutenu sur colonnes de marbre, deux desquelles, dressées auprès la grande chapelle, sont d'une hauteur inusitée et incomparable, de couleur rouge, parfaite et reluisante, diaprées et martelées de petites taches blanches, tirant sur le porphyre. Celui-ci, après la mort de Hutmen, fut appelé par Muchavia au gouvernement du domaine, auquel il se maintint jusqu'à ce que Kalid, calife, fils de Habdul Malic (qui régnoit pour lors en Damas), expédia un capitaine pour marcher à la volte du Cairaran, avec une grande armée, et s'appeloit Muse, fils de Nosair, lequel, y étant parvenu, y séjourna quelques jours, tant qu'il lui sembla l'exercite avoir assez reposé. Puis se mit à la route du Ponant, pillant et saccageant plusieurs villes et cités, jusqu'à ce qu'il parvint à la rivière de l'Océan, là où il entra dans l'eau jusqu'aux étriers. Ce qu'ayant fait, et content de ses conquêtes, fit retour au Cairaran, déléguant un capitaine, nommé Tarich, pour son lieutenant en Mauritanie, lequel semblablement s'empara de plusieurs cités ; tant que Muse, aiguillonné de son heur et gloire, lui manda de ne passer plus outre, attendant sa venue; ce qu'il fit, se tenant coi sur la rivière d'Andalousie, là où au bout de quatre mois Muse arriva avec un grand exercite, lequel, joint et uni avec l'autre, passèrent tous deux en Grenade, pour aborder l'exercite des Goths, desquels le roi était Roderic, qui leur assigna journée. Mais, comme voulut sa mauvaise fortune, fut rompu et mis en fuite, tellement que les deux autres, suivant leur victoire, parvinrent jusqu'en Castille, et prirent la cité de Tolède, là où ils trouvèrent de grandes richesses et plusieurs reliquaires, qui étoient dans le trésor de la cité : comme la table sur laquelle Jésus-Christ fit la cène avec ses disciples, et étoit couverte d'or fin, enrichie aux extrémités de pierreries estimées à la valeur de cinq cent mille ducats. Après cette prise, Muse se mit au retour, accompagné d'une partie de l'armée, emportant avec lui les autres dépouilles, et quasi tous les grands trésors de l'Espagne; en sorte qu'ainsi chargé, et parvenu en Afrique, prit la route du Cairaran. Mais, ainsi qu'il étoit en chemin, lettres de rappel lui vinrent de Kalid, pontife de Damas, dont,

Armée de Roderic, roi des Goths, défaite par Kalid, calife.

La table où Jésus-Christ fit la cène, gardée à Tolède.

suivant la teneur d'icelles, il marcha vers l'E-
gypte. Et, après être arrivé en Alexandrie, fut
averti par un frère du pontife qu'il tiroit à la
fin, et pour autant qu'il ne se travaillât autrement de s'acheminer à Damas; car, étant ex-
piré (comme on connoissoit à vue d'œil qu'il
ne pouvoit plus longuement contester à la
mort), tous les trésors se pourroient facilement
perdre et écarter; de quoi Muse faisant peu de
compte et méprisant ces paroles, s'en alla en
Damas, et confia le tout au Kalid, lequel cinq
jours après rendit l'esprit.

Au moyen de quoi le frère, succédant au pontificat, déposa Muse de son office, lui ôtant tout
le gouvernement de l'Afrique, et mit en sa
place un autre capitaine, nommé Jezul, dont
le fils, frère et neveu, succédèrent l'un après
l'autre au gouvernement de la cité, jusqu'à
tant que la maison de Kalid fût dépouillée
de cette dignité.

Alors fut fait lieutenant Elagleb, lequel gouvernoit ni plus ni moins que s'il en eût été seigneur; parce que de ce temps-là les pontifes
abandonnant le siége de Damas, se tinrent en
Bagaded, siége pontifical. Bagaded, comme il est amplement récité dans
les chroniques; tellement qu'après celui-ci la
seigneurie demeura entre les mains du fils, et
ainsi d'une lignée à autre successivement; tant

que cette famille se trouva paisiblement jouissante de cette dignité, par l'espace de cent soixante ans; mais à la fin du temps, celui qui pour lors régnoit, fut expulsé par le Mahdi calife, hérétique.

Du temps donc de ces seigneurs de la maison de Lagleb, la cité accrut tant en grandeur comme en nombre de peuple, si bien qu'elle n'étoit assez spacieuse pour donner lieu à tous ceux qui y voudroient bien maintenant habiter : ce que voyant le seigneur, il fit fabriquer, joignant icelle, une autre cité, qu'il nomma Recheda, là où il faisoit sa demeure avec les principaux de sa cour. Et, de ce temps-là, s'empara de la Sicile, par le moyen et diligence d'un sien capitaine, appelé Helcama, qu'il y envoya, accompagné d'un grand nombre de gens. Et pour rempart et défense de tel dessein et sûreté de sa personne, il bâtit en cette île une petite cité, laquelle il nomma de son nom, qu'elle retient encore à présent. Depuis, elle fut assiégée par l'armée qui vint au secours des Siciliens; mais le seigneur de Cairaran y contre-manda un exercite plus fort que le premier, sous la conduite d'un brave et courageux capitaine, appelé Ased, lequel rafraîchit de gens et munitions la cité d'Helcama : puis les deux exercites se vinrent à unir ensemble, tellement qu'ils occupèrent toutes les villes et places qui restoient, d'où est venu que cette neuve cité a été accrue et augmentée tant en habitants qu'en civilité.

L'assiette du Cairaran est en une campagne areneuse et déserte, ne produisant arbre ni grain; mais en défaut de ce, il s'en apporte (avec les autres choses nécessaires pour substanter le corps humain) dessus la rivière de la mer de Susa, Monaster, ou Mahdia, cités qui sont toutes distantes par l'espace de cent quarante milles de celle-ci, auprès de laquelle, environ douze milles, y a une montagne appelée Gueslet, là où apparaissent encore quelques vestiges et apparences des édifices romains, et aucunes fontaines qui sourdent sur icelle, avec des clos de caroubes, qui se transportent au Cairaran, en laquelle ne se trouve fontaine ni puits d'eau vive, fors quelque citerne. Mais au dehors il s'y trouve certaines conserves antiques, dans lesquelles l'eau de la pluie se vient à égoutter : toutefois, au mois de juin, on n'en y sauroit trouver une seule goutte, parce que les habitants la font boire à leurs bêtes.

Les Arabes viennent passer l'été auprès de cette cité, qui cause que l'eau enchérit, et le grain au double : vrai est qu'ils amènent des chairs de bœuf en abondance et dattes, lesquelles ils apportent des cités de Numidie, distantes par l'espace de cent soixante milles de celle-ci; là où l'étude du droit fut jadis florissante et en singulière recommandation, de sorte que la plus grande partie des docteurs d'Afrique y ont vaqué aux lettres, et pris le degré en icelle. Or, maintenant, depuis le guast que lui donnèrent les Arabes, elle a commencé à être repeuplée; mais les habitants sont aujourd'hui tous pauvres artisans, dont les uns sont corroyeurs de peaux d'agneaux et de chevreaux, et les autres pelletiers, dont leur ouvrage se vend aux cités de Numidie, là où l'on ne trouve point de draps d'Europe. Mais de tous ces métiers-là il ne s'en trouve pas un qui ait le moyen de s'entretenir honnêtement, ains vivent exerçant iceux assez misérablement et en très grande pauvreté. Joint aussi que, par l'oppression grande et mauvais traitement du roi de Thunes en leur endroit, ils ont été mis du tout au bas, et en grande perplexité; comme je vis me transporter en Numidie, là où étoit le camp du roi de Thunes, qui fut en l'an neuf cent vingt-deux de l'hégire.

Capes.

Capes est une grande cité jadis par les Romains édifiée dans un goufre sur la Méditerranée, ceinte de très hautes et anciennes murailles, ensemble d'une forteresse, qui auprès de soi a un fleuve, mais l'eau est un peu salée. Cette cité est fort diminuée en bonnêteté et civilité depuis qu'elle fut saccagée par les Arabes; car, dès cette heure-là, les habitants l'abandonnèrent pour s'en aller faire résidence en la campagne, là où il y a des dattiers en grande quantité; mais le fruit n'est pas de garde, car il pourrit incontinent, et ne produit ce terroir autre chose, sinon un fruit qui se nourrit sous terre, de la grosseur d'un raifort, qu'ils sucent à cause qu'il est doux comme amandes, du goût desquelles il tient quelque peu; toutefois beaucoup s'en faut qu'il ne soit tant nutritif et profitable. Ce fruit est quasi commun par tout le royaume de Thunes, et par les Arabes est appelé *habb haziz*. Les habitants sont noirs et pauvres laboureurs ou pêcheurs, qui sont par trop foulés du roi de Thunes et des Arabes.

El Hamma.

El Hamma est une ancienne cité édifiée par les Romains, distante de Capes environ quinze milles, et ceinte de murailles, dont la maçonnerie est de pierre de taille fort grosse, enrichie de beaux entaillés, avec ce qu'on y voit jusqu'à présent des tableaux de marbre sur les portes, où sont gravées des lettres. Les maisons et rues sont sottement disposées, les habitants pauvres et larrons, le territoire âpre et aride, ne produisant autre chose que palmes, jetant un fruit peu savoureux.

Près de la cité, environ un mille devers Midi, sourd une grosse fontaine très chaude, qui prend son cours par la cité, la traversant à grands canaux, dans lesquels et dessous terre y a quelques édifices, comme chambres séparées les unes des autres, dont le pavé est le fond du canal par où l'eau s'écoule, tellement qu'elle peut arriver jusqu'au nombril de ceux qui y entrent ; mais il s'en trouve bien peu qui s'y veulent hasarder pour la trop âpre chaleur. Néanmoins, les habitants ne laissent d'en boire : ce que voulant faire, il faut qu'ils épuisent le soir l'eau pour boire le matin, et ainsi par le contraire. Du côté de Tramontane, hors la cité, cette eau s'écoule tout en un lieu, auquel elle forme un lac qui s'appelle le Lac des Lépreux, parce qu'il a vertu et propriété de faire recouvrer santé à ceux qui sont entachés de la lèpre et solider les plaies. Au moyen de quoi sur le rivage d'icelui demeurent une infinité de ladres, lesquels avec le temps retournent en santé. Cette eau a odeur de soufre, laissant toujours une certaine envie d'en boire, comme je l'ai moi-même expérimenté en buvant par plusieurs fois d'icelle, encore que pour l'heure je me trouvasse altéré en sorte que ce soit.

Vertu admirable d'un lac à guérir de la lèpre et solider les plaies.

Macres, château.

Macres est un château édifié par les Africains, de notre temps, sur la bouche du goufre de Cabes, pour laquelle défendre des navires ennemis fut expressément fabriqué, distant de l'île Gerbo environ cinquante milles, et habité par quelques tissiers de draps de laine, entre lesquels se trouvent plusieurs mariniers et pêcheurs qui ont grande pratique en cette île, d'où la langue (qui est africaine) leur est à tous particulière, à raison de la continue fréquentation qu'ils ont les uns avec les autres. Et pour autant qu'ils n'ont terres ni possessions (hormis les tissiers), ils gagnent leur vie, au moins mal qu'ils peuvent, à être mariniers.

Gerbo, île.

Gerbo est une île prochaîne de terre ferme, toute plaine et sablonneuse; au reste, garnie d'une infinité de possessions de vignes, dattes, figues, olives et autres fruits, et contient de circuit environ dix-huit milles. En chacune de ces possessions est bâtie une maison, et là habite une famille à part, tellement qu'il se trouve à force hameaux, mais peu qui aient plusieurs maisons ensemble. Le terroir est maigre, voire qu'avec si grand labeur et soin qu'on puisse mettre à l'arroser avec l'eau de quelques puits profonds, à grande difficulté y sauroit-on faire croître un peu d'orge, ce qui cause toujours une grande cherté en ces lieux-là quant au grain, dont le setier se vend ordinairement six ducats et quelquefois plus, et la chair encore n'y est à guère meilleur prix. Là y a un fort sur la mer, auquel le seigneur avec sa famille fait résidence; et tout auprès d'icelui y a un gros village, là où logent les marchands étrangers, comme Chrétiens, Maures et Turcs, et s'y fait toutes les semaines un marché que l'on prendroit quasi pour une foire, à cause que tous les habitants de l'île s'y assemblent : joint aussi que plusieurs Arabes de terre ferme s'y transportent avec leur bétail, y portant des laines en grande quantité. Mais ceux de l'île vivent de la facture et trafic des draps de laine, au moins la plus grande partie, lesquels ils portent vendre, ensemble le raisin sec, dans la cité de Thunes ou d'Alexandrie.

<small>Gerbo, prise par les chrétiens, recouverte par le roi de Thunes.</small>

Il y a environ cinquante ans que cette île fut assaillie par une armée de Chrétiens, qui la prit et saccagea ; mais en un instant elle fut recouverte par le roi de Thunes, qui la fit réhabiter, et alors fut édifiée la forteresse susnommée. Car, le passé, il n'y avoit sinon villages et hameaux dans cette île, étant continuellement gardée par deux chefs, lesquels y habitoient sous le roi de Thunes, qui y ordonnoit juges et gouverneurs ; mais par la mort du roi Hutmen, les successeurs étant amoindris de forces, cette île se remit en liberté, pour laquelle maintenir en sûreté les habitants rompirent le pont qui venoit de terre ferme sur leur île : joint aussi qu'ils craignaient d'être surpris par quelque armée terrestre.

Tandis que ces choses passoient ainsi, l'un des chefs tua tous ses principaux adversaires, au moyen de quoi, sans grande difficulté, il vint à s'emparer de la seigneurie de cette île, en sorte qu'elle est toujours demeurée entre les mains des siens jusqu'à présent, et se retire tant en gabelle qu'en douane octante mille d'obles, à cause des grands trafics qui s'y font par les marchands alexandrins, turcs et thunisiens. Mais ceux qui jouissent maintenant du domaine usent entre eux de grandes trahisons; tellement que le fils tue le père, le frère l'autre, pour avoir seul le gouvernement, si qu'en moins de quinze ans plus de dix seigneurs y ont été tués.

Depuis peu de temps Ferdinand, roi d'Espagne, y envoya une grosse armée, sous la conduite d'un capitaine qui étoit duc d'Albe, mais peu expérimenté; et, pour le peu de connoissance qu'il avoit du lieu, il vint prendre terre bien loin au-dessus, en un certain endroit, là où étant bravement par les Maures repoussé, fut contraint de se retirer, et mêmement pour l'extrême et ardente soif et âpre chaleur que ses gens enduroient. Et pour autant qu'à l'aborder des navires la mer étoit comble, et que, retournant les soldats de l'escarmouche, l'eau étoit baissée, les vaisseaux, pour ne demeurer à sec, s'étoient retirés, tellement qu'il y avoit plus de quatre

Armée de Ferdinand, roi d'Espagne, repoussée par les habitants de l'île Gerbo.

milles de grève découverte, ce qui travailla tant la gendarmerie, que, fuyant les soldats écartés çà et là à vau-de-route, les uns furent par les chevaliers vivement poursuivis et pris, les autres passèrent par le fil de l'épée, et le reste se retira avec l'armée en Sicile.

Depuis Charles, empereur, y fit passer encore un autre exercite, conduit sous la charge d'un chevalier Rhodien, de l'ordre saint Jean de Messine, lequel sut accompagner son dessein d'une telle ruse et sagesse, que les Maures se rendirent par composition, s'obligeant de rendre certain tribut; et de fait, pour icelui arrêter, déléguèrent un ambassadeur à la C. M., laquelle souscrit aux chapitres et capitulations, ordonnant qu'ils rendraient par an six mille d'obles au vice-roi de Sicile, et par ce moyen demeurèrent en paix.

Zoara et Lepède, cité.

Zoara est une petite cité édifiée par les Africains, sur la mer Méditerranée, distante de Gerbo environ cinquante milles devers Levant, ceinte de basses et foibles murailles, habitée de gens fort indigents et nécessiteux, n'ayant autre moyen, pour gagner leur vie, qu'à faire la chaux et la craie, qu'ils transportent à Tripoli : joint aussi que leurs terres ne sont bonnes à ensemencer, et outre ce, ils sont toujours en crainte d'être assaillis par les corsaires chrétiens, et mêmement depuis la prise de Tripoli.

Cette cité fut encore fondée par les Romains avec hautes murailles, maçonnées de grosses pierres; mais elle fut deux fois démolie, et de ses ruines fut édifiée Tripoli.

Tripoli l'ancienne.

Tripoli l'ancienne fut édifiée par les Romains, depuis par les Goths subjuguée, et finalement réduite sous la puissance des Mahométans, du temps de Homar, calife second, lesquels tinrent le duc des Goths par l'espace de six mois assiégé, puis enfin le contraignirent de prendre la fuite à la volte de Carthage; au moyen de quoi la cité fut saccagée, partie des habitants occis, et partie détenus prisonniers, qui furent menés en Egypte et Arabie, comme le témoigne Ibnu Rachich, historien africain.

Tripoli de Barbarie, très belle et grande cité.

Tripoli fut édifiée par les Africains après la ruine de l'ancienne Tripoli, et ceinte de hautes et belles murailles, située en une plaine sablonneuse, en laquelle y a plusieurs dattiers. Les maisons sont magnifiques à comparaison de celles de Thunes, et semblablement les places ordonnées et députées pour divers métiers et arts, principalement de tissiers de toiles.

Il ne s'y trouve aucun puits ni fontaine, mais seulement des citernes, et y est toujours le grain fort cher, parce que toutes les campagnes de Tripoli sont en arène, comme celles de Numidie, à cause que la mer Méditerranée se jette sur le Midi; tellement que les lieux qui devroient être gras et fertiles, sont tous baignés en eau, et, disent les habitants de ce pays, qu'anciennement il y avoit une grande étendue de terres qui s'avançoient bien fort envers la Tramontane, mais que, par laps de temps et cours d'années, elles furent couvertes par l'heurt des flots continuels, lesquels minoient toujours, comme il se voit aux plages de Monestier, Mahdia, Affacos, Capes, l'île de Gerbo, et d'autres cités qui sont devers Levant, et ne sont guère profonds ces lieux-là, de sorte que si quelqu'un venoit à entrer dans la mer en ces endroits, l'eau ne lui sauroit venir jusqu'à la ceinture. Par ce moyen, ils disent que les lieux qui sont ainsi étouffés ont été puis naguère couverts de la mer. Ils sont semblablement d'opinion que la cité tirât plus en sus Tramontane, mais que, pour le continuel miner de l'eau, on l'a toujours retirée devers le Midi, et disent qu'à présent même se voient des maisons et édifices cachés sous les ondes.

Il y eut autrefois plusieurs temples en cette cité, quelques colléges et hôpitaux pour loger les pauvres et étrangers.

Les habitants usent d'une viande, et fort vile, qui est du bezin d'orge, parce que les vivres qui se portent dans la cité ne sont quasi suffisants pour la tenir fournie un jour seulement, et est estimé riche le paysan qui peut épargner un setier de grain ou deux pour sa provision.

Néanmoins ils s'adonnent fort à trafiquer, à cause que la cité est prochaine de Numidie et de Thunes, sans qu'il s'en trouve d'autre jusqu'en Alexandrie que celle-ci, qui est encore prochaine de Malte et Sicile : et souloient autrefois les navires des Vénitiens y aborder, lesquels démenoient grands trafics avec les marchands de Tripoli, et avec ceux qui s'y transportoient tous les ans, pour le respect de ces vaisseaux.

Cette cité a toujours été sous le domaine du roi de Thunes, hors du temps qu'Abulhasen, roi de Fez, vint camper devant Thunes, contraignant le roi de gagner et prendre les déserts des Arabes pour sûreté; mais Abulhasen ayant été rompu, et son armée défaite, le roi de Thunes retourna en son domaine. Toutefois Tripoli se révolta, et se maintint en cette rébellion par l'espace de cinq ans, jusqu'à tant qu'Abulhenan, roi de Fez, fit semblablement marcher son armée contre le roi de Thunes, nommé Abulhabbes, qui le vint affronter, tellement que les deux armées furent contraintes à se tâter et donner le choc, dont la perte tourna du côté du roi de Thunes, lequel s'enfuit à Constantine, là où le roi de Fez l'alla assiéger, le tenant de si court, que le peuple se sentant trop foible pour supporter une telle charge, ouvrit les portes de la cité, et fut pris le roi de Thunes, et mené prisonnier à Fez, dans la forteresse de Sebta.

Abulhabbes, roi de Thunes, défait par Abulhenan, roi de Fez.

Ce temps pendant, Tripoli fut assiégée par une armée de vingt naves genevoises, et combattue si brusquement et de telle sorte qu'elle fut prise et saccagée, et les habitants détenus prisonniers, tellement que le lieutenant qui étoit dans la cité, à la prise d'icelle, récrit incontinent au roi de Fez comme la chose étoit passée. Au moyen de quoi il fit accorder avec les Genevois de leur donner cinquante mille ducats, lesquels ayant reçus, délivrèrent les

Tripoli de Barbarie, battue et saccagée par les Genevois.

prisonniers, abandonnant la cité, d'où étant départis, ils s'aperçurent comme la moitié des deniers étoit falsifiée. Depuis, le roi de Thunes fut mis en liberté par Abuselim, roi de Fez, moyennant un parentage et alliance qu'il fit avec lui, puis s'en retourna en ses pays.

Pareillement Tripoli retourna sous le gouvernement du roi de Thunes, qui la tint jusqu'au temps du prince Abubaco, fils de Hutmen, roi de Thunes, qui fut tué avec un sien fils en la forteresse de Tripoli, par la suasion et exhortement de Jachia, son neveu même, lequel se fit roi de Thunes, et fut réduite encore Tripoli sous sa puissance; puis enfin il fut tué en une bataille par Habdul Mumen, son cousin, qui s'empara du royaume, duquel il fut paisiblement jouissant tandis qu'il vécut, et lui succéda Zacarie, fils de Jachia, qui peu de temps après fut frappé de peste et mourut.

Lors les citoyens et peuple de Thunes élurent pour leur roi, Mucamen, fils de Hessen, cousin de Zacarie, lequel se voyant en si peu de temps si fort avancé et en si haute dignité, commença à s'enorgueillir et tyranniser, oppressant les habitants de Tripoli, tellement que ne pouvant plus comporter si grandes extorsions, chassèrent le gouverneur et tous les officiers royaux; élisant pour leur seigneur, *Mucamen, roi de Thunes, délaissé par ses sujets.*

un citoyen de la ville, mettant entre ses mains tous les revenus et trésors publics, lesquels par quelque temps il gouverna, et se montra envers les habitants assez traitable.

Mais le roi de Thunes, se voulant venger de la rébellion et ressentir de l'injure à lui faite, y envoya un gros exercite, sous la conduite d'un sien lieutenant, qui fut empoisonné par des Arabes, à la suasion des principaux de Tripoli, qui fit écarter l'armée de çà et de là. Or, advint que le seigneur de Tripoli, qui s'étoit plus étudié à ressembler bon que de l'être, changea ses bonnes mœurs et vertus en vicieuse tyrannie, au moyen de quoi il donna occasion à un sien cousin de le priver de vie.

Alors le peuple importuna tant un ermite, lequel avoit été nourri à la cour du prince Abubaco, qu'il fut contraint à prendre possession de la seigneurie, dont ils le requéroient très instamment, tant que, obtempérant à leurs requêtes, plus par importunité que non pour envie aucune qu'il eût de dominer, la gouverna par quelque temps, jusqu'à ce que Ferdinand, roi d'Espagne, y fit passer son armée, de laquelle il fit capitaine le comte Pierre de Navarre, qui, étant abordé un soir, prit le lendemain la cité d'emblée, faisant prisonniers tous les habitants.

Tripoli prise d'emblée par le comte Pierre de Navarre.

Le seigneur, avec un sien cousin, fut mené à Messine, là où il demeura long-temps en captivité, puis à Palerme, et là fut remis en liberté par Charles, empereur, dont de leur propre volonté ils firent retour à Tripoli, qui fut puis après ruinée et démolie par les Chrétiens. Il est vrai que le château fut fortifié de grosses murailles et artillerie, comme nous avons vu en l'an de l'incarnation mil cinq cent dix-huit; mais comme il m'a depuis été acertainé, le seigneur de Tripoli a commencé de faire peupler la cité au nom de la C. M. Voilà tout ce qui se peut dire de toutes les cités du royaume de Thunes.

Montagnes de tout le domaine de Buggie.

Peu s'en faut que tout le pourpris du domaine de Buggie ne soit du tout plein de montagnes hautes et scabreuses, couvertes de plusieurs bois, arrosées de belles fontaines, et coutumièrement habitées de peuples nobles, riches et libéraux, qui tiennent chevaux, bœufs et chèvres en grande quantité, ayant toujours maintenu leur liberté, mêmement depuis que Buggie fut prise par les Chrétiens, et portent quasi tretous une croix rouge sur la joue, de toute antiquité, comme nous avons dit ci-dessus.

Leur viande est de pain d'orge, avec grande quantité de figues et noix, qui sont produites en ces lieux-là, mêmement aux montagnes qu'on appelle Zarara; en aucunes d'icelles se trouvent mines de fer, de quoi ils font de petites pièces du poids de demi-livre, qu'ils emploient en lieu de monnoie. Ils en font battre semblablement de petites d'argent, du poids de quatre grains.

Le terroir produit du lin et chanvre, dont se font des toiles en grande quantité, mais toutes grosses. Les habitants sont fort enclins à jalousie, au reste, dextres et adroits : vrai est que la plus grande partie va très mal en ordre. Le domaine de Buggie, du côté des montagnes, s'étend vers la mer Méditerranée, en longueur, environ cent cinquante milles, et quarante en largeur. En chacune de ces montagnes y a une lignée à part; mais quant à la manière de vivre, il n'y a aucune différence, à cause de quoi je me déporterai d'en parler davantage.

Auraz.

Cette montagne est fort haute, et habitée par un peuple fort rude d'entendement, mais sans mesure, adonné au larcin et brigandage. Ce lieu est distant de Buggie environ octante milles, et soixante de Constantine, séparé des autres montagnes, et s'étend en longueur par l'espace de soixante milles, confinant du côté du Midi au désert de la Numidie, et devers Tramontane avec le territoire de Mesila, Stefe, Nicaus et Constantine. A la sommité de la montagne sourdent plusieurs fontaines dont les ruisseaux s'épandent par la plaine, formant certains marais qui se changent en salines, quand le temps commence à se mettre en chaleur. Nul ne sauroit pratiquer avec les habitants, ni avoir leur connoissance, parce qu'ils ne veulent pas que leurs pays soient connus, pour doute du roi de Thunes et des Arabes leurs ennemis.

Des montagnes qui se retrouvent au domaine de Constantine.

La partie de Tramontane et de Ponant, prochaine de Constantine, est toute montueuse; et prennent commencement les montagnes aux confins de celles de Buggie, s'étendant devers la mer Méditerranée jusque sur les rives de Bona, qui contient d'espace environ cent trente milles, et sont toutes abondantes, parce que le terroir d'entre icelles est très fertile, produisant olives, figues et autres fruits en quantité, tellement qu'il en fournit toutes les autres cités prochaines, comme Constantine, Collo, Gegel et encore les Arabes.

Les habitants s'adonnent plus à civilité que ceux de Buggie, avec ce qu'ils exercent plusieurs arts, et surtout s'adonnent à faire des toiles une infinité. Mais ils s'écarmouchent souvent pour cause de leurs femmes qui s'enfuient de montagne à autre, pour changer maris. Ils sont fort opulents, pour être francs de tout tribut, combien qu'ils n'oseroient converser en la plaine, pour crainte des Arabes, encore moins aux cités, de peur des seigneurs d'icelles. Il s'y fait toutes les semaines un marché, et en divers jours, auquel s'acheminent plusieurs marchands de Constantine et Collo, qui ont en chacune de ces montagnes un ami qui leur porte faveur; autrement, s'ils étaient surpris et volés, il ne se trouve personne qui tienne compte de leur en faire la raison, parce qu'il n'y a juges, prêtres, ni personne qui ait aucune connoissance des lettres. Et si quelqu'un vouloit faire écrire quelque missive, il faudroit aller trouver un homme à quinze milles de ce lieu pour la coucher par écrit.

Femmes de Constantine qui changent leurs maris.

De ces montagnes se peuvent lever, quand la nécessité le requerroit, quarante mille combattants, desquels il s'en trouvera quatre mille à cheval; de sorte que si les habitants pouvoient vivre d'accord et unis ensemble, ils seroient suffisants pour dompter et rendre tributaire toute l'Afrique, car ce sont braves gens et fort adonnés aux armes.

Montagnes de Bona.

Bona a la mer Méditerranée du côté de Tramontane, et devers Midi quelque peu de montagnes, lesquelles s'assemblent à celles de Constantine; mais de la partie du Levant il y a aucuns coteaux ayant un territoire très-fertile, et y eut jadis des villes et châteaux édifiés par les Romains, desquels il ne reste à présent que quelques ruines et masures, sans qu'on puisse savoir le nom des places qui y étoient assises. Ces terres sont abandonnées pour le présent, à cause des Arabes, fors une petite partie qui est cultivée par d'aucuns habitants en la campagne, lesquels en jouissent par force d'armes et malgré les Arabes. Ces coteaux s'étendent de Ponant au Levant par l'espace d'octante milles (qui est depuis les confins de Bona jusqu'à Bege), et de trente en largeur. Là se trouvent à force fontaines, desquelles se forment plusieurs fleuves qui prennent leur cours par la plaine, laquelle sépare les coteaux d'avec la mer Méditerranée.

Montagnes prochaines de Thunes.

Thunes est située en la plaine, n'ayant montagne qui lui soit prochaine, fors quelques parties d'aucunes, qui sont sur la mer Méditerranée, du côté du Ponant, comme est celle-là où est Carthage. Il est bien vrai qu'il y en a une autre très haute, et d'autant plus froide, prochaine de Thunes par l'espace de trente milles devers Siloch, laquelle s'appelle Zagoan ; mais elle est inhabitée, fors de quelques uns qui demeurent dans certains hameaux, nourrissant des abeilles, et ensemencent aussi le terroir de quelque peu d'orge. Les Romains édifièrent anciennement, en flanc et au pied de cette montagne, plusieurs châteaux dont les ruines en sont encore apparentes, avec certaines épitaphes qui se lisent en langue latine, et gravées.

Montagnes de Beni Tefren et de Nufusa.

Ces montagnes sont séparées du désert, distantes de Gerbo et Sfacos d'environ trente milles, fort hautes et froides, qui leur fait produire le froment en petite quantité, et encore moins d'orge, au moyen de quoi il n'est pas suffisant pour la moitié de l'année. Les habitants sont fort braves gens, et hardis, mais réputés pour hérétiques en la loi mahométane, par ceux de la secte des pontifes du Cairaran, laquelle est tenue par toutes les régions, fors de ces montagnards qui l'ont rejetée, et partant ils vont tournoyant Thunes et autres cités par lesquelles ils exercent tous métiers, tant vils et mécaniques soient-ils, pour trouver moyen de gagner leur vie; mais ils n'osent dogmatiser ni publier leur hérésie, craignant d'être trop grièvement punis par les inquisiteurs de la loi.

Montagnes de Garian.

Garian est une montagne haute et froide, qui a en longueur quarante milles, et quinze en largeur, séparée des autres par l'arène, et distante de Tripoli environ cinquante milles, produisant l'orge en grande quantité et dattes en parfaite bonté, mais elles veulent être mangées toutes fraîches. Outre ce, il y croît à force olives, lesquelles rendent l'huile en infinité, qui puis après est transportée en Alexandrie et autres villes prochaines.

Safran admirable, tant en couleur qu'en bonté.

Semblablement le safran y est produit en grande abondance, et admirable tant en couleur comme en naïve bonté, qui est la plus parfaite que d'aucun qui puisse venir de toutes les parties du monde; tellement que si la livre de celui de Thunes, du Caire et de Grèce, se vend dix sarafes, celui-ci ne se délivrera à moins de quinze, comme il me fut dit par un qui fut vicaire en cette montagne, lequel (outre ce) m'acertaina que du temps du prince de Tripoli elle rendoit soixante mille d'obles, et pendant qu'il était résident en son vicariat, on en retira trente quintaux, qui sont quinze charges de mulets. Mais les habitants ont toujours été molestés par les Arabes et rois de Thunes. Il y a en cette montagne jusqu'au nombre de cent trente villages, avec des maisons pauvrement bâties et mal en ordre.

Beni Guarid.

Cette montagne est distante de Tripoli environ cent milles, habitée par riches gens et de bonne nature, qui vivent en liberté, étant en ligue avec d'autres montagnards qui confinent des déserts de Numidie.

Casir-Acmed, Subeica, et Casr-Hessin, châteaux.

Ce château-ci fut édifié (par un capitaine des armées qui passèrent en Afrique) sur la mer Méditerranée, et depuis ruiné par les Arabes.

Subeica fut un château édifié au temps que les Mahométans commencèrent à mettre le pied en Afrique, lequel fut bien habité, mais puis après ruiné par les Arabes; néanmoins plusieurs pêcheurs et quelques autres pauvres gens y font encore leur résidence.

Casr-Hessin, château édifié par les Mahométans sur la mer Méditerranée, et ruiné semblablement par les Arabes.

FIN DU CINQUIÈME LIVRE.

LIVRE SIXIÈME.

Ayant jusqu'ici parlé de quelques montagnes, maintenant nous viendrons à décrire aucunes particularités des villages, qui n'ont cités ni châteaux, et d'aucunes provinces poursuivant en après du pays de Numidie ; et, pour à ce donner commencement, nous parlerons comme il s'ensuit.

D'aucuns villages qui sont prochains du royaume de Thunes et Buggie, à savoir : Gar, Garel-Gare, Sarman, Zamat-Ben-Zarbuh, Zaznor, Hamrozo, et la campagne Tagiora.

Gar est un village sur la mer Méditerranée, abondant en dattes, qui croissent en son territoire, lequel est fort aride, produisant quelque peu d'orge, de quoi se sustentent les habitants.

Garel-Gare est un village où il y a des cavernes grandes et merveilleuses, et l'on estime Tripoli l'ancienne avoir été bâtie des pierres qui en furent tirées, à cause de la proximité du lieu.

Sarman est un village assez grand et bien habité auprès de Tripoli l'ancienne, non moins abondant en dattes qu'en grains, voire de toutes sortes.

Zamat-Ben-Zarbuh n'est guère distant de la mer, habité d'aucuns religieux, abondant en dattes, et non en grains.

Zaznor est un village prochain de la mer Méditerranée, et distant de Tripoli environ douze milles, lequel est plein d'artisans, abondant en dattes, pommes de coing et grenades. Les habitants sont pauvres, mêmement depuis que Tripoli fut prise par les Chrétiens, avec lesquels néanmoins ils pratiquent ordinairement, qui leur fait avoir grande dépêche de leurs fruits, lesquels ils vendent à iceux.

Hamrozo est un village prochain de Tripoli par l'espace de six milles, où il y a grande quantité de dattiers et jardins qui produisent de toutes sortes de fruits.

Tagiora est une campagne de Tripoli environ trois milles du côté de Levant, en laquelle y a plusieurs villages, clos de dattiers et d'autres arbres fruitiers. Après la prise de Tripoli, elle devint assez noble et civile, parce que la plupart des citoyens se retirèrent en icelle; mais les villageois sont tous mécaniques, ignorants, vils et larrons, leurs maisons dressées de branches de palmiers, usant à leur manger de pain d'orge et bezin. Tous les peuples susnommés sont sujets au roi de Thunes et des Arabes, fors ceux qui résident en cette campagne.

Des provinces Mesellata.

Mesellata est une province sur la mer Méditerranée, distante de Tripoli environ trente-cinq milles, ayant sous soi plusieurs châteaux et villages bien peuplés, et habités de gens fort opulens, pour autant qu'il y a force terres fertiles en dattes et olives; et se maintiennent les habitants de cette province en liberté, élisant un chef sur eux à leur discrétion en guise d'un seigneur, lequel a puissance de traiter ou mouvoir la guerre contre les Arabes, et peut mettre en campagne jusqu'au nombre de cinq mille hommes.

Mesrata, province.

Mesrata est une province sur la mer Méditerranée, distante de Tripoli environ cent milles, contenant plusieurs châteaux et villages, les uns assis en la montagne, les autres situés en la plaine, les habitants desquels possèdent grandes richesses, parce qu'ils ne rendent tribut à personne, et démènent train de marchandise, prenant ce qui vient sur les galères vénitiennes, qu'ils transportent en Numidie ; là où ils troquent leur marchandise contre des esclaves, civette et musc, qui vient d'Éthiopie, puis portent toutes ces choses en Turquie, au moyen de quoi ils font double gain, tant à l'aller comme au retour.

Désert de Barca.

Le désert de Barca commence aux confins du territoire de Mesrata, s'étendant vers Levant, jusqu'aux confins d'Alexandrie, par l'espace de trois cents milles, et deux cents en largeur. C'est une campagne âpre et déserte, en laquelle on ne sauroit où prendre une seule goutte d'eau, encore moins trouver des terres labourables. Auparavant que les Arabes fissent entrée en l'Afrique, ce désert étoit inhabité ; mais y étant parvenus, les plus apparents et principaux choisirent les pays plus abondants et mieux commodes pour leur habitation, combien que ceux à qui manquoient autant les forces, comme ils étoient dénués d'autorité, furent contraints à demeurer en ce désert, tout nus et déchaux, et, qui pis est, merveilleusement oppressés de famine, à cause que ce lieu est fort séquestré de toute habitation.

Joint aussi que le terroir n'y produit aucun grain de quelque sorte que ce soit, par quoi s'ils en veulent avoir, ou quelqu'autre chose nécessaire à soutenir la vie humaine, les misérables habitants sont réduits à telle extrémité, qu'il leur convient engager leurs enfants pour le blé qui leur est amené de la Sicile. Cependant les autres vont courir, en robant, jusque sur la Numidie, faisant actes des plus grands larrons qui se pourroient trouver sur toute la terre; car ayant dépouillé les pauvres passants, ils leur font boire du lait chaud, puis les ébranlent et lèvent en haut, leur donnant si dépiteuse secousse, que les pauvres infortunés sont contraints de vomir ce qu'ils ont dans l'estomac, jusqu'à jeter hors quasi les entrailles, et cherchent en cette ordure, fouillant icelle, pour voir s'ils y trouveront quelque ducat, parce que ces cruels et inhumains se persuadent que les étrangers, étant près de ce désert, avalent leur argent, afin qu'il ne puisse être trouvé sur eux.

Pauvreté et misère des habitants du désert de Barca; de leurs larcins et brigandages, et subtil moyen de faire vomir et jeter hors du corps humain, or ou argent.

Tesset, cité de Numidie.

Il me semble vous avoir récité en la première partie de mon œuvre, que la Numidie étoit peu estimée par les cosmographes et historiens Africains, par les raisons que je pense vous avoir amenées. Aucunes des cités de cette région sont prochaines du mont Atlas, comme il a été dit en la seconde partie, quand nous avons traité de la région de Hea. Semblablement, Sus, Guzula, Helchemma et Capes sont au royaume de Thunes, combien qu'il y en ait plusieurs contrariant, lesquels sont d'opinion que ces cités soient du pourpris de la Numidie. Mais en suivant l'avis de Ptolomée, je comprends toute la rivière de Thunes sous la Barbarie.

Or, pour vous donner plus particulière information de cette partie de la Numidie, je commencerai par Tesset, qui est une petite cité, anciennement par les Numides édifiée aux confins des déserts de Libye, et ceinte de murailles de pierre vive, contenant environ quatre cents feux; mais il y a peu ou point de civilité entre les habitants d'icelle, et n'est environnée d'autre chose que de sablonneuses

<small>Qualité et façon de faire des habitants de Tesset.</small> campagnes. Vrai est qu'entre icelles et auprès de la cité il y a quelque petit terroir de dattiers, et un autre endroit là où l'on sème l'orge et millet, qui aide à soutenir la misérable vie de ces pauvres gens, qui paient encore de grands tributs aux Arabes du désert, leurs voisins. Ils

ont coutume de porter leur marchandise au pays des Noirs et à Guzula; tellement que la plupart du temps on ne trouvera la moitié des habitants dans leurs maisons, et sont difformes, basanés, sans avoir aucune connoissance des lettres; car au lieu des hommes, les femmes s'adonnent et fréquentent les études, puis enseignent les enfants, lesquels, parvenus en âge pour pouvoir manier la mare, se mettent à labourer et cultiver les terres.

Quant aux femmes, elles sont plus blanches et refaites que les hommes; fors celles qui emploient toute leur cure et soin à la vacation des lettres et qui filent la laine, toutes les autres demeurent oisives, s'accoutumant assez à rien faire. La pauvreté est commune entre eux, et s'en trouve peu qui nourrissent du bétail en quantité, encore ce peu qu'ils ont ne consiste qu'en brebis. Ils ne labourent leur terre qu'avec un seul cheval ou chameau, comme il se fait aussi par toute la Numidie.

Guaden, village.

Guaden est un village au désert de Numidie, qui confine avec la Libye, lequel est habité par gens pauvres et idiots, dont les terres ne produisent autre chose que dattes, mais encore en bien petite quantité. Les habitants vont quasi tout nus, sans qu'ils osent à peine sortir de leur village pour l'inimitié que leurs voisins ont à l'encontre d'eux. Ils s'adonnent fort à la chasse, tendant des lacets avec lesquels ils prennent souventefois quelque gibier de ce pays-là, des élamth et autruches, et ne s'y mange autre chair que de celle de ces animaux-ci. Il est vrai qu'ils nourrissent quelques chèvres, mais ils les gardent pour le laitage, et sont les habitants plutôt Maures qu'autrement.

Ifran.

Ifran, sont quatre petits châteaux édifiés par les Numidiens, distants l'un de l'autre par l'espace de trois milles, sur un petit fleuve qui court en temps d'hiver, et en été dessèche. Entre ces châteaux il y a plusieurs dattiers, au moyen de quoi les habitants ont quelque peu de bien, parce qu'ils les troquent contre quelques gros draps, toiles et semblables choses, que les Portugalois leur apportent au port de Gart Guessem, lesquelles ils transportent puis après au pays des Noirs, comme en Gualate et Tombut. Dans ces châteaux il y a plusieurs artisans, mêmement de ceux qui font ouvrage de fonte et vases de cuivre, desquels ils ont bonne dépêche au pays des Noirs, et

<small>Veines de cuivre auprès du mont d'Atlas.</small>

s'adonnent principalement à cet art-là, parce qu'en leurs terres, auprès d'Atlas, il y a plusieurs veines de cuivre.

Ils ont coutume de faire une fois marché la semaine en chaque château, qui porte grand profit et utilité aux habitants; mais, nonobstant ce, il y a toujours grande cherté de grains : les habitants sont pleins d'une grande civilité en leur maintien, et se tiennent fort honnêtement en leurs habits et en ordre très plaisant. Là se voit un beau temple, auquel on tient des prêtres et un juge en la cour civile. Quant aux choses criminelles, autre punition n'y est ordonnée sinon le bannissement à ceux qui commettent quelque grief, délit ou méchant acte.

Accha.

Accha, sont trois petits châteaux près l'un de l'autre, situés au désert de Numidie, sur les confins de la Libye, lesquels furent jadis bien peuplés; mais les noises et questions furent cause qu'ils vinrent à être abandonnés. Depuis, par le moyen d'un religieux, ces dissensions furent mises sous le pied et se vinrent à pacifier les habitants, lesquels, s'étant alliés par parentage, retournèrent habiter ces châteaux, après avoir élu cet homme pour leur seigneur. Mais ce sont bien les plus pauvres gens qu'on sauroit trouver, parce qu'ils ne s'adonnent à autre chose qu'à recueillir les dattes.

Dara, province.

Dara est une province qui prend son commencement à la montagne d'Atlas, et s'étend, du côté du Midi, deux cents milles par le désert de Libye. Elle est assez étroite, parce que les habitants demeurent sur un fleuve du même nom, lequel se déborde tellement en hiver, qu'on le prendrait en d'aucuns endroits pour la mer même, puis en été se retire et s'abaisse de sorte qu'on le peut facilement passer à gué, et en croissant arrose tout le pays. Mais, avenant qu'il ne déborde au mois d'avril, toutes les semences qu'on a jetées en terre sont perdues, et si au contraire, la déblure de l'année sera assez bonne.

Bois de dattiers, son fruit, et moyen de le cultiver.

Sur le rivage du fleuve il y a une infinité de villages et châteaux fermés de craie et pierres vives, et toutes les maisons sont couvertes avec traves de dattiers, de quoi l'on fait semblablement des ais ou tables, combien qu'on ne s'en peut pas bonnement aider, parce que le bois éclate et n'est pas ferme comme un autre.

Autour de ce fleuve, cinq ou six milles à la ronde, il y a un grand nombre de possessions où croissent les dattes bonnes en toute perfection, et d'une inusitée grosseur, lesquelles se pourroient garder par l'espace de sept ans dans un magasin ou boutique, avant qu'elles s'empirassent en rien, mais il faudroit qu'elles fussent en un second étage. Le prix d'icelles ensuit la diversité de leur bonté et grosseur, dont le setier d'aucunes est du prix d'un ducat, d'autres d'un quart, et telles en y a aussi qui ne sont bonnes qu'à mettre devant les chevaux et chameaux.

Dattes d'étrange grosseur, singulière bonté et de longue garde.

Les dattiers sont de deux espèces, c'est à savoir, mâles et femelles, dont les mâles sont stériles, ne produisant autre chose sinon trachets de fleurs, et les femelles portent fruits; mais, avant que ses fleurs viennent à s'ouvrir, il faut prendre de celles du mâle, avec le rameau, et les hanter dans les fleurs de la femelle; autrement elles produiroient leurs fruits maigres et peu savoureux, avec le noyau fort gros. Les habitants se nourrissent de telles dattes, mêmement quand il ne se trouve autre chose à manger que du potage d'orge, et je ne sais quelles autres viandes peu appétissantes et sans saveur, ne mangeant du pain sinon aux noces et fêtes solennelles.

Par quel moyen il faut procéder à faire produire aux dattiers leur fruit en perfection.

Les habitants des châteaux de cette province sont mécaniques; toutefois il y a quelques artisans et Juifs orfévres, comme aux confins de Numidie, qui répondent vers la Mauritanie, sur le chemin qui va de Fez à Tombut. Néanmoins il se trouve en ce pays quatre ou cinq cités où demeurent plusieurs marchands étrangers, et de la contrée même, avec ce qu'elles sont ornées de temples et boutiques bien fournies. La plus magnifique de toutes est appelée Beni Sabih, qui est ceinte d'une seule muraille, et divisée en deux parties, mais gouvernée par divers chefs, lesquels, se contrariant le plus souvent, sont contraints de venir aux armes, principalement alors qu'on arrose les terres pour la grande sécheresse et faute de pluie. Les habitants sont de bonne nature et libéraux, tellement qu'ils tiendront bien un marchand et lui feront toutes caresses, de quoi ils se pourront aviser par l'espace d'un an durant en leur maison, sans demander ni prendre autre chose de lui que ce qu'il voudra à sa discrétion même leur donner. Il y a entre eux plusieurs chefs de parti, qui sont en continuelles mêlées les uns avec les autres, demandant chacun de son côté secours aux Arabes leurs voisins, auxquels ils donnent bonne solde, qui est d'un demi-ducat par jour, et encore davantage à ceux qui ont chevaux, et qui soutiennent leur parti, qu'ils payent jour par jour, pour ce peu de temps qui leur reste, quand ils ont à donner bataille, et n'y a guère qu'ils ont accoutumé s'aider d'arquebuses et pistolets à feu, ce qui ne leur sied que bien, parce que je n'ai point souvenance d'avoir vu gens mieux dresser ni prendre leur visée que ceux-ci ; car, si la vue pouvoit tant porter et être si aiguë, ils donneroient dans la pointe d'une aiguille, tellement qu'il s'en tue assez entre eux par ce moyen-là.

En cette province croît d'inde en grande quantité, retirant à la guède, qu'ils troquent avec les marchands de Fez et Telensin. Le grain y est assez cher ; mais, pour échange de leurs dattes, ils en recouvrent qui leur est apporté de Fez et d'autres lieux circonvoisins. A ce peu de chevaux qu'ils ont, ils donnent des dattes en lieu d'avoine, et de ce foin qui se trouve au royaume de Naples, appelé *farfa*, et aux chèvres (qui sont semblablement en petit nombre) font manger les noyaux de ces dattes, par eux premièrement fendus, et mangent ordinairement la chair des vieux boucs et chameaux, qui est une viande de très mauvais goût et dure digestion. Ils nourrissent semblablement des autruches, qu'ils ont coutume de manger, dont

C'est une sorte de terre qui sert à la teinture, que les apothicaires appellent indie-bagdded.

la chair a telle saveur que celle d'un poulet, mais dure et puante outre mesure, mêmement à l'endroit des cuisses, qui sont visqueuses. Les femmes sont belles, plaisantes et refaites, entre lesquelles s'en trouve plusieurs publiques. Les habitants tiennent esclaves hommes et femmes, qui conçoivent et enfantent, dont les enfants avec les pères et mères sont toujours employés au service de celui qui les tient. Pour cette cause aucuns d'iceux sont blancs et les autres noirs; mais les blancs sont bien rares.

Segelmesse, province.

Segelmesse est une province qui retient le nom de la ville capitale, et s'étend sur le fleuve Ziz, commençant au détroit qui est prochain de la cité de Gherseluin, s'avançant sur le Midi environ cent vingt milles, qui est jusqu'aux confins du désert de Libye, et est habitée par divers peuples barbares, qui sont Zeneta, Zanhagia et Harara. Elle étoit anciennement sous la puissance d'un seul seigneur; mais elle fut depuis subjuguée par Joseph, roi de Luntune, puis de Muhaidin, et, après lui, par les enfants de la maison du roi de Marin. Finalement, pour si fréquentes et soudaines mutations, le peuple se révolta et mit à mort le seigneur, ruinant la cité, laquelle est demeurée sans habitants jusqu'à maintenant. Après ceci les habitants se reduirent tous ensemble dans les possessions, et, au territoire de la cité, édifièrent quelques gros châteaux, dont plusieurs sont exempts de tout tribut et imposition, et partie d'iceux sont tributaires aux Arabes.

Les habitants de Segelmesse tuent leur seigneur.

Cheneg, province.

Cheneg est une province sur le fleuve de Ziz, qui confine avec les montagnes d'Atlas, contenant plusieurs châteaux, villages et possessions de dattes, mais de petite valeur. Les terres sont maigres et étroites, fors quelques petits détroits de terre qui s'étendent depuis le fleuve jusqu'au pied de la montagne, de sorte qu'il y en a d'aucuns qui n'ont pas un jet de pierre en largeur, là où se sème quelque peu d'orge. Les habitants sont en partie sujets et tributaires aux Arabes et à ceux de Gherseluin, et partie libres, dont les uns sont pauvres en toute extrémité et les autres opulents, parce qu'ils ont le gouvernement du Pas, qui est entre Fez et Segelmesse, là où ils font payer de grosses gabelles aux marchands.

Là y a trois principaux châteaux : le premier

s'appelle Zehbel, qui est assis sur un haut rocher au commencement du passage, de telle hauteur qu'on jugeroit, à le voir d'en bas, que le sommet touchât jusqu'aux nuées. Au pied du château demeure la garde, laquelle prend un denier pour ducat sur chacune charge de chameau. L'autre château est appelé Gastir, distant du précédent par l'espace de quinze milles, et assis sur la côte de la montagne au plus près de la plaine; mais il est plus noble et plus riche que le premier. Le tiers s'appelle Tamaracost, lequel est distant du second par l'espace de vingt milles du côté de Midi, sur le grand chemin : au reste, ce ne sont que villages et aucuns petits châteaux. L'étroite étendue de ce territoire cause une grande cherté de grains; mais les habitants nourrissent des chèvres en grande quantité, lesquelles ils tiennent en temps d'hiver, dans certaines cavernes larges et profondes, leur servant de remparts et forteresse, parce qu'elles sont fort élevées de terre, étroites d'entrée, et les chemins petits, faits à la main, tellement que deux hommes seroient bastants à soutenir la charge et rencontre de tous ceux qui voudroient s'efforcer d'y entrer, voire contre toute la province, laquelle étend son détroit en longueur par l'espace de quarante milles.

Matgara.

Matgara est un autre territoire hors ce détroit-là, où il y a plusieurs châteaux tous situés sur le fleuve de Ziz, dont le plus noble est appelé Helel, et là fait résidence le seigneur du territoire, qui est arabe, tenant une famille de son peuple sous les pavillons à la campagne, avec une autre accompagnée de plusieurs soldats dans le château, au moyen de quoi il est impossible de passer par le domaine sien sans son su ou licence. Et avenant que ses soldats rencontrassent quelques voituriers sans sauf-conduit, ils les pilleroient incontinent, et mettroient en blanc les marchands. Il y a encore plusieurs autres châteaux et villages, mais de petite estime et mécanique, comme je l'ai vu moi-même.

Retel.

Retel est semblablement un autre territoire qui confine avec Matgara, s'étendant sur le fleuve Ziz, du côté de Midi, par l'espace de cinquante milles, jusqu'au territoire de Segelmesse, et contenant infinis châteaux, possessions de dattiers, et villages, dont les habitants sont sujets aux Arabes, très avares et couards, de sorte que cent chevaux des leurs n'oseroient affronter ni se mêler avec dix des Arabes, qui les contraignent de cultiver leurs terres non autrement que s'ils étoient leurs esclaves. Du côté de Levant, ce territoire confine avec une montagne inhabitée, et devers Ponant, avec une plaine déserte et aréneuse, là où logent ordinairement les Arabes à leur retour du désert.

Territoire de Segelmesse.

Combien que par ci-devant j'aie traité de la province Segelmesse succinctement, et en peu de paroles raconté ce qui me sembloit digne d'être présenté devant le lecteur studieux, je ne larrai pour autant à dire qu'en son pourpris (qui s'étend de Tramontane à Midi par l'espace de vingt milles) sur le fleuve Ziz, y a trois cent cinquante châteaux, tant grands que petits, sans comprendre les villages; mais les plus renommés sont trois, dont l'un est appelé Tenegent, qui contient environ mille feux et étant le plus prochain de la cité, là où il y a quelque artisan. Le second est appelé Tebuhasant, distant du premier environ huit milles devers Midi, et est plus grand, plus civil, mieux fourni de marchands étrangers Juifs et artisans que l'autre; et, à dire vrai, ce château est le mieux peuplé que nul autre qu'on sache trouver en toute la province. Le tiers se nomme Mamun, qui est semblablement assez grand, fort et bien peuplé, comme de marchands Maures et Juifs, et se gouvernent tous par un seigneur particulier, qui est chef de parti, parce qu'il y a entre eux plusieurs débats et inimitiés, au moyen de quoi ils viennent aux armes les uns contre les autres, se chamaillant d'une étrange sorte, avec ce qu'ils gâtent et rompent les conduits qui viennent du fleuve, arrosant les terres, pour lesquels retourner à leur entier il faut employer grande somme de deniers. Ils coupent aussi les dattiers par le pied, et se saccagent d'un côté et d'autre, à quoi faire les Arabes leur prêtent tout aide et secours, pour leur donner meilleur moyen de se ruiner plus soudainement. Ils font battre dans leurs châteaux monnoie d'or et d'argent, et sont leurs ducats comme ceux de bas or, mais la menue monnoie est de fin argent, du poids de quatre grains pour pièce, dont les octante reviennent à un ducat. Partie de leur revenu est tirée par leur chef, comme le tribut des Juifs et profit de la monnoie; et l'autre partie par les Arabes, comme la douane. Ce sont gens mécaniques, tellement que, se retrouvant hors leur pays, ils s'emploient à tout vil métier. Il y a quelques

Monnoie des habitants de la province Segelmesse.

gentilshommes riches, et s'en trouve plusieurs qui se transportent en la terre des Noirs pour y porter les marchandises de Barbarie, qu'ils troquent contre l'or et esclaves. Leur viande est de dattes avec quelque peu de grain, et y a par tous ces châteaux grande quantité de scorpions, mais on n'y sauroit trouver une puce. En temps d'été la chaleur y est si véhémente et excessive, qu'il s'y lève de la poussière merveilleusement, laquelle fait (comme je pense) que tous les habitants aient les yeux enflés, et en ce même temps (que le fleuve vient à tarir) il y a grand'faute d'eau, parce que celle des puits est salée. Le territoire contient environ octante milles, lequel, après la ruine de la cité (étant le peuple en union), fut environné avec murailles de petite dépense, à cette fin qu'il fût hors la course des chevaux, de sorte qu'ils se maintinrent très bien en liberté, pendant que la partialité fut par eux surmarchée; mais ils ne se furent pas plus tôt formalisés les uns contre les autres, que les murailles furent abattues, chacune partie appelant les Arabes à son aide, qui les rendirent peu à peu leurs tributaires.

Scorpions en abondance.

Segelmesse, cité.

Cette cité (selon l'opinion d'aucuns historiographes) fut édifiée par un capitaine de Romains qui, s'étant parti du pays des Maures, conquit toute la Numidie, puis tira vers le Ponant jusques à Messe, là où il fonda cette cité qu'il nomma Sigilummesse, tant pour être à l'extrémité du domaine de Messe, comme pour sein de sa dernière victoire. Depuis, le vocable étant corrompu, fut appelé Segelmesse. Il y a une autre opinion vulgaire, laquelle semble ensuivre notre Bicri, cosmographe, que cette cité fut édifiée par Alexandre, monarque de la terre, pour cause des malades et estropiés de son camp : ce que me semble faux, pour autant qu'il ne se trouvera dans les historiens approuvés qu'Alexandre parvînt jamais jusqu'à ces fins. Elle était assise en une plaine, sur le fleuve Ziz, ceinte de belles et hautes murailles, comme il en apparoît encore quelque partie. Du temps que les Mahométans passèrent en Afrique, elle fut réduite sous la puissance d'aucuns seigneurs du peuple de Zenète, qui la gouvernèrent jusqu'à tant que Joseph, fils de Tesfin de Luntune, les en expulsa. Elle étoit civile, embellie de beaux édifices, peuplée

Joseph, fils de Tesfin, met sous sa main Segelmesse, cité.

d'habitants riches pour le grand train de marchandises qu'ils démenoient au pays des Noirs, et ornée de superbes temples et somptueux colléges, avec plusieurs fontaines, d'où l'eau étoit puisée avec grandes roues qui la faisoient tressaillir dans le conduit, lequel passoit par la cité. L'air y est bon et bien tempéré, fors qu'il est très humide en temps d'hiver, qui causoit plusieurs catarrhes aux habitants et mal d'yeux en été; mais il étoit de peu de durée. Maintenant la cité est tout en ruine, et (comme nous avons dit) le peuple se retira en la campagne et châteaux pour en iceux faire sa demeurance. J'y ai séjourné par l'espace de six mois ordinairement dans le château qu'on appelle Memun.

Esuchaila, château.

Ce château-ci est petit, distant du territoire de la cité sus-nommée par l'espace de douze milles du côté de Midi, édifié par les Arabes en un désert auquel ils tiennent leurs biens et vivres, de peur qu'ils ne soient pillés par les ennemis; et ne sauroit-on voir autour ni dire qu'il y ait autre chose que la malédiction de Dieu, parce qu'on n'y pourroit trouver jardin, verger, terre labourable, ni aucun bien, sinon cailloux et arène.

Humeledegi.

Ce château est distant de Segelmesse environ vingt-cinq milles, édifié par les Arabes dans un âpre désert, sur le grand chemin qui est entre Segelmesse et Dara, et n'y a autre chose à l'entour qui soit bonne, sinon une âpre campagne, laquelle produit grande quantité de fruits qu'on jugeroit, à les voir de loin, que ce fussent oranges semées çà et là et écartées par la campagne.

Ummhelhefen.

Cet autre est un dangereux château, distant de Segelmesse vingt-cinq milles, édifié par les Arabes dans un âpre désert, sur le grand chemin qui est entre Segelmesse et Dara. Le clos d'icelui est de très belles et bonnes murailles, d'où les pierres sont si noires qu'elles ressemblent au charbon; et y a ordinairement une garde d'aucuns seigneurs arabes, lesquels font de sorte que nul n'y passe qu'il ne paie un ducat par charge de chameau, et ainsi se font payer de chacun Juif. Je passai une fois en compagnie de quatorze Juifs, et s'enquérant la garde combien nous étions, nous répondîmes que nous ne passions le nombre de douze; mais ayant trouvé le contraire de ce que nous avions affirmé, en voulut retenir deux, que nous acertainâmes être Mahométans ; à quoi ajoutant peu de foi, leur firent lire l'office de Mahomet. Ce qu'ayant fait, on leur demanda pardon, et fûmes tous remis en liberté.

D'aucunes contrées, à savoir : Tebelbelt, Todga, Farcala, Tezerin, Beni Gumi.

Tebelbelt est une contrée au milieu du désert de Numidie, distante d'Atlas environ deux cents milles, et cent de Segelmesse, du côté de Midi, contenant en son pourpris seulement trois châteaux, qui sont bien peuplés, dont le territoire ne produit autre fruit que des dattes, ayant grand'faute d'eau, et usent les habitants de chair d'autruches et de cerfs qu'ils prennent à la chasse. Ils font grand train de marchandise en la terre des Noirs; mais d'autant que les Arabes les ont rendus leurs tributaires, ils sont réduits à une extrême pauvreté.

Todga est une petite province sur le fleuve du même nom, abondante en dattes, raisins et figues, contenant environ quatre châteaux et dix villages, habités de pauvres gens qui sont la plus grande partie laboureurs, tanneurs ou corroyeurs. Elle est distante de Segelmesse environ quarante milles devers le Ponant.

Farcala est une autre contrée sur un fleuve, laquelle est semblablement abondante en dattes et autres fruits; mais il n'y croît du grain, fors quelque petite quantité, tant que cela se peut appeler rien. Il y a trois châteaux et cinq villages, et est distante du mont Atlas par l'espace de cent milles du côté de Midi, et soixante de Segelmesse. Les habitants sont vassaux des Arabes, vivant sous eux en grande pauvreté.

Tezerin est une très belle contrée, sur un petit fleuve, distante de Farcala environ trente milles, et soixante de la montagne; fertile au possible en dattes, et contenant quinze villages, six châteaux et les vestiges et apparence de deux cités, desquelles on a ignoré le nom jusqu'à présent, et d'icelles est dérivé le nom de ce territoire, parce que Tezerin, en langage africain, vaut autant à dire, comme en notre vulgaire, cités.

Beni Gumi est une contrée qui est encore assise sur le fleuve Ghir, ayant un terroir fertile en dattiers; mais les habitants d'icelle languissent en pauvreté extrême, et tellement que dans Fez ils ne font nulle difficulté d'exercer tous vils métiers, à quoi on les sauroit employer, mettant le gain qui leur en provient en quelque beau cheval, qu'ils revendent puis après aux marchands qui se transportent en la terre des Noirs. En cet endroit y a huit petits châteaux et plus de quinze villages, distants de Segelmesse environ cent cinquante milles du côté de Siloc.

Mazalig et Abuhman, châteaux.

Ces deux châteaux-ci sont assis au désert de Numidie, sur le rivage du fleuve Ghir, distants l'un de l'autre par l'espace de cinquante milles; les habitants sont Arabes, qui se voient être continuellement agités par misère extrême et grande calamité, parce qu'en leurs terres ne croît grain aucun de quelque sorte que ce soit, avec ce que les dattiers y sont bien clair semés.

Chasair, cité.

Chasair est une petite cité assise au désert de Numidie, prochaine d'Atlas environ vingt milles, près de laquelle il y a une veine de plomb et une autre d'antimoine, que les habi- *Veine de plomb.* tants mettent en œuvre, puis portent leur ouvrage à Fez ; et ne croît autre chose en tout leur territoire.

Beni Besseri.

Beni Besseri est une autre marche en laquelle y a trois châteaux assis au pied de la montagne d'Atlas, où le territoire est abondant en toute sorte de fruits, excepté qu'il est stérile en grains et dattiers, et s'y trouve une veine de fer qui en fournit toute la province de Segelmesse. Il y a peu de villages; néanmoins ils sont tous sous la puissance du seigneur de Dubdu et des Arabes, et ne s'adonnent les habitants à autre exercice qu'à tirer le fer de cette veine. *Veine de fer.*

Guachde, contrée.

Guachde est une contrée distante de Segelmesse environ septante milles du côté de Midi, en laquelle sont situés trois gros châteaux et plusieurs villages, tous sur le rivage du fleuve Ghir. Il y croît quelque peu de grain et des dattes en grande abondance. Les habitants font transporter leurs marchandises en la terre des Noirs, et sont tous tributaires aux Arabes.

Fighig, château.

Ces trois châteaux sont assis au milieu du désert, qui produit des dattes en grande abondance, distants de Segelmesse environ cent cinquante milles du côté de Levant. Les femmes de là ourdissent et trament aucuns draps en manière de couvertures de lits, mais tant déliés et délicats, qu'on diroit proprement à les voir qu'ils sont faits de soie, au moyen de quoi ils se vendent fort cher par toute la Barbarie comme dans Fez et Telensin. Les hommes sont de bon jugement, bien experts et de grand esprit, dont les uns s'emploient à démener train de marchandise et trafiquer en la terre des Noirs, les autres se délectent à l'exercice des lettres, qu'ils apprennent à Fez; puis, quand quelqu'un est parvenu au doctorat, il fait retour en Numidie, se faisant prêtre ou prédicateur, tellement que par ce moyen ils s'acquièrent de grandes richesses.

Tesebit.

Tesebit est une marche au désert de Numidie, distante de Segelmesse environ deux cent cinquante milles du côté d'Orient, et cent de la montagne d'Atlas, contenant en son pourpris environ quatre châteaux et plusieurs villages, aux confins de la Libye, sur le chemin par lequel on va de Fez, ou Telensin, au royaume d'Agadez, en la terre des Noirs. Les femmes sont brunes et belles, de chevelure noire ; mais les habitants sont fort pauvres, parce que leur pays est totalement stérile, ne produisant aucun fruit, sinon dattes et quelque peu d'orge.

Tegorarin, contrée.

Tegorarin est une autre grande contrée, au désert de Numidie, distante de Tesebit par l'espace de cent vingt milles du côté de Levant, là où il y a environ cinquante châteaux, et plus de cent villages, qui sont tous environnés de possessions, lesquelles sont bien peuplées de dattiers. Les habitants de là sont fort opulents, car ils ont coutume de se transporter avec leurs marchandises au royaume des Noirs, d'où les marchands sont attendus par ceux de Barbarie en cette marche, puis font départ tous ensemble. Il y a plusieurs terres bonnes au labourage, mais il les faut arroser avec l'eau des puits, à cause que le pays est fort sec et maigre. Et, pour mieux le faire rapporter, ils les fument, au moyen de quoi ils ont coutume de bailler leurs maisons aux étrangers sans louage, pour retirer seulement la fiente de leurs chevaux, laquelle ils gardent fort curieusement, voire et ne sauroient recevoir plus grand déplaisir que de voir quelqu'un sortir hors la maison pour aller du corps, tellement qu'ils le reprennent fort âprement, disant s'il n'y a pas lieu dedans pour ce faire. La chair y est fort chère, à cause qu'on n'y sauroit nourrir du bétail par la trop grande sécheresse du pays, sinon quelques chèvres qu'ils tiennent pour en retirer du laitage. Leur coutume est de manger chair de chameau (qui, pour être vieux et cassés, ne sauroient plus voyager sous la charge), qu'ils achètent aux Arabes, lesquels s'acheminent en leur pays pour les marchés qui s'y tiennent. Ils usent aussi de suif salé parmi leurs viandes, qui leur est apporté par les marchands de Fez et Telensin, lesquels en retirent un grand profit. Il y souloit jadis habiter des Juifs fort riches, qui, par le conseil et suasion d'un prédicateur de Telensin, furent tous saccagés, et la plus grande partie accablée par l'émotion populaire, ce qui advint en l'année même que les Juifs furent expulsés par Fernand, roi d'Espagne et Sicile. Le gouvernement de ceux-ci est entre les mains de quelques chefs de parti, pour lesquels le plus souvent prennent les armes les uns encontre les autres, mais avec tel respect, que les étrangers n'en reçoivent le moindre déplaisir que ce soit. Ils sont tenus de rendre quelque petit tribut aux Arabes, leurs voisins.

Suif salé pour viande des habitants de Tegorarin.

Meszab.

Meszab est une marche aux déserts de Numidie, distante de Tegorarin environ trois cents milles du côté de Levant, et autant de la mer Méditerranée, là où il y a six châteaux et plusieurs villages, les habitants desquels possèdent grandes richesses, étant fort adonnés au train de marchandise en la terre des Noirs. Et avec ce, les marchands d'Alger et Buggie se trouvent et assemblent en ce lieu avec les marchands du pays des Noirs. Néanmoins ils rendent tribut aux Arabes, auxquels ils sont sujets.

Techort, cité.

Techort est une ancienne cité, édifiée par les Numidiens sur une montagne en forme d'un promontoire, et au-dessous prend son cours un petit fleuve sur lequel y a un pont levis, comme on a coutume de tenir aux portes des cités et forteresses. Elle est environnée de murailles à craie et pierre vive, fors du côté de la montagne, parce que les hauts rochers lui servent de rempart, et distante de la mer Méditerranée environ cinq cents milles du côté de

Midi, puis éloignée de Tegorarin par l'espace de trois cents milles, contenant jusqu'au nombre de trois cents feux.

Toutes les maisons sont faites de brique et pierre vive, fors le temple dont la structure est de belles et grosses pierres entaillées. La cité est bien peuplée, tant d'artisans comme de gentilshommes, lesquels sont fort opulents en possessions de dattiers; mais ils se trouvent merveilleusement nécessiteux en grains, combien que les Arabes leur en apportent de Constantine, qu'ils troquent contre les dattes.

Ils se montrent fort affectionnés à l'endroit des étrangers, lesquels ils reçoivent en leurs maisons amiablement, sans en demander aucun paiement, et leur donneront plutôt leurs filles en mariage qu'à ceux de leurs pays mêmes, leur assignant le douaire sur les possessions, comme l'on fait en Europe. Davantage, ils leur font plusieurs présents, voire de grande valeur, encore qu'ils n'espèrent plus les revoir, mais seulement pour démontrer leur grande libéralité.

Premièrement cette cité fut gouvernée par les rois de Maroc; depuis ceux de Telensin se la rendirent tributaire, et finalement elle a été

<small>Techort tributaire au roi de Thunes.</small> réduite sous la puissance du roi de Thunes, lequel en retire cinquante mille ducats par an,

mais sous telle condition qu'il les viendra recevoir en personne, tellement que celui qui règne à présent s'y est acheminé deux fois pour ce même fait.

Autour de la cité se voient plusieurs châteaux, villages, avec quelques lieux et territoires distants d'icelle par l'espace de trois ou quatre journées, d'où les habitants sont tous sujets au seigneur de la cité, lequel a de revenu par an cent trente mille ducats, et tient bonne garde de chevaux, arbalétriers et arquebusiers turcs, qu'il soudoie fort bien, tellement qu'il donne occasion avec meilleure envie à un chacun de demeurer en sa cour. Et, à dire vrai, il est magnanime et libéral autant que jeune seigneur pourroit être, et s'appelle Habdulla, avec lequel j'eus familiarité qui me le fit trouver traitable, courtois et modeste, tant que rien plus, caressant et favorisant merveilleusement les étrangers.

Guargala.

Guargala est une cité fort ancienne, édifiée par les Numidiens au désert de Numidie, ceinte de brique crue, et est remplie de belles maisons, bien peuplée d'artisans, étant par dehors environnée de plusieurs possessions de dattes, châteaux et villages infinis, et sont les habitants d'icelle fort riches, parce que leur territoire confine avec le royaume d'Agadez, dont il se trouve entre eux plusieurs marchands étrangers, mêmement de Thunes et Constantine, qui portent la marchandise dans la cité, qu'ils amènent de Barba‑‑, laquelle ils troquent avec les marchands de la terre des Noirs. Il y a toujours grande cherté de blé et chair, au moyen de quoi ils n'en mangent que d'autruches et de chameaux.

La plupart des habitants sont gens noirs, non que l'intempérance de l'air leur cause cela, mais parce qu'ils se joignent ordinairement avec des esclaves noires, qui leur fait engendrer de si beaux mâles. Ils sont plaisants et libéraux, et fort humains envers les étrangers, parce qu'ils ne sauroient avoir chose aucune sinon par leur moyen, comme grains, chair salée, suif, draps, toiles, armes, couteaux, et en somme tout ce qui leur est nécessaire et de quoi ils ont besoin. Ils portent telle révérence à leur seigneur comme s'il étoit roi, lequel tient en sa garde environ deux mille chevaux, et tire

<small>Le seigneur de Guargala tributaire aux Arabes.</small> du revenu de son domaine environ cent cinquante mille ducats, rendant grand tribut aux Arabes, ses voisins.

Zeb, province.

Cette province est au milieu des déserts de Numidie, laquelle prend son commencement de la partie du Ponant aux confins de Mesila, et se termine du côté de Tramontane, au pied de la montagne du royaume de Buggie, devers Levant, au pays des dattiers, qui répond vers le royaume de Thunes, et du côté de Midi, en certains déserts par lesquels passent ceux qui veulent s'acheminer de Techort à Guargala. Elle est assise en lieu fort chaud et sablonneux, au moyen de quoi il s'y trouve peu d'eau et terres labourables ; mais il y a infinies possessions de dattiers. Il y a aussi grand nombre de villages et vingt-cinq cités, desquelles nous ferons par ci-après une particulière et ample description.

Pescara.

Pescara est une ancienne cité, édifiée du temps que la Barbarie étoit sous le gouvernement et seigneurie des Romains. Depuis elle fut ruinée, et après relevée alors que les exercites des Mahométans passèrent en Afrique, tant qu'elle est aujourd'hui assez suffisamment peuplée, et ceinte de murailles de brique crue.

Ruine et restauration de Pescara.

Les habitants sont civils, mais pauvres, parce que leur territoire ne produit autre chose que dattiers, et vont demeurer en temps d'été, jusqu'au mois de novembre, dans leurs possessions, abandonnant la cité qui a changé de plusieurs seigneurs, car elle étoit premièrement sous la puissance des rois de Thunes jusqu'à la mort du roi Hutmen, et en après elle se révolta à la suasion d'un prêtre qui s'empara de la seigneurie d'icelle, sans que depuis le roi de Thunes ait pu trouver moyen de la remettre sous son obéissance, pour chose qu'il ait pu faire. Il y a une grande quantité de scorpions, à la pointure desquels ne se trouve nul remède, tant le venin en est véhément et soudain, qui est cause que les habitants se retirent de la cité aux temps chaleureux.

Borgi.

Borgi est une autre cité, distante de Pescara environ quatorze milles du côté de Ponant, civile et bien peuplée, en laquelle y a plusieurs artisans, mais encore plus de ceux qui cultivent les possessions. Ils ont si grand'faute d'eau, que, voulant arroser leurs terres par un canal (qui leur sert à ce fait), chacun subséquemment fait courir l'eau par ses terres l'espace d'une heure ou deux, selon l'étendue d'icelles, et ainsi compartissent les heures entre eux, tellement qu'ils en sont plusieurs fois de grandes questions, dont s'en ensuivent plusieurs meurtres et occisions.

Nesta.

Nesta est une cité, ou plutôt pourpris de terre, où sont situés trois gros châteaux et mêmement celui où est située la forteresse, dont les anciens édifices, qui s'y voient encore à présent, me font estimer qu'ils aient été édifiés par les Romains. Mais combien qu'ils soient bien peuplés, cela ne leur augmente pourtant en rien la civilité, qui est bien petite. Les habitants souloient être bien opulents, parce qu'ils sont sur le chemin par lequel on va au pays des Noirs; mais, depuis cent ans en çà, elle s'est montrée contraire et rebelle au roi de Thunes, par quoi celui qui règne à présent s'y achemina avec une grosse armée, moyennant laquelle il la soumit à son obéissance, la saccageant, ruinant les murailles et mettant à mort plusieurs des citoyens, tellement que tous les trois châteaux, premièrement superbes, sont maintenant réduits en pauvre village, auprès duquel s'écoule une eau vive, plutôt

Nesta, saccagée par le roi de Thunes.

chaude que froide, de quoi ils arrosent leur territoire.

Theolacha.

Theolacha est une cité édifiée par les Numidiens, et ceinte de pauvres murailles. Le territoire est abondant en dattes, mais stérile en froment, dont les habitants sont fort nécessiteux. Joint aussi qu'ils sont merveilleusement oppressés par les Arabes et le roi de Thunes. Ils s'adonnent fort à l'avarice et sont superbes outre le devoir, avec ce qu'ils se montrent peu courtois envers les étrangers.

Deusen.

Deusen, ruinée par les Mahométans.

Deusen est une cité anciennement édifiée par les Romains, là où confine le royaume de Buggie avec le désert de Numidie. Elle fut ruinée par les Mahométans, lorsqu'ils entrèrent en Afrique, parce que dans icelle y avait un comte romain, accompagné d'un grand nombre de braves et vaillants soldats qui, d'un courage non intimidé, ne voulurent jamais consentir que la cité fût rendue entre les mains des Sarrasins, lesquels la tinrent assiégée par l'espace d'un an durant; mais, à la fin, il fut force que la vertu cédât au temps et à la multitude. Au moyen de quoi, après que la cité fut prise d'assaut, les vainqueurs firent passer les vaincus par le fil de l'épée, les femmes et enfans détenus prisonniers, les maisons et édifices ruinés et démolis ; mais les murailles, pour leur épaisseur et bonne maçonnerie, ne purent être nullement endommagées : toutefois elles sont maintenant rompues en deux endroits, je ne sais si c'est par effort ou par tremblement de terre. Auprès de la cité se voient aucuns vestiges ressemblant à sépultures, là où, en temps de pluie, on trouve certaines médailles d'or et argent, avec caractères et lettres, mais le sens d'icelles (après m'en être fort diligemment enquis) ne me sut jamais être exposé.

Biledulgerid, province.

Cette province prend son commencement aux confins de Pescara et s'étend jusque sur les limites de l'île Gerbo, ayant une partie fort éloignée de la mer Méditerranée, comme là où sont situées Caphsa et Teusar, distantes d'icelle par l'espace de trois cents milles. Ce pays est fort chaud et d'autant plus sec, au moyen de quoi les terres ne produisent grains de quelque sorte que ce soit, mais des dattes en grande abondance et singulières en perfection, lesquelles se transportent par toute la rivière de Thunes, et y a plusieurs cités, comme je vous ferai par ci-après entendre.

Teusar.

Teusar est une ancienne cité, édifiée par les Romains au désert de Numidie, sur un petit fleuve qui procède d'aucunes montagnes du côté de Midi. Les murailles furent jadis belles et fortes, environnant un grand circuit; mais elles furent ruinées par les Mahométans avec d'autres beaux palais et somptueux édifices qui sont maintenant réduits à rien. Les habitants jouissent de grandes richesses, tant en possessions comme en deniers, parce qu'ils font plusieurs foires dans leur cité, auxquelles se trouvent divers peuples, et en grand nombre, tant des pays de Numidie que de Barbarie. Ils sont séparés, par un petit fleuve, en deux parties. En l'une (qui s'appelle Fatnasa) sont compris les citoyens naturels et nobles de la cité. L'autre est nommée Merdes, habitée par certains Arabes qui demeurèrent dans la cité depuis qu'elle fut prise par les Mahométans, et sont continuellement en haine les uns avec les autres. Il se rencontre peu souvent qu'ils

Teusar, ruinée par les Mahométans.

prêtent obéissance au roi de Thunes, lequel leur use d'un mauvais traitement quand, par leur arrogance, ils le contraignent de s'y acheminer en personne, et mêmement celui qui règne à présent.

Caphsa, cité.

Caphsa est une cité anciennement par les Romains édifiée, laquelle demeura entre les mains d'aucuns ducs, jusqu'à ce que Hucba, capitaine de Hutmen, y fit marcher son armée, qui la réduisit sous la puissance des Mahométans, lesquels mirent bas les murailles; mais, pour efforts qu'ils fissent, jamais ne surent endommager la forteresse, qui est à voir une chose singulière et admirable, parce que les murailles d'icelle sont de la hauteur de vingt-cinq toises et cinq en largeur, maçonnées de pierres entaillées et grosses, comme celles qui sont au Colisée de Rome. De là à quelque temps les murailles furent redressées, et une autre fois par Mansor démolies, lequel, ayant eu journée contre le seigneur de cette cité, le tua avec ses enfants, et puis constitua gouverneurs et recteurs par toute la province.

Les Mahométans battent Caphsa.

Mansor démolit les murailles de Caphsa, tue le seigneur et ses enfants.

La cité est pour le jourd'hui habitée; mais les édifices sont de laide montre, fors le temple et quelques autres petites mosquées. Les rues sont fort larges et pavées comme sont celles de Naples et Florence. Les habitants sont civils, mais fort nécessiteux, pour être par trop oppressés du roi de Thunes. Au milieu de la cité y a aucunes fontaines faites en forme de fosses carrées, profondes, larges et ceintes de murailles entre lesquelles et le bord d'icelles peuvent demeurer ceux auxquels il prend envie de se laver, à cause que l'eau est chaude, de laquelle ils boivent après l'avoir laissé refroidir par l'espace d'une heure ou deux. L'air de cette cité est très mauvais et dangereux, causant aux habitants d'icelle quasi ordinairement une fièvre qui les rend vitupérables par toute l'Afrique. Au dehors y a possessions infinies d'olives, oranges et dattes, lesquelles sont des plus grosses et meilleures que l'on sauroit trouver par toute la province, et les olives semblablement, dont on retire de l'huile bonne en toute perfection, tant en goût savoureux comme en naïve couleur. Là se trouvent quatre choses singulières et commendables : dattes, olives, toiles et vases. Les habitants vont assez honnêtement en ordre, sinon qu'ils usent de gros et lourds souliers de cuir de cerf, pour plus facilement remuer et changer les semelles.

Fontaines magnifiques d'eau chaude.

Neszara, château.

Neszara sont trois châteaux prochains l'un de l'autre, et distants de la mer Méditerranée environ cinquante milles, bien habités, mais clos de pauvres murailles, et garnis de pires maisons. Le territoire est fertile en dattiers, mais stérile en grains, et les habitants fort indigents, pour être par trop foulés du roi de Thunes.

Quant aux cités de Clemen, de Capes et Gerbo, nous en avons parlé en discourant le royaume de Thunes. Par quoi les laissant à part, je viendrai à vous faire entendre les particularités et choses notables qui sont contenues en la part de la Numidie qui répond sur le domaine de Tripoli.

Teorregu.

Teorregu est une marche aux confins du domaine de Tripoli, c'est à savoir là où il se termine avec le désert de Barca, auquel sont situés trois châteaux et plusieurs villages où le territoire est fort abondant en dattiers; mais il n'y croît aucun grain. Les habitants sont riches en deniers et nécessiteux en toutes autres choses, à cause qu'ils confinent avec le désert éloigné de toute habitation civile.

Jassiten.

Jassiten est une contrée sur la mer Méditerranée, dans le pourpris de laquelle sont situés plusieurs villages et possessions de dattiers. Les habitants sont médiocrement riches, parce qu'étant sur la mer, ils ont moyen d'échanger et troquer leurs marchandises avec les Égyptiens ou Siciliens.

Gademes.

Gademes est une contrée contenant en son pourpris plusieurs châteaux et villages bien peuplés, distants de la mer Méditerranée environ trois cents milles. Les habitants sont riches en possessions de dattiers et en argent, parce qu'ils démènent grand train de marchandise en la terre des Noirs et se gouvernent par eux-mêmes, rendant quelque tribut aux Arabes. Mais ils étoient premièrement sous le gouvernement du roi de Thunes, c'est à savoir lieutenant de Tripoli. Là le grain et la chair y sont en grande cherté.

Fezzen.

Fezzen est une contrée bien ample en laquelle sont situés de gros châteaux et villages, tous habités par un peuple fort opulent, tant en possessions comme en deniers, parce qu'ils sont aux confins d'Agadez et du désert de Libye qui confine avec l'Égypte, et est distante cette marche du grand Caire environ soixante journées, sans qu'on puisse trouver autre habitation par le désert qu'Augela, qui est en celui de Libye.

Cette contrée de Fezzen est gouvernée et régie par un seigneur qui est comme primat du peuple, lequel distribue tout le revenu du pays au profit public, après avoir satisfait aux Arabes de quelque somme de deniers, de quoi on leur est redevable. Il n'y a en ce pays autre chair que de chameau, qui est en grande requête et fort chère.

<small>Fezzen, tributaire aux Arabes.</small>

DÉSERTS DE LIBYE.

Zanzaga, premier désert.

Puisque nous vous avons amplement acertainé par notre description de la Numidie, seconde partie d'Afrique, nous vous réciterons maintenant ce que nous avons vu de notable aux déserts de Libye, qui sont divisés en cinq parties, comme nous avons dit au commencement de notre œuvre. Et, pour avec meilleur ordre en commencer la chose, nous parlerons du désert Zanzaga, qui est sec et maigre, prenant son origine à la mer Océane devers Ponant, et s'étendant du côté de Levant jusqu'aux salines de Tegaza et de la partie de Tramontane, se terminant aux confins de Numidie, c'est à savoir à la province de Sus, Haccha et Dara, prenant son étendue devers Midi jusqu'à la terre des Noirs, qui est aux fins du royaume de Gualata et Tombut. Là ne se peut trouver eau, sinon de cent en cent milles, qui encore est salée et amère, sourdant dans des puits fort profonds, mêmement par le chemin qui est entre Segelmesse et Tombut.

Il y a plusieurs animaux sauvages et venimeux, comme il vous sera récité en temps et lieu. En ce désert se trouve une plane fort âpre et fâcheuse, qui s'appelle Azarad, où ne se trouve eau par l'espace de deux cents milles, ni habitation, commençant au puits de ce désert jusqu'à celui d'Araran, qui est prochain de Tombut cent cinquante milles, là où, tant pour l'excessive chaleur comme pour l'ardente soif, les hommes sont contraints de rendre les abois, comme je pense vous avoir déjà fait entendre.

Désert où le peuple de Zuenziga fait sa résidence.

Le second désert commence aux confins de Tegaza, du côté de Ponant, suivant son étendue devers Levant jusqu'aux limites d'Hair, désert auquel habite le peuple de Targa, et de la partie de Tramontane se termine aux déserts de Segelmesse, Tebelbelt et de Benigorai, devers Midi, prend fin au désert de Ghir, qui répond vers le royaume de Guber, et est ce désert plus âpre et sec que n'est celui duquel nous avons ci-dessus fait mention. Là est le passage des marchands qui s'acheminent de Telensin à Tombut, passant par le milieu de ce désert; mais pour la grande sécheresse d'icelui plusieurs personnes y laissent la vie, et plusieurs d'animaux sont contraints à demeurer, ne pouvant passer outre, pressés de trop grande soif qu'ils ne sauroient étancher par faute d'eau. Il se trouve encore un autre désert appelé Gogden, auquel impossible est de trouver une seule goutte d'eau par l'espace de neuf journées, fors dans un lac qui se fait de l'eau des pluies; mais c'est grande aventure d'en rencontrer. Au moyen de quoi, pour prévenir à tous inconvénients, on charge à force eau sur les chameaux pour le passer.

Désert où habite le peuple de Targa.

Le tiers désert commence aux confins d'Hair, du côté de Ponant, s'étendant jusqu'au désert d'Ighidi, devers Levant, et du côté de Tramontane se termine avec les déserts de Tuath, Tegorarin et Mezab. De la partie de Midi se joint avec les déserts prochains du royaume d'Agadez. Ce désert ici n'est si âpre ni dangereux comme sont les deux premiers, car on y trouve de bonne eau et douce dans des puits très-profonds auprès d'Hair, là où il y a un désert produisant des herbes à foison, bien tempéré et en bon air. Plus outre, joignant Agadez, tombe la *La manne.* manne, qui est une chose fort merveilleuse, et la vont au matin les habitants recueillir dans de petits paniers, qu'ils portent vendre fraîchement dans Agadez, là où s'achète douze deniers la pinte, et se boit mêlée avec de l'eau, qui est une chose fort souveraine. On en met aussi parmi les potages, à cause qu'elle a propriété de rafraîchir; et crois que pour cette occasion les étrangers sont peu souvent atteints de maladie en Agadez, comme le contraire leur advient dans Tombut, combien que l'air soit corrompu et pestiféré en ce désert, qui s'étend de Tramontane à Midi par l'espace de trois cents milles.

Désert où fait sa demeure le peuple de Lemta.

Le quatrième désert commence aux limites d'Ighidi, s'étendant jusqu'aux confins de celui que le peuple Berdoa a pris pour sa demeurance. Du côté de Tramontane se joint avec le désert de Techort, de Guargala et Gademis : devers Midi se termine avec les déserts par lesquels on s'achemine à Cano, royaume dans la terre des Noirs. Il est sec et fort dangereux pour les marchands qui le traversent, comme ceux qui se transportent en ces cités susnommées. Et pour autant que les habitants de ce désert prétendent droit sur la seigneurie de Guargala, ils sont grands ennemis de celui qui l'usurpe et en jouit, ce qui leur fait piller et dévaliser tous les marchands qui passent sur leurs fins et appartenances. Mais ceux de Guargala reçoivent un traitement qui est un peu plus fort à digérer, car on les meurtrit sans avoir égard à la qualité des personnes, avec une très-grande inhumanité.

Désert où habite le peuple de Berdoa.

Le cinquième désert prend son commencement aux fins du précédent, et s'étend devers Levant jusqu'au désert d'Augela. Du côté de Tramontane se confine avec les déserts de Fezzen et de Barca, puis se jette au large de la partie du Midi jusque sur les limites du désert de Borno. Il y a grande sécheresse et ne se trouve personne qui se puisse promettre sûreté à le traverser, sinon les peuples de Guademis, lesquels sont fort alliés et grandement amis des habitants de ce désert, et se fournissent de vivres et d'autres choses à Fezzen pour le pouvoir passer. Le reste des déserts de Libye (c'est à savoir depuis Augela jusqu'au Nil) est habité par un peuple africain appelé Levata.

Nun, contrée.

Nun est une contrée assise sur la mer Océane, en laquelle n'y a que villages habités par un pauvre peuple, et est entre la Numidie et la Libye, de laquelle elle tient plus. Il n'y croît autre grain qu'orge, mais si peu que rien, et quelque quantité de dattes de mauvaise saveur. Les habitants pour leur pauvreté se tiennent mal en ordre, joint aussi qu'ils sont oppressés par les Arabes, et s'en trouve quelques-uns qui se transportent pour marchandise au royaume de Gualata.

Tegaza.

Tegaza est une contrée en laquelle se trouvent plusieurs veines de sel qui semble marbre, qu'ils tirent d'aucunes cavernes ; et autour d'icelles sont assis plusieurs hameaux, là où se retirent ceux qui sont ordonnés à ce labeur, lesquels ne sont du pays même, mais viennent de marches étranges en voiture, et demeurent ici pour tirer ce sel, qu'ils gardent jusqu'à ce qu'il arrive une autre voiture qui l'achète de ceux qui l'ont tiré premièrement, puis on le transporte à Tombut, là où il est en grande recommandation, dont la charge de chacun chameau est de quatre tables ou platines de sel, et n'ont autre vivre les manœuvriers que ceux qui leur sont apportés de Tombut ou Dara, cités éloignées de ce désert par l'espace de vingt journées, tant qu'il est bien souvent avenu qu'on les a trouvés morts dans les loges, pour le trop long séjour des vivres. Outre ce, en temps d'été, il se lève un vent de Siloc qui les rend perclus des genoux,

Sel semblant au marbre.

et plusieurs en perdent la vue; de sorte que le séjour est fort dangereux en ce lieu-là. J'y demeurai pour une fois trois jours continuels, jusqu'à tant que les voituriers arrivèrent pour charger le sel, et pendant ce temps je fus contraint de boire toujours de l'eau d'aucuns puits qui sont joignant les salines.

Augela.

Augela est une contrée au désert de Libye, distante du Nil environ quatre cent cinquante milles, en laquelle sont situés trois châteaux, avec quelques villages, autour desquels se voient plusieurs petites possessions de dattiers; mais les terres sont stériles en grains, en défaut de quoi les Arabes en y apportent de la région d'Égypte. Cette contrée est assise sur le grand chemin par lequel on s'achemine de Mauritanie en Égypte, traversant le désert de Libye.

Serte, cité.

Serte est une ancienne cité, édifiée (comme aucuns veulent dire) par les Égyptiens, et (selon l'opinion d'autres) elle fut bâtie par les Romains, combien qu'il s'en trouve plusieurs lesquels acertainent qu'elle a été fondée par les Africains. Quoi qu'il en soit, elle est maintenant ruinée; et l'on estime que les Mahométans la démolirent, encore qu'Ibnu Rachic semble y contrarier, disant que les Romains la mirent en ruine, et n'en apparaît pour le présent qu'aucunes traces et masures.

Berdeoa, contrée.

Au milieu du désert de Libye, distant du Nil environ cinq cents milles, y a cinq ou six villages desquels le territoire produit des dattes en quantité, et trois châteaux qui, depuis huit ans en çà, ont été retrouvés par un guide nommé Hamar, lequel se dévoya, à cause de quelque mal qui lui tomba sur la vue. Celui-ci se retrouvant seul, entre ceux de la caravane, qui eût connaissance des lieux, marchait devant sur un chameau, se faisant, au bout de chaque mille, donner de l'arène qu'il odorait, tellement que par cette nouvelle et inusitée pratique, approchant ces châteaux de quarante milles près, il assura sa compagnie être prochains de quelque habitation. Ce que les autres estimoient un pur et vrai mensonge, qui les faisoit ajouter peu de foi à son dire, et encore moins à son invention, parce qu'ils s'assuroient être éloignés de l'Égypte non moins que de quatre cent huit milles, pensant d'être encore retournés à Augel. Mais le troisième jour ensuivant, ils changèrent tous d'opinion, à cause des trois châteaux qui se présentèrent devant leurs yeux; et d'autre côté, étant semblablement par les habitants d'iceux découverts, leur causèrent une admiration fort grande; moyennant laquelle, intimidés par la vue et présence de gens étrangers, se retirèrent soudainement dans leurs habitations, serrant les portes et refusant obstinément laisser prendre d'eau à ces voituriers, lesquels (pour l'excessive soif qui les pressoit) entrèrent en telle rage et fureur, qu'ils donnèrent l'assaut aux châteaux, qui furent par eux subjugués, et, ayant pris de l'eau ce qu'ils pensoient suffire, se mirent par les chemins.

Alguechet.

Alguechet est une marche prochaine d'Égypte cent vingt milles, au désert de Libye, en laquelle sont assis trois châteaux, plusieurs hameaux et possessions de dattiers. Les habitants sont noirs, mécaniques, avares et riches, d'autant que leur contrée est assise en Égypte et Gargau. Ils ont chef en guise d'un roi, mais cela ne leur affranchit en rien le tribut dont ils sont redevables aux Arabes.

FIN DU SIXIÈME LIVRE.

LIVRE SEPTIÈME,

OU IL EST TRAITÉ DU PAYS DES NOIRS.

PROÈME.

Ceux qui se sont anciennement efforcés avec le meilleur de leur esprit, et le plus diligemment qu'ils ont pu (après avoir, non sans grand travail, discouru plusieurs pays, contrées et régions), rendre, par leurs écrits, ample témoignage à la postérité des choses mémorables de l'Afrique (comme Bicri et Meshudi), ont passé outre, sans toucher aucune chose du pays des Noirs, sinon de Guechet et Cano. Mais cela ne les doit rendre moins recommandables, ni diminuer en rien la gloire de leur mérite, qu'ils se sont acquise par une diligence laborieuse, parce que ce pays-là avait été ignoré par leurs aïeuls, et par conséquent ils n'en pouvaient avoir juste connoissance, sinon qu'en l'an de l'hégire trois cent octante il fut découvert par un tel moyen que je vous ferai entendre. De ce même temps

Luntune et Libye adhèrent à la loi de Mahomet.

donc, les peuples de Luntune et Libye, par les paroles déceptives et hypocrisie dissimulée d'un prédicateur, furent tous subvertis et réduits à la pernicieuse et damnable secte de Mahomet; puis vinrent prendre la Barbarie pour leur demeurance : commençant par une longue pratique à prendre connaissance de ces pays, qui sont habités par gens d'une vie n'étant en rien ou peu dissemblable à celle des bêtes et bruts animaux, sans roi, sans seigneur et sans gouvernement, ni civilité aucune; de sorte qu'à bien grande difficulté, entre telle canaille, s'en trouvera un

Femmes communes.

qui se puisse attribuer une femme particulière, mais s'adonnent le long du jour à suivre et garder le bétail ou cultiver la terre, puis la nuit s'accompagnent dix ou douze personnes ensemble, tant hommes que femmes, lesquelles sont au choix et abandon de ceux qui s'en mettent les premiers en possession, et, en lieu de lits, reposent sur des peaux de brebis. Ils n'entreprennent guerre contre personne que ce soit, car il n'y a nul d'eux qui se ose hasarder de mettre le pied hors les bornes et limites de leur

Le soleil adoré par les peuples de Luntune et Libye.

Le feu adoré par le peuple de Gualate.

pays. Là, le soleil est par aucuns adoré, se prosternant soudain qu'ils le voient apparoître en Orient; les autres révèrent le feu, comme le peuple de Gualate, et s'en trouve aucuns qui sont chrétiens, imitant les cérémonies qu'observent les Egyptiens en leur foi, j'entends de ceux de Gaoga. Joseph, fondateur de Maroc, et roi du peuple de Luntune, avec les cinq peuples de Libye, subjuguèrent ces Noirs, lesquels furent par eux instruits en la loi mahométane, leur enseignant les arts qui sont requis et nécessaires pour gagner la vie; au moyen de quoi commencèrent à s'acheminer en ces pays pour trafiquer et troquer diverses marchandises avec eux, tellement qu'ils retinrent la langue. Les peuples de Libye divisèrent ces pays entre eux en quinze parties, dont chacune est habitée par un tiers de ces peuples. Il est vrai que le roi de Tombut, qui est à présent nommé Abubacr Izchia, descendu des Noirs, étant fait capitaine par Soni Héli, de la lignée des Libyens, et roi de Tombut et Gago, se révolta et mit à mort les enfants du défunt; à cause de quoi le domaine et seigneurie retourna sous la puissance des Noirs, se montrant fortune à ses projets et desseins si favorable, qu'en moins de quinze ans il subjugua plusieurs royaumes. Mais, ayant mené toutes ses affaires à bonne fin, et pacifié tous ses pays, il lui prit envie de s'acheminer à la Mecque, comme pélerin : en quoi faisant il dépendit et consuma tous ses trésors et richesses, avec ce qu'il demeura endetté de cent cinquante mille ducats. Tous ces quinze royaumes des Noirs, qui sont venus à notre connoissance, s'étendent d'un côté à autre sur le fleuve Niger et autres petites rivières qui tombent en icelle. Ils sont situés entre deux très longs déserts, dont

Division du peuple de Libye.

l'un est celui qui, prenant son origine à la Numidie, se termine sur ces royaumes mêmes; l'autre, du côté de Midi, s'étend jusque sur l'Océan, contenant beaucoup de régions, dont la plus grande partie nous est inconnue, tant pour le fâcheux chemin et longue distance des lieux, comme pour la diversité des langues et contrariété de foi : au moyen de quoi ils ne pratiquent avec aucun peuple qui nous soit connu, sinon ceux qui habitent sur l'Océan, avec lesquels on a quelque familiarité.

Gualata, premier royaume des Noirs.

Ce royaume-ci, au respect des autres, est de petite étendue et de moindre qualité, parce qu'en icelui n'y a autre habitation que trois grands villages, quelques hameaux et aucunes possessions de dattiers. Ces villages sont distants de Nun environ trois cents milles devers Midi; de Tombut, environ cinq cents de la partie de Tramontane, et cent de la mer Océane. Du temps que les peuples de Libye y souloient régner, ils posèrent le siége royal en ces villages, qui donnoit occasion à plusieurs marchands de la Barbarie les fréquenter. Mais quand Héli (qui fut un grand prince) parvint au royaume, ils rompirent ce voyage pour se transporter à Tombut ou à Gago; tellement que ce seigneur en devint pauvre et nécessiteux.

Ce peuple-ci s'entretient de je ne sais quelle lignée qu'on nomme *Sungai*, qui est de gens noirs et vils, mais fort plaisants, mêmement à l'endroit des étrangers.

De notre temps le roi de Tombut s'empara de ce royaume, dont le seigneur d'icelui prit la fuite au désert, demeurance de ses parents. Ce que voyant le roi, et doutant du retour d'icelui après qu'il s'en serait départi, se rendit à traiter appointement par quelque tribut qu'il lui demanda, ce qu'on lui accorda; et demeure encore tributaire ce peuple. Leur manière de vivre ne diffère en rien à celle des voisins qui habitent aux prochains déserts, et les terres produisent du grain en petite quantité, comme millet et une autre espèce de grain qui est rond et blanc; mais il ne s'en trouve en Europe. Quant à la chair, elle y est toujours en grande cherté.

Les hommes et femmes indifféremment ont accoutumé de porter le visage couvert, n'ayant aucune civilité entre eux, juges ni courtisans, mais usent les ans de leur vie en grande misère et pauvreté.

Ghinée, royaume.

Ce second royaume est appelé par nos marchands Gheneoa; mais ceux de Gênes, Portugal et Eùrope qui n'en ont entière connoissance l'appellent Ghinea, lequel confine avec le premier; toutefois il y a d'espace entre deux, par le désert qui les sépare, environ cinq cents milles : demeurant Gualata devers Tramontane et Tombut, du côté de Levant, et Melli, de la partie du Midi.

Ce royaume-ci s'étend sur le fleuve Niger environ deux cent cinquante milles, dont une partie est sur l'Océan, là où le Niger se rend dans icelui, étant fort abondant en orge, riz, poisson, bétail et coton, de quoi l'on fait des toiles sur lesquelles les habitants du pays font un grand profit avec les marchands de Barbarie, qui, à l'encontre, leur vendent et délivrent plusieurs draps d'Europe, cuir, laiton, armes et autres choses semblables.

Monnoie des Noirs. La monnoie des Noirs est en or de billon et en quelques pièces de fer qu'ils dépendent à l'achat de petite conséquence, comme en pain, lait, miel, d'une livre, demie, et un quart. Ce pays ne produit aucun arbre fruitier, sans qu'on y puisse encore trouver aucun fruit, de quelque sorte que ce soit, sinon des dattes qu'on apporte de Gualata ou Numidie. Il n'y a cité ni château, hormis un grand village auquel le seigneur fait sa résidence avec les prêtres, docteurs, marchands et autres gens d'autorité qui ont leurs logis bâtis en manière de hameaux, et blanchis de craie et couverts de paille.

Les habitants se tiennent assez bien en ordre, portant leurs habits de coton noir et bleu, de quoi ils se couvrent semblablement la tête; mais la coutume des prêtres et docteurs est s'habiller de blanc. Finalement ce village, par l'espace de trois mois de l'an (qui sont juillet, août et septembre), se voit en forme d'une île, parce qu'en ce temps-là le Niger se déborde ne plus ne moins que fait le Nil; et alors les marchands de Tombut conduisent leurs marchandises en petites barques fort étroites et faites de la moitié d'un pied d'arbre creusé, faisant voile jour et nuit, et voulant prendre terre, attachent leurs barques au rivage du fleuve, puis s'en vont reposer et dormir sur la dure.

Ce royaume fut jadis gouverné par une famille extraite de l'origine du peuple de Libye; toutefois le seigneur de ce pays devint tributaire de Soni Héli, lequel fut puis expulsé de son royaume par Izchia, qui prit semblablement le roi de Ghinée, et tint prisonnier (s'étant emparé de son royaume) tant que la mort termina ses jours et misères par un même moyen.

Melli, royaume.

Melli s'étend sur un bras du Niger environ trois cents milles, confinant du côté de Tramontane avec le précédent, devers Midi avec le désert et quelques âpres montagnes ; du Ponant se termine avec aucuns bois sauvages qui s'étendent iusque sur la mer Océane, et de la partie du Levant avec le territoire de Gago. Il est abondant en grain, chair et coton, et y a un grand village contenant environ six mille feux, garni d'une infinité d'artisans, lequel s'appelle Melli, dont le pays a pris son nom. Le roi fait là sa demeurance avec sa cour, et y a plusieurs marchands du lieu et étrangers qui sont mieux venus vers le roi que non ses sujets mêmes, et sont fort opulents pour le grand train de marchandise qu'ils démènent, fournissant Tombut et Ghinée de plusieurs choses. Ils ont des prêtres et lecteurs qui lisent dans leurs temples, parce qu'il n'y a point de colléges, et sont ceuxci les plus civils, de meilleur esprit et plus grande réputation de tous les Noirs, pour au-

Melli, siége royal.

tant qu'ils furent les premiers à recevoir la loi de Mahomet, et de ce temps-là furent subjugués par un grand prince entre les peuples de Libye, qui étoit oncle de Joseph, roi de Maroc, duquel la seigneurie demeura à ses successeurs jusqu'au temps d'Izchia, qui les rendit tributaires; tellement que pour le jourd'hui à peine peut ce seigneur trouver moyen de nourrir sa famille, pour être par trop oppressé.

Tombut, royaume.

Ce nom a été par les modernes à ce royaume imposé, à cause d'une cité qui fut édifiée par un roi nommé Mense Suleiman, en l'an de l'hégire six cent et dix, prochaine d'un bras du fleuve Niger environ douze milles. Les maisons d'icelle sont de tortis plâtrés et couvertes de paille. Il y a bien un temple de pierre et chaux, divisé par un excellent maître de Grenade, et semblablement un somptueux palais auquel loge le roi, dont la structure belle de l'un ensuit l'industrieuse architecture de l'autre. La cité est bien garnie de boutiques, de marchands et artisans, et mêmement de tisseurs de toiles de coton. Les marchands de Barbarie transportent plusieurs draps d'Europe en cette cité.

Habits des femmes de Tombut.

Les femmes vont ordinairement le visage couvert, fors les esclaves qui vendent toutes les choses de bouche. Les habitants sont fort opulents, principalement les étrangers, lesquels y viennent faire leur résidence; tellement que le roi a donné en mariage ses deux filles à deux marchands frères pour leurs grandes richesses.

En cette cité y a plusieurs puits d'eau douce, combien qu'au débord du Niger elle s'écoule par certains canaux tout au plus près de la cité qui est abondante en grains et bétail, au moyen de quoi leur beurre est fort commun; mais le sel rare et cher, parce qu'il s'apporte de Tegaza, distante de cinq cents milles de Tombut, là où, me retrouvant une fois, je vis comme la sommée ne se laissait à moins d'octante ducats.

Le roi est fort opulent en platines et verges d'or, dont les aucunes sont du poids de mille trois cents livres, et tient une cour bien ordonnée et magnifique. Quand il lui vient envie de s'aller ébattre d'une cité à autre, accompagné de ses courtisans, il chevauche des chameaux, et les estafiers mènent les chevaux en main; mais en cas qu'il s'achemine en quelque assemblée de guerre, on attache les chameaux, et montent lors tous les soldats sur les chevaux.

Ceux qui ne firent jamais la révérence au roi, et qui ont quelque ambassade à lui faire, mettent les genoux en terre; puis, prenant de la poussière, l'épandent sur leur tête et le saluent en cette sorte-là. Il tient environ trois mille chevaux et une grande infanterie, usant de certains arcs qui sont faits de bâtons de fenouil sauvage, avec lesquels ils décochent fort dextrement des flèches envenimées. Outre ce, il a coutume de mouvoir guerre contre ses ennemis prochains, et contre tous ceux qui refusent de lui rendre tribut : étant par lui surmontés, il les fait vendre à Tombut, jusqu'aux petits enfants.

Arcs faits de fenouil sauvage.

En ce pays ne naissent nuls chevaux, fors aucunes petites haquenées que les marchands ont coutume de chevaucher allant par le pays, et aucuns courtisans parmi la cité. Mais les bons chevaux qui s'y trouvent viennent de Barbarie, qui ne sont pas plus tôt arrivés avec la caravane, que le roi envoie savoir et mettre par écrit le nombre d'iceux, et en cas qu'ils excèdent le nombre de douze, il retient celui qui lui semble le meilleur et de plus belle taille, en payant ce qui est raisonnablement estimé.

Ce roi-ci est mortel ennemi des juifs, qui ne les endureroit pour rien du monde mettre le pied dans sa cité; et s'il étoit averti que les marchands de Barbarie eussent la moindre familiarité qui soit, ou qu'ils trafiquassent avec eux, il feroit incontinent confisquer leurs biens.

Honneur aux lettres et professeurs de icelles. Il porte grand honneur à ceux qui font profession des lettres; et, pour ce regard, on apporte dans cette cité des livres écrits à la main, qui viennent de Barbarie, lesquels se vendent fort bien; tellement qu'on en retire plus grand profit que de quelque autre marchandise qu'on sache vendre.

Il y a plusieurs prêtres et docteurs qui sont tous assez raisonnablement par le roi salariés; et, en lieu de monnoie, les habitants de ce lieu ont accoutumé d'employer quelques pièces de *Or pur et fin et coquilles en lieu de monnoie.* pur et fin or; et aux choses de petite conséquence, emploient de petites conques ou coquilles, qui sont apportées de Perse, dont les quatre cents font le ducat des leurs, auquel entrent six et deux tiers pour une des onces romaines.

Les habitants de cette cité sont tous de plaisante nature, et le plus souvent s'en vont le soir jusqu'à une heure de nuit, dansant parmi la cité. Les citoyens se servent de plusieurs esclaves d'un et autre sexe. Cette cité est fort sujette au feu; et, à la seconde fois que je m'y retrouvai, je la vis embraser en moins de cinq heures. Il n'y a aucun jardin ni lieu produisant fruits.

Cabra, cité au royaume de Tombut.

Cabra est une grande cité en forme d'un village, sans qu'elle soit autrement ceinte de murailles. Elle est prochaine de Tombut par l'espace de douze milles, sur le fleuve Niger, là où s'embarquent les marchands pour naviguer à Ghinée et Melli, ne différant en rien, quant aux habitants et habitations, à la cité susnommée. Il y a diverses nations de Noirs, parce que là est le port auquel ils viennent aborder avec leurs barquettes de plusieurs lieux.

Le roi de Tombut y envoie un sien lieutenant tant pour faire droit à un chacun, comme pour se soulager et n'avoir la peine de faire cent douze milles par terre; et, du temps que j'y fus, il y en avoit un parent du roi, nommé Abu Bacr, et en son surnom Pargama, homme noir tant que rien plus, mais d'un grand esprit, très juste et raisonnable.

Les habitants sont sujets à plusieurs maladies pour cause de la qualité des viandes, comme poisson, beurre, lait et chair, tout mêlé ensemble. De cette cité vient la plus grande partie des vivres qui sont transportés à Tombut.

Gago et le royaume d'icelle.

Gago est une très grande cité, semblable à la susnommée, c'est à savoir sans murailles, et distante de Tombut environ quatre cents milles du côté de Midi, tenant quelque peu du Siloc. La plus grande partie des maisons est de laide montre; toutefois il s'y trouve quelques édifices assez beaux et commodes, auxquels loge le roi avec sa cour.

Les habitants sont riches marchands, qui demeurent toujours sur les champs, vendant leurs marchandises et trafiquant d'un côté et d'autre. Il arrive en cette cité une infinité de Noirs qui apportent de l'or en grande quantité, pour acheter et enlever ce qui vient de l'Europe et Barbarie; mais ils ne sauroient trouver assez marchandises pour employer si grande somme de deniers qu'ils apportent, tellement qu'il leur est force faire retour en leur pays, reportant quasi la moitié ou le tiers de leurs deniers. Les autres cités ne peuvent ni se doivent égaler à celle-ci; quant à civilité. Joint aussi qu'elle est fort abondante en pain et chair; mais il seroit impossible d'y trouver ni vin ni fruit, fors que son terroir est fertile en melons, citrouilles et coucourdes, qui s'y trouvent en grande quantité, et de riz une chose infinie. Il y a plusieurs puits d'eau douce, avec une grande place en laquelle, au jour du marché, se vendent les esclaves tant hommes que femmes, et s'achète une fille de qûinze ans au prix de six ducats, et autant un garçon.

Vente d'esclaves, hommes et femmes.

Le roi tient en un palais écarté une infinité de concubines esclaves, et eunuques qui sont commis à la garde d'icelles. Il a aussi coutume de tenir une garde de cavalerie et fanterie entre la porte secrète et publique de son palais. Et y a une grande place environnée de murailles, et à chacun angle d'icelle se voit une loge par où entre le roi pour donner audience. Et combien que lui-même en personne expédie toutes les choses, il ne laisse pourtant de tenir officiers, comme secrétaires, conseillers, capitaines, trésoriers et facteurs.

Le revenu du royaume est grand, mais les frais l'excèdent : pour autant qu'un cheval qui ne s'achèteroit en Europe plus haut de dix ducats, là ne se donneroit à moins de quarante et cinquante. L'aune du plus bas drap d'Europe s'y vend quatre ducats, quinze le moyen; et celui de Venise, fin, comme est l'écarlate, le bleu ou violet, ne se laisse à moins de trente ducats. Une épée la plus imparfaite qu'on sauroit trouver s'y vendroit trois et quatre ducats.

Ainsi, les éperons, brides, et semblablement toutes merceries et épiceries y sont très chères; mais non pas tant (sans comparaison) que le sel, qu'on vend plus chèrement que toute autre marchandise qui s'y puisse conduire.

Le demeurant de ce royaume est tout en villages et hameaux, auxquels demeurent ceux qui cultivent les terres, et les bergers, qui en temps d'hiver se vêtent de peaux de brebis, et en été vont nus et déchaux, fors qu'ils se couvrent les parties honteuses de quelque linge; et aucunes fois portent sous la plante des pieds du cuir de chameau. Ce sont gens fort ignorants, tellement qu'on pourroit cheminer par l'espace de cent milles avant que de trouver aucun qui sût lire ni écrire; au moyen de quoi le roi leur use d'un tel traitement que leur lourdise et grosse ignorance le mérite, leur laissant si peu, qu'à grande difficulté peuvent-ils gagner leur vie, pour les grands tributs qu'il leur impose.

Guber, royaume.

Ce royaume-ci est distant de Gaoga environ trois cents milles du côté de Levant, et l'on passe entre ces deux par un désert où se trouve peu d'eau, pour être distant du Nil par l'espace de quarante milles. Il est situé entre hautes montagnes et peuplé de plusieurs villages, lesquels sont habités par gens qui mènent les bœufs et brebis au pâturage; car il y en a grand nombre, et mêmement de bœufs, mais de petite corpulence. On y trouve communément les personnes assez civiles. Il y a grand nombre de tissiers et cordonniers, lesquels font des souliers à la mode que les souloient anciennement porter les Romains, dont il s'en transporte en grande quantité à Tombut et Gago. Le riz y croît abondamment, et autres grains; et de telle espèce en ai vu aux Itales, et crois semblablement que l'Espagne en doive produire.

Lorsque le Niger se déborde, il couvre toutes les campagnes prochaines des habitations de ce peuple, qui a coutume de semer le grain sur l'eau. Entre autres il y a un grand village contenant environ six mille feux, là où font résidence autant de marchands étrangers, comme ceux du pays même; et souloit être la demeurance du roi, lequel, de notre temps, fut pris par Izchia, roi de Tombut, qui le fit mourir, faisant couper les génitoires à ses enfants pour les employer au service de son palais. Par ce moyen il s'empara de ce royaume, sur lequel il constitua un gouverneur, oppres-

Coutume étrange de semer le grain sur l'eau.

Cruauté du roi Ischia envers le roi de Guber et ses enfants.

sant merveilleusement ce peuple. Il faisait néanmoins de grands profits à cause du beau train de marchandises qu'il démenoit. Mais il est maintenant tombé en pauvreté extrême et amoindri de plus de la moitié, à cause que Izchia emmena une grande multitude de personnes, qu'il mit partie en captivité, et le reste retint pour esclaves.

Agadez et son royaume.

Agadez est une cité ceinte de murailles, édifiée par les modernes aux confins de Libye, laquelle est plus prochaine des habitations des blancs que de celles des Maures. Les maisons sont fort bien bâties, et en la manière de celles de Barbarie, parce qu'il ne s'y trouve guère de marchands autres qu'étrangers, et ce peu qu'on y voit du pays sont tous artisans ou à la soude du roi de cette cité, en laquelle n'y a marchand qui ne tienne un grand nombre d'esclaves pour s'en aider à ses affaires, et mêmement aux pas de Cano à Borno, qui sont tous vexés de divers peuples du désert, comme de

Bomiens et Egyptiens, larrons et trompeurs.

ceux qu'on appelle communément Bomiens ou Égyptiens, autant pauvres et nécessiteux comme souverains larrons et trompeurs. Donc les marchands, s'acheminant par pays, s'accompagnent de leurs esclaves, qui leur font escorte, en bon équipage, et bien armés d'épées, javelines et arcs; mais puis peu de temps en çà ils ont commencé à porter l'arbalète, tellement que ces paillards voleurs ne sauroient mordre sur eux, ni leur donner aucune entorse. Puis, les marchands, étant arrivés en quelque bonne ville, font travailler leurs esclaves de tel métier qu'ils savent, à celle fin qu'ils puissent gagner leur vie, en réservant dix ou douze d'iceux pour sûreté de leurs personnes et garde de leurs marchandises.

Le roi de cette cité tient semblablement une bonne garde dans un somptueux palais qu'il a dans icelle; mais sa gendarmerie est des habitants de la campagne et des déserts, parce qu'il a pris son origine des peuples de Libye; et quelquefois ceux-ci le déchassent, et en son lieu élisent un de ses parents, se donnant garde, tant qu'il leur est possible, de commettre homicide, et celui est créé roi qui revient mieux et est plus agréable au peuple de cette cité. Le reste des habitants de ce royaume, comme ceux qui habitent du côté de Midi, s'adonnent tous à mener le bétail au pâturage. Leurs habitations sont de rames ou nattes qu'ils transportent ordinairement sur des bœufs, en quelque part qu'ils voisent, les posant et dressant là où se trouve meilleure pâture et en plus grande abondance, comme aussi font les Arabes. Le roi reçoit de grands deniers qui proviennent de la gabelle que paient les marchands étrangers, et encore des usufruits du pays; mais il est tributaire à celui de Tombut de cent cinquante mille ducats.

Le roi d'Agadez, tributaire au roi de Tombut.

Cano, province.

Cano est une grande province, distante du Niger environ cinq cents milles du côté de Levant, auquel habitent plusieurs peuples dans des villages. Une partie d'iceux conduisent au pâturage les vaches et brebis, et les autres s'adonnent à cultiver la terre, qui produit du grain, riz et coton en grande abondance, et s'y trouve plusieurs déserts et montagnes couvertes de fontaines et bois, où croissent à force orangers et citronniers sauvages, dont le fruit ne diffère guère au goût des privés. La province prend son nom d'une cité assise au milieu d'icelle, environnée de murs de craie, comme les maisons mêmes. Les habitants sont riches marchands et civils artisans. Leur roi étoit jadis fort puissant, tenant grande cour et plusieurs chevaux, tellement qu'il se rendit tributaires les rois de Zegzeg et Cassena ; mais Izchia, roi de Tombut (feignant leur vouloir donner secours et aide contre leur ennemi), procura leur mort avec grande trahison, au moyen de quoi il s'empara de leurs royaumes; puis, de là environ trois ans, suscita une forte guerre contre le roi de Cano, et fit de sorte (en continuant le siége) qu'il le rendit jusqu'à épouser sa fille, et lui quitter la tierce partie de son revenu. Ce que lui étant accordé, laissa en ce royaume plusieurs facteurs et trésoriers pour lever sa portion des deniers et fruits provenant d'icelui.

Les rois de Zegzeg et Cassena, dépouillés par Izchia, roi de Tombut.

Le roi de Cano, dompté par Izchia, roi de Tombut.

Zegzeg, royaume.

Ce royaume-ci confine avec Cano de la partie de Siloc, et est distant de Cassena par l'espace de cent cinquante milles, étant habité d'un peuple très opulent, qui trafique par tous les contours de ce pays, qui est partie en plaine et partie en montagnes, dont l'une est merveilleusement froide, l'autre chaleureuse ; tellement que les habitants, ne pouvant supporter la véhémence du froid, ont coutume de faire en l'aire de leurs maisons des grands foyers, là où ils avivent à force brasier, puis le mettent sous les châlits qui sont fort hauts, et dorment en cette manière.

Néanmoins le territoire est très fructueux et abondant en grains et fontaines. Ce royaume-ci souloit être gouverné par un seul roi ; mais Izchia l'occit et s'empara de son pays, auquel les villages sont bâtis de la mode de ceux que nous avons parlé auparavant.

Zanfara, région.

Zanfara est une région qui confine avec le royaume de Zegzeg du côté de Levant, laquelle est abondante en grains, riz, millet, coton, et habitée par gens vils et mécaniques, de grande corpulence, mais noirs au possible, portant visage large et difforme, participant davantage plus de bêtes brutes, que d'hommes raisonnables. Le roi fut empoisonné à l'aveu d'Izchia, qui détruit une grande partie de ce royaume.

Le roi de Zanfara empoisonné à l'aveu de Izchia.

Guangara, royaume.

Guangara est une contrée, laquelle du côté de Siloc se joint avec Zanfara, et habitée d'un grand peuple. Le roi peut avoir sept mille fantes archers, avec cinq cents chevaux étrangers, et retire un grand revenu des marchandises et gabelles. Toutes les habitations de ce royaume ne sont que petits villages et hameaux, fors un qui en grandeur et beauté excède les autres de beaucoup.

Les habitants sont fort opulents, parce qu'ils démènent un grand train de marchandises, trafiquant en divers et lointains pays. Du côté de Midi il confine avec aucunes terres, là où se trouve l'or en grande quantité.

Maintenant ce peuple ne peut faire train de marchandises hors les limites du pays, par crainte de deux puissants ennemis qui lui sont voisins; l'un (qui tient la partie du Ponant) est Izchia, et l'autre (qui tient le Levant) est le roi de Borno : là où me retrouvant, celui qui pour lors régnoit (appelé Abran) assembla toute son exercite pour se ruer sur le roi de Guangara; et, ainsi qu'il marchait sur les frontières de ce royaume, il fut averti qu'Homar, seigneur de Gaoga, s'acheminoit à la volte de Borno, qui fut cause de le faire changer de chemin et volonté, ce qui ne fut pas petite aventure au roi de Guangara, dont les marchands qui s'acheminent en ces lieux, desquels l'on tire l'or en si grande quantité, ne sauroient prendre autre route, sinon par très hautes montagnes, âpres et aux bêtes inaccessibles : de sorte qu'ils sont contraints de faire porter à leurs esclaves, sur la tête, les marchandises

Ischia et Borno, rois ennemis du royaume de Guangara.

et autres choses en larges coucourdes sèches et creuses, avec lesquelles ils peuvent porter jusqu'au poids de cent livres, par l'espace de dix milles; et y en a qui font ce chemin deux fois par jour, tellement qu'ils sont chauves au sommet de tête pour les grosses charges qu'ils ont accoutumé de porter : car, outre la marchandise, on les charge encore des vivres de leurs maîtres, et esclaves armés pour la sûreté et conduite d'iceux.

Borno, royaume.

Borno est un royaume qui se joint à Guangara de la partie occidentale, et prend son étendue du côté de Levant par l'espace de cinq cents milles, distant de la source du Niger environ cent cinquante milles, se confinant devers Midi avec le désert de Get, et de la partie de Tramontane avec les déserts qui répondent devers Barca. L'assiette de cette province est inégale, parce qu'il y a aucuns endroits montueux et d'autres en plaine, très abondante en grains, et peuplée de plusieurs villages habités de gens fort civils, et marchands étrangers, noirs et blancs. Au plus grand d'iceux le roi fait résidence, accompagné de ses soldats. Aux montagnes demeurent les pasteurs, et là se sèment le millet et autres grains desquels nous n'avons la connoissance.

Les habitants vont nus en temps d'été, sinon qu'ils portent quelques braies de cuir; puis en hiver s'enveloppent dans des peaux de brebis, de quoi ils font encore des lits. Au reste, ils n'ont aucune connoissance de quelque foi que ce soit, tant chrétienne, judaïque, que mahométane; mais sans aucune loi mènent une vie brutale, ayant femmes et enfants en commun. Et (comme il me fut dit par un marchand qui séjourna longuement en ce pays, et qui entendoit bien la langue) ils ne s'imposent propres noms selon la coutume des autres peuples, mais selon la qualité des personnes; comme ceux de haute stature sont nommés hauts; les petits, petits; les louches, louches; et ainsi semblablement de tous les autres accidents et particularités.

Imposition de noms, selon la qualité des personnes.

Ce royaume est gouverné par un puissant seigneur qui est de l'origine de Bardoa, peuple de Libye, et tient environ trois mille chevaux, et de fantes tel et si grand nombre qu'il lui plait, parce que tout le peuple est dédié à son service, et en use comme bon lui semble, sans toutefois imposer aucun subside ni tribut, hormis qu'il lève la décime des fruits provenant de la terre, et n'a autre revenu qu'à dérober et voler ses voisins qui lui sont ennemis, lesquels habitent outre le désert de Sea, qu'ils traversoient anciennement à pied en nombre infini, courant tout le royaume de Borno, là où ils déroboient et enlevoient ce qu'ils pouvoient avoir.

Mais ce roi-ci a tant fait avec les marchands de Barbarie, qu'ils lui amènent des chevaux, leur donnant par cheval quinze ou vingt esclaves en échange. Par ce moyen il donne bon ordre de faire des courses sur ses ennemis, et fait attendre les marchands en délayant leur paiement jusqu'à son retour, qui est le plus souvent retardé de deux ou trois mois; et, pendant ce temps-là, ils sont entretenus et défrayés aux dépens du roi, lequel, retournant de courir, amène quant et soi quelquefois nombre d'esclaves suffisant pour satisfaire aux marchands, qui sont aussi contraints aucunes fois d'attendre l'année ensuivant, à cause qu'il n'a assez d'esclaves pour les payer, d'autant que cette course ne se peut faire qu'une fois l'année sans un trop grand danger. Je fus en ce royaume, auquel je trouvai plusieurs très mal satisfaits et en tel désespoir, qu'ils vouloient abandonner cette pratique avec propos délibéré de n'y retourner jamais, ayant séjourné un an et plus, toujours attendant leur paiement.

Néamoins le roi démontre être merveilleusement riche et jouissant de grands trésors, parce que j'ai vu tout le harnois de ses chevaux, comme les estafes, éperons, brides et mors, tout d'or; et de même matière est toute sa vaisselle, les lesses et chaînes de ses chiens : ce nonobstant il est fort tenant et adonné à l'avarice, donnant plus volontiers les esclaves que non pas l'or en paiement. Il tient en sa sujétion plusieurs peuples des blancs et noirs, desquels je n'écrirai aucune chose, pour n'en avoir eu trop grande connoissance, à cause que ne séjournai en ces marches plus que l'espace d'un mois.

Le roi de Borno, riche et avare.

Gaoga, royaume.

Gaoga est un royaume qui confine avec celui de Borno du côté du Ponant, s'étendant devers Levant jusques sur les frontières du royaume de Nubie, qui est sur le fleuve du Nil; de la partie du Midi se termine avec un désert qui se joint à un détour que fait le Nil, et devers Tramontane finit aux déserts de Serta et bornes d'Égypte; prenant son étendue du Ponant au Levant par l'espace de cinq cents milles, et autant en largeur ou peu s'en faut. Il n'est florissant en civilité, en lettres, ni en bon gouvernement, pour autant que les habitants sont plutôt sans esprit qu'autrement, principalement ceux qui font leur demeurance aux montagnes, allant tout nus et déchaux en temps d'été, fors qu'ils couvrent leurs parties honteuses avec quelques peaux, et ont pour leurs maisons des hameaux bâtis de rames, lesquelles, pour si peu de vent qu'il fasse, s'embrasent facilement.

Le peuple de Guoga perd sa liberté par la méchanceté d'un esclave. Leur exercice est de mener paître les bœufs et brebis; en quoi faisant, ils s'étoient longuement maintenus en liberté; mais depuis cent ans en çà elle leur a été volée par le moyen d'un esclave noir qui étoit du pays même, auquel retournant avec un riche marchand son maître, pour se voir au lieu de sa naissance, s'enhardit jusque-là de le tuer pendant qu'il dormoit en assurance, et se doutant le moins du danger qui lui étoit plus prochain. Celui-ci, après le coup, se saisit de la marchandise, comme de draps et armes, puis se retira en sa maison, là où il distribua partie de ses richesses à ses parents, et, ayant acheté quelque nombre de chevaux des marchands blancs, commença à courir sur les terres de ses ennemis, desquels il rapportoit toujours la victoire, à cause que lui et les siens avoient cet avantage d'être bien équipés d'armes; ce que n'avoient ses adversaires, sinon aucuns arcs de bois mal façonnés. Au moyen de quoi prenant plusieurs esclaves, il troquoit contre les chevaux qui venoient d'Égypte, et, augmentant le nombre des soldats, étoit révéré et obéi de tous, comme chef et principal seigneur.

Après le décès de celui-ci succéda le fils, autant dextre et vaillant aux armes que le père avoit été hardi et courageux, tellement qu'il se maintint en sa seigneurie par l'espace de quarante ans, et après lui régna un sien frère, tant que le royaume est parvenu entre les mains de son neveu, appelé Homara, qui règne pour le jourd'hui, lequel a loin et amplement étendu les fins de son royaume, et par présents, accompagnés de caresses et faveurs, s'est tant rendu sien le soudan du Caire, qu'il lui envoie draps, armes et chevaux, qui toutefois lui sont payés au double pour se montrer seigneur fort libéral; de sorte que les marchands d'Égypte n'outrepassent sa cour, en laquelle plusieurs pauvres du Caire le vont trouver avec quelque petit présent honnête et rare; mais ils en rapportent double récompense, et sait tant bien faire moyennant la grande magnificence qui lui fait compagnie, qu'il satisfait à tous ceux qui ont affaire avec lui, et s'en partent merveilleusement contents. Il porte grand honneur aux gens de lettres, et les a en grande recommandation, principalement ceux de la maison de Mahomet.

Homara favorise aux lettres.

Je me trouvai pour lors qu'un noble homme de Damiette lui présenta un cheval de très belle taille et maniable, un cimeterre turquesque, une cotte de mailles, un pistolet à feu, avec quelques beaux miroirs, peignes, chapelets de corail et aucuns couteaux, dont le tout pouvait monter à la somme de cent cinquante ducats, acheté dans le Caire, en récompense de quoi le roi lui donna cinq esclaves, cinq chevaux, cinq cents ducats, et, outre ce, cent dents d'éléphant de merveilleuse grosseur.

Du royaume de Nubie.

Le royaume de Nubie confine du côté de Levant avec les déserts du susnommé, s'étendant sur le Nil, et devers Midi se joint avec le désert de Goran, et de la partie de Tramontane avec le territoire de l'Égypte, là où l'on ne sauroit naviguer de ce royaume, parce que l'eau du Nil, s'épanchant par les plaines, est si basse, qu'elle se peut passer à gué. En ce royaume se trouve une ville nommée Dangala, qui est bien peuplée, et contient environ dix mille feux; mais les maisons sont toutes mal bâties, avec craie et torcjs seulement. Les habitants sont gens très riches et civils, parce qu'ils trafiquent au Caire, et font train de marchandises par tous les lieux de l'Égypte, d'armes, draps et autres choses.

La partie du royaume qui est sur le Nil consiste toute en villages habités par gens qui cultivent la terre, et y a partout grande abondance de grains et sucre; mais les habitants ne savent par quel moyen il le faut cuire; de sorte que, par leur ignorance, ils le laissent devenir noir et sale.

Il se trouve encore dans Dangala force civette, bois de sandal, et ivoire en grande quantité, parce qu'on y prend plusieurs éléphants. Il y a aussi des poisons tant violents, qu'un grain réparti à dix hommes les extermine en moins d'un quart d'heure; mais, étant donné à un seul, il le fait soudainement expirer, et se vend l'once cent ducats; mais il n'est permis d'en vendre à d'autres qu'aux étrangers, qui sont contraints de prêter le serment qu'ils n'en useront mal dans leur pays; et quiconque en achète doit payer autant au péage comme à celui qui lui a délivré, tellement qu'il est impossible de le payer secrètement, à peine de la vie.

Le roi de Nubie est toujours en guerre;

tantôt avec ceux de Goran, qui sont de la race des Bomiens, mécaniquement habitants au désert, sans que personne puisse rien comprendre en leur langage; maintenant se mêle avec une autre génération qui fait résidence au désert outre le Nil, devers Levant, et s'étend jusqu'à la mer Rouge devers les frontières de Suachin. Cette génération use d'un langage mêlé (comme je crois) avec le Chaldée, se conformant bien fort avec celui de Suachin et de la Haute-Éthiopie, là où est la demeurance de Prête-Ian, et se nomme ce peuple Bugia : vil, pauvre et mal en ordre, vivant de chair de chameaux, du lait d'iceux et de bêtes sauvages. Toutefois il reçoit parfois quelque tribut du seigneur de Suachin et de celui de Dangala. Sur la mer Rouge souloit être une grosse cité appelée Zibid, là où il y a un port qui répond directement à celui de Zidem, prochain de la Mecque quarante milles. Mais depuis cent ans en çà, à cause que le peuple d'icelle vola et pilla les voituriers qui portoient vivres et autres choses à la Mecque, le soudan prit si bien la matière à cœur, qu'il y envoya une armée par la mer Rouge, qui campa devant cette cité, dont elle fut détruite et ruinée avec le port, qui rendoit tous les ans deux cent mille sarafes de revenu. Lors les fugitifs s'acheminèrent à Dangala et Suachin, toujours gagnant quelque chose. Mais depuis le seigneur de Suachin, en faveur d'aucuns Turcs armés d'arcs et pistolets à feu, leur donna une grande entorse, parce qu'il tua de ces pendards, qui vont ainsi nus, plus de quatre mille hommes, et détint de prisonniers plus de mille, qu'il mena captifs à Suachin, qui furent assommés par les femmes et petits enfants.

Voilà en somme tout ce que j'ai pu comprendre du pays des Noirs, desquels on ne sauroit être plus particulièrement informé, parce que tous ces quinze royaumes sont conformes les uns aux autres, tant en assiette comme en coutume, civilité et manière de vivre, et gouvernés par quatre seigneurs. Maintenant, en continuant, je viendrai à la description de l'Egypte.

FIN DU SEPTIÈME LIVRE.

LIVRE HUITIÈME.

PROÈME.

Egypte, fameuse et très renommée région entre autres, se termine devers Ponant aux déserts de Barca, Numidie et Libye; du côté de Levant confine aux déserts, qui la séparent d'avec la mer Rouge; de la partie de Tramontane se joint à la mer Méditerranée, et du Midi finit avec les confins des terres et habitations de Bugie, sur le fleuve du Nil, ayant d'étendue depuis la mer Méditerranée jusqu'à Bugie environ quatre cent cinquante milles; mais elle est peu spacieuse en largeur, parce qu'il n'y a sinon ce peu de terre, qui est sur les rivages du Nil; prenant son cours entre quelques montagnes stériles qui confinent avec les déserts sus-nommés, et ne se cultive autre terroir que celui qui se trouve depuis le Nil jusqu'aux montagnes. Il est vrai qu'elle s'élargit quelque peu devers la mer Méditerranée, à cause que au-delà du Caire, environ octante milles, le Nil se part en deux, et jette un bras qui s'avance en sus le Ponant ; combien qu'il retourne d'où il provient, et par deçà environ soixante milles, se divise en deux autres parties, dont l'une se dresse à Rosette, et l'autre à Damiette ; et de celle-ci provient une autre branche qui se forme en un lac, et se joint avec celui de la mer Méditerranée, par le moyen d'une goulette qui y est ; et dans icelle est située Tenesse, très ancienne cité. Cette division du Nil en plusieurs parties et endroits, comme nous avons déjà dit, donne quelque étendue davantage à cette région d'Egypte, qui est fertile et abondante en légumage, avec très bons et amples patis, là où se nourrit une infinité de poules et oies. Les paysans tirent tous sur couleur brune ; mais ceux qui habitent aux villes et cités sont blancs, portant aussi un habillement blanc et étroit, avec une couture devant l'estomac, puis de là fendu jusqu'aux pieds, avec les manches longues et étroites. Pour ornement de tête, ils portent de grands turbans de camelot ronds et entortillés, et aux pieds une chaussure à l'antique ; mais il s'en trouve peu qui portent escarpes, encore ceux qui en usent ne les chaussent qu'à demi, repliant le talonnier par dessous le pied. En temps d'été, la coutume des habitants du pays est de porter accoutrements de toile de coton, enrichie de divers ouvrages, et ? hiver aucuns draps cotonnés, qu'ils appellent chèbre ; mais les citoyens

Habits des paysans d'E-gypte.

d'autorité et marchands renommés s'accoutrent de draps d'Europe. Ils sont gens gracieux et de bonne nature, plutôt plaisants qu'autrement, et qui ordinairement, à leurs repas, usent de lait aigre et endurci artificiellement avec fromage frais et fort salé, assaisonnant leurs potages dudit lait aigre et tourné, tellement qu'il est impossible à ceux qui ne l'ont accoutumé, goûter de ce qui leur semble très doux et savoureux.

Habits des marchands.

Division de l'Égypte.

Depuis que les Mahométans commencèrent à subjuguer et dominer cette province (ce qui a été de notre temps), l'Égypte fut divisée en trois parties, dont l'une (qui est depuis le Caire jusqu'à Rosette) se nomme la rivière d'Errif; du Caire en sus, jusqu'aux limites de Bugie, est appelée Sahid, c'est-à-dire territoire; et la partie de sur le bras du Nil, qui va à Damiette et Tenesse, est appelée Bechria; c'est à savoir Maremma. Toutes ces trois parties sont très fertiles; mais Sahid est plus abondante en grains, légumages, lins et animaux; Errif en fruits et riz; Maremma en coton, sucre et autres fruits qu'on appelle maus ou muse.

Les habitants d'Errif et Maremma sont plus

civils et honnêtes que ceux de Sahid, parce qu'étant ces deux parties plus prochaines de la mer Méditerranée, sont mieux fréquentées des étrangers d'Europe, Barbarie et Assyrie; mais ceux de Sahid sont bien avant dans le pays, au moyen de quoi ils ne voient jamais étrangers s'acheminer en leurs marches, pour être delà le Caire, là où il ne fréquente personne, fors quelques-uns de l'Éthiopie.

Origine et génération des Égyptiens.

Les Égyptiens (selon l'opinion de Moïse) sont descendus de Mesrain, fils de Cus, qui fut Chan, et Chan de Noé, qui fait que les Hébreux, suivant le vocable, appellent la région et les habitants du même nom Mesrain, et tout le pays est appelé par les Arabes *Mesré;* mais les habitants le nomment *Chibth*, d'un homme qui s'appeloit ainsi, lequel, commençant à dominer le pays, fut semblablement le premier à faire bâtir les maisons en icelui; pour raison de quoi les habitants s'attribuent ce nom d'eux-mêmes, et n'est demeurée autre branche des naturels Égyptiens que ceux qui se sont jusqu'à présent maintenus en la loi chrétienne; tout le reste fut réduit à la mahométane, s'accointant et mêlant parmi les Arabes et les Africains.

Ce royaume fut long-temps gouverné sous la puissance des Égyptiens, c'est à savoir des Pharaons, et furent de telle puissance, autorité et grandeur que peuvent témoigner les vestiges délaissés après la ruine de tant de superbes et admirables édifices, dont les histoires en sont encore embellies et illustrées par les glorieux faits et mémorables gestes des magnanimes Pompées.

Depuis, les Romains le subjuguèrent, et après l'avénement de Jésus-Christ, il se rangea à recevoir et ensuivre sa sainte parole et doctrine, combien que ce fût toujours sous la puissance des seigneurs sus-nommés; mais, après que ceux-ci en furent dépouillés, il parvint à l'empire de Constantinople, dont les empereurs prirent très grande peine et merveilleux plaisir à l'entretenir sous leur puissance. Finalement, depuis la pernicieuse venue de Mahomet, les sectateurs de sa damnable et réprouvée hérésie s'emparèrent de ce royaume, qui fut encore usurpé par Homar, fils de Hasi, capitaine des armées arabesques de Homar, pontife second. Celui-ci donna liberté à tous de croire ce que bon leur sembleroit, et qu'ils seroient guidés par leur vouloir, préférant son profit particulier à la sainteté de vraie religion en général, tellement qu'il ne demanda autre

Egypte subjuguée par les Romains.

chose que tribut, et fonda sur le Nil une petite cité nommée par les Arabes *Fustato*, qui, en leur langue, signifie autant comme *pavillon*, parce que, lorsqu'il entreprit cette menée, il trouva tous ces lieux vides d'habitants et non cultivés, tellement qu'il fut contraint loger dans des pavillons.

Cette cité est ordinairement nommée *Mesre-Haṭichi*, c'est-à-dire, cité vieille, parce qu'à comparaison du Caire, qui est moderne, ce nom lui peut être raisonnablement attribué. Plusieurs excellents et rares personnages, tant Chrétiens, comme Juifs et Mahométans, se mécontent grandement de croire que cette Mesre soit le lieu là ou résidoit Pharaon, auquel Moïse montra le parangon de la vertu du Seigneur contre l'art déceptif et diabolique des enchanteurs, et l'autre Pharaon sous lequel triompha le jeune Joseph; car la cité de ceux-ci est située en la partie d'Afrique où est le passage du Nil devers Ponant, et là où sont élevées les pyramides : ce que l'Écriture semble quasi vouloir conformer au livre de Genèse, quand elle fait mention que les Juifs furent employés à la fabrique d'Apthun, cité édifiée par Pharaon du temps de Moïse, là où le Nil passe vers l'Afrique, et distante du Caire par l'espace de cinquante milles du côté de Midi, sur le bras du

Nil, duquel nous avons naguère parlé, qui tire sur le Ponant.

Il y a encore une autre apparence grande que la cité de Pharaon dût être assise au lieu que je dis, parce que sur l'entrée du bras du Nil en l'autre se voit un édifice fort ancien, qu'on dit être la sépulture de Joseph, là où il fut inhumé avant que les Hébreux transportassent son corps de l'Égypte au sépulcre de ses aïeux. Donc Mesré ni tous ses lieux adjacents n'ont rien de commun avec les cités des anciens Pharaons, et faut entendre que la noblesse des anciens Égyptiens souloit florir et reluire vers Sahid, depuis le Caire en sus, aux cités qu'on appelle Fium, Manf, Ichmin, et en plusieurs autres fameuses et renommées. Mais, depuis que les Romains vinrent à subjuguer ce royaume-ci, toute la fleur se retira en la partie de Errif, c'est à savoir à la rivière de la mer où sont situées Rosette et Alexandrie, dont se trouvent plusieurs lieux et cités retenant encore jusqu'à présent le nom qui leur fut premièrement par les Latins imposé. Outre ce, lorsque l'empire des Romains fut transféré aux Grecs, la noblesse se retira toujours vers la Maremma, et souloit tenir bon le lieutenant de l'empereur dans Alexandrie; mais les exercites mahométans s'arrêtèrent à leur arrivée

Renom des Égyptiens.

au milieu du royaume, pensant par ce moyen causer deux bons effets à leur avantage, dont l'un étoit de pacifier le royaume d'un côté et d'autre, et puis s'assurer des assauts que leur pourroient livrer les Chrétiens, qu'ils avoient grande occasion de redouter s'ils eussent fait séjour en la Maremma.

Qualité et accident de l'air en Égypte.

L'air de cette région est fort chaud et nuisible, parce qu'il n'y tombe pluie que bien peu, qui cause encore aux habitants du pays plusieurs dangereuses maladies et infirmités, dont les aucuns sont vexés par fièvres et catarrhes, aux autres s'enflent les génitoires, qui est une chose autant merveilleuse que pitoyable à regarder, et de ces accidents les médecins attribuent la cause au fromage trop salé et à la chair de buffle qu'on y mange ordinairement. La chaleur y est en été si véhémente, que le pays en est tout brûlé; tellement que, pour le seul remède de ceci, on a coutume aux cités de dresser quelques hautes tours, qui ont un huis à la sommité et un autre au pied, lequel répond aux chambres des maisons; de sorte que le vent, après être entré par le haut, vient à sortir par le bas, rafraîchissant aucunement le dedans de la maison; autrement il seroit impossible de vivre ni durer pour l'excessive et insupportable chaleur qu'il y fait.

Aucunes fois la peste s'y met tant âprement, qu'elle extermine une grande quantité de personnes, mêmement au grand Caire, là où il passe tel jour qu'on en voit expirer plus de douze milles; et ne pense point qu'en tout le monde il se trouve un autre pays plus infecté, ni où la vérole soit plus contagieuse, et porte plus grand dommage qu'en cette province, de sorte qu'on y voit un grand nombre de gens estropiés et tourmentés de ce mal. On y moissonne les blés au commencement d'avril, et se bat le grain en ce même mois, tellement qu'avant vingt jours passés du mois de mai, on ne trouve plus de blé à couper parmi la campagne. *Egypte sujette à la vérole.*

Le Nil commence à croître au milieu de juin, mettant quarante jours à hausser et autant à s'abaisser; au moyen de quoi ces octante jours durant, toutes les cités, villes et villages d'Égypte demeurent en forme d'îles, tellement que sans barque ou autres vaisseaux on ne sauroit passer de ville à autre. Mais à cette heure l'on a bonne commodité de pouvoir charger six ou sept mille setiers de grain, et, avec ce, quelques centaines de brebis sur grands ba- *Débordement du Nil.*

teaux, qui, pour leur ample largeur, ne peuvent fréter, sinon quand le Nil se déborde et avale le fleuve; car à peine les pourroit mener contre l'eau à vide.

Par l'accroissement du Nil, les Égyptiens peuvent juger à peu près combien pourra monter le prix du grain le long de l'année, comme je vous ferai entendre à la description de l'île du Nil près de la vieille cité, là où est limité l'accroissement de son débord par points et mesures; combien que je ne sois en délibération de vous informer particulièrement de toutes les cités d'Égypte, vu mêmement que nos géographes fondent entre eux une dispute incertaine, dont les uns sont d'opinion que cette province participe en quelque chose de l'Afrique, les autres en parlent au contraire; et mêmement il s'en trouve plusieurs qui veulent dire que cette partie du côté du désert de Barbarie, Numidie et Libye, soit comprise en la région d'Afrique. Plusieurs estiment aussi que tout ce qui est sur le principal bras du Nil soit semblablement de l'Afrique, et l'autre partie non : comme Manf, Fium, Semmenud, Damanhore, Berelles, Tenesse et Damiette; à quoi je me consens, et ensuis cette opinion par plusieurs raisons apparentes et valables. Par quoi je ne parlerai d'autres cités que de celles qui sont assises sur se bras principal du Nil.

Bosiri, première cité en Égypte, sur le Nil.

Bosiri fut une ancienne cité édifiée par les anciens Égyptiens sur la mer Méditerranée, distante d'Alexandrie devers Ponant environ vingt milles. Elle souloit être environnée de fortes murailles et ornée de somptueux édifices. Maintenant, hors le circuit d'icelle, se voient plusieurs belles possessions; mais il n'y a personne pour les faire valoir ni cultiver; car les Chrétiens s'étant emparés d'Alexandrie, les habitants vidèrent la cité, prenant la fuite vers un lac qui est appelé *Buchaira*.

Alexandrie, grande et renommée cité.

La magnifique et superbe cité d'Alexandrie (comme il est notoire à un chacun) fut par Alexandre, grand monarque, édifiée (non sans le conseil et jugement de plusieurs industrieux et très experts architectes) en très belle assiette et d'une forme admirable, sur la pointe de la mer Méditerranée, distante du Nil devers Ponant par l'espace de quarante milles. Et ne faut point douter qu'elle ne fût jadis noble en civilité, comme forte et somptueuse en murailles et maisons, autant qu'autre cité qu'on eût su trouver, et se maintint longuement en cette magnificence, jusqu'à tant qu'elle parvint entre les mains des Mahométans; car, mise sous le gouvernement d'iceux, peu à peu elle alla déclinant et perdant partie de sa noblesse, pour autant que les marchands de l'Europe n'y venoient plus aborder; de sorte qu'elle demeura quasi déshabitée. Mais un pontife mahométan, caut et rusé, avec un mensonge pallié, va mettre en avant que Mahomet, par une sienne prophétie, avait délaissé de grands pardons et indulgences à tous les habitants de cette cité et à ceux qui à l'avenir s'y achemineroient, et en y séjournant s'efforceroient de leurs biens et aumônes à la redresser et édifier. Et sut si bien faire et dire, qu'il allécha le peuple de telle amorce, qu'en peu de temps elle fut peuplée et remplie d'étrangers qui s'y étoient acheminés pour participer à ces indulgences; et, par ce moyen, on édifia plusieurs maisons aux tourillons des murailles de la cité, avec plusieurs colléges pour ceux qui se voudroient adonner aux lettres, et un nombre de monastères pour les personnes religieuses, venues là par dévotion.

Invention subtile pour attirer le peuple.

La cité est en forme quadrangulaire, à quatre

portes, dont l'une regarde le Levant du côté du Nil; l'autre est posée devers Midi, à l'object du lac appelé Buchaira; la troisième devers Ponant, à l'endroit du désert de Barca; la quatrième, à la partie de la marine là où est le port; et en icelle sont les gardes et gabeliers qui recherchent et fouillent partout ceux qui viennent par mer; car ils ne font payer gabelle de la marchandise seulement, mais aussi de l'argent, prenant certaine somme pour cent. Il y a, outre ce, deux portes auprès des murailles de la cité, séparées l'une de l'autre par une galerie et forteresse qui est située sur la bouche d'un port appelé Marsa et Borgi, c'est-à-dire, le port de la tour. Là vont surgir les nefs plus nobles et chargées de marchandise de plus grande importance, comme sont celles des Vénitiens, Genevois, Ragusiens et autres vaisseaux de l'Europe; car, jusqu'à ceux de Flandre, Angleterre, Portugal et de toute la rivière d'Europe, ont coutume de venir aborder au port de cette cité. Mais les nefs italiennes y arrivent en plus grand nombre, et mêmement celles de la Pouille et Sicile; encore les Grégeoises et Turquesques viennent surgir à ce port, pour être mieux hors de la surprise des corsaires et de la tourmente. Il y a un autre port que l'on nomme Marsa-Essil-Sela, qui vaut autant à dire que le port de la Cadene, où se retirent les navires qui viennent de Barbarie, comme sont celles de Thunes, de l'île Gerbo et d'autres lieux.

Les Chrétiens paient de gabelle quasi dix pour cent, et les Mahométans cinq, tant à l'entrée comme à la sortie; mais on ne paie aucune chose des marchandises qui se transportent par terre du Caire en cette cité, qui n'a partie plus renommée que ce port-ci pour être prochain du Caire, et s'y vend une infinité de merceries; et pour d'icelles acheter ou délivrer, on y accourt de toutes les parties du monde.

Maintenant, quant aux autres choses, cette cité est peu civile et peuplée, parce que, hormis une longue rue par où l'on va de la porte du Levant à celle du Ponant, et un canton qui est prochain à la porte de la marine (là où il y a plusieurs magasins et lieux pour loger les Chrétiens), tout le reste est vide et ruiné, parce que Louis quatrième, roi de France, étant délivré des mains du soudan, le roi de Chypre, accompagné de quelques vaisseaux français et vénitiens, prirent d'emblée cette cité qu'ils saccagèrent, faisant passer par le fil de l'épée une infinité de personnes. Mais quand le soudan même y arriva avec un grand exercite pour la secourir, les Chrétiens considérant qu'ils ne la pouvoient plus long-temps tenir, y mirent le feu et embrasèrent les maisons, puis l'abandonnèrent. Ce que voyant le soudan, fit redresser les murailles le mieux qu'il lui fut possible, et fit fabriquer la forteresse qui est sur le port, faisant de sorte que, petit à petit, il la rendit en tel être et perfection qu'elle se voit à présent; et au dedans y a une montagne fort haute, laquelle je ne saurois mieux comparer qu'à Monte Testaceo de Rome, là où l'on trouve plusieurs vases antiques, et à dire vrai elle n'est pas d'assiette naturelle. Sur icelle est assise une petite tour où demeure continuellement une guette qui découvre les vaisseaux traversants, pour en avertir les ministres de la gabelle, qui en reçoivent pour chacun vaisseau tel prix qu'il est ordonné. Mais, s'il en passe aucun sans que les gabeliers en soient avertis, pour être allés à l'ébat, pour avoir dormi, ou bien par inadvertance, elle est condamnée au double, et les deniers appliqués à la chambre du soudan.

La plus grande partie des maisons de la cité sont fabriquées sur arcs et grosses colonnes, soutenues par les voûtes de grandes citernes, et dans icelles passe l'eau du Nil, parce que, lorsqu'il déborde, elle s'écoule par un canal fait artificiellement en la plaine, entre le Nil et cette cité, jusqu'à ce que, passant par dessous les murailles, elle vient à entrer dans ces citernes. Mais, par laps de temps, elles sont devenues troubles et boueuses, au moyen de quoi en été plusieurs se trouvent surpris de grandes et dangereuses maladies.

Or, quant à l'abondance de la cité, à cause qu'elle est assise au milieu d'un désert sablonneux, il ne s'y trouve vignes, jardins ni terre pour semer, tellement qu'on est contraint de faire venir le grain de quarante milles loin : bien est vrai qu'auprès du canal par où passe l'eau qui provient du Nil, il y a quelques petits jardins; mais les fruits qu'ils rapportent sont plutôt pestilentieux qu'autrement, parce qu'en la saison qu'ils se mangent, les personnes sont incontinent atteintes de fièvres ou de quelque autre maladie.

Antiquités d'Egypte.

Fable.

Loin de la cité, environ six milles devers Ponant, se trouvent aucuns édifices anciens, entre lesquels y a une très-grosse colonne de merveilleuse hauteur, qui se nomme en leur langue Hemasdulaoar, c'est-à-dire, la colonne des mâts, et d'icelle se raconte une fable qui est telle : « Entre les Ptolomées, il y en eut jadis un, roi d'Alexandrie, qui, pour rendre la cité assurée, inexpugnable, et qui pût sans danger éviter les durs efforts de ses ennemis, fit ériger cette colonne, et à la sommité d'icelle il fit poser un grand miroir d'acier, ayant telle vertu en soi, que tous les vaisseaux des ennemis qui passaient devant cette colonne (étant le miroir découvert), miraculeusement commençaient à s'embraser, et pour ce seul effet l'avoit fait ainsi dresser sur la bouche du port. Mais on dit que les Mahométans, à leur arrivée, gâtèrent le miroir, au moyen de quoi il vint à perdre cette vertu non moins admirable qu'inusitée, puis firent emporter la colonne. Chose certes ridicule et digne d'être proposée aux enfants, et non à ceux qui ont quelque jugement.

Il y a encore en Alexandrie (entre les anciens habitants d'icelle) de ces Chrétiens appelés Jacobites, qui ont leur église là où souloit être le corps de saint Marc, évangéliste, que les Vénitiens leur enlevèrent d'emblée, le transportant en leur cité de Venise. Tous ces Jacobites font train de marchandises, ou exercent les arts, payant certain tribut au seigneur du grand Caire.

Les Vénitiens enlevèrent d'emblée le corps de saint Marc, évangéliste, en Alexandrie, dans l'église des Jacobites.

Ceci ne se doit omettre, qu'au milieu de la cité, entre les ruines et masures, il y a une petite maisonnette en façon d'église, où se voit une sépulture fort honorée et visitée par les Mahométans, parce qu'ils affirment en icelle reposent les os d'Alexandre, le plus grand prophète et roi, selon que leur enseigne l'Alcoran; tellement que plusieurs étrangers s'acheminent de lointaines régions pour visiter cette sépulture, délaissant en ce lieu de grandes offertes et aumônes.

Je laisse beaucoup d'autres choses à décrire, que je poursuivrois, n'étoit que je crains, pensant satisfaire à tout curieux lecteur, de ne l'offenser et causer ennui, pour me montrer par trop prolixe en cet endroit.

Bocchir, cité.

Bocchir fut d'ancienneté une petite cité édifiée sur la mer Méditerranée, et distante d'Alexandrie par l'espace de huit milles du côté de Levant; mais elle fut naguere détruite, et en sont demeurées quelques apparences des murailles d'icelle. Or, entre les autres ruines il y a plusieurs possessions de dattes, de quoi sont réfectionnés les pauvres gens, qui habitent en certaines petites et désertes cabanes.

Il y a une tour sur une plage fort dangereuse; là près périssent plusieurs navires de Syrie qui y veulent aborder de nuit, à cause que, pour l'obscurité des ténèbres, on ne sauroit entrer dans le port d'Alexandrie, au moyen de quoi ils viennent à s'arrêter sur cette plage.

Autour de la cité ne se trouvent autres terres que campagnes d'arène jusqu'au Nil.

Rasid, appelé par les Italiens *Rosette*

Rosette est une cité sur le Nil, devers Asie, distante de la mer Méditerranée environ trois milles, là où le Nil se jette dedans, et fut édifiée par un esclave d'un pontife qui étoit lieutenant d'Égypte, et fit aussi bâtir de belles maisons et somptueux édifices sur le Nil, avec une grande place pleine d'artisans. Outre ce, il y a un beau temple et clair, dont aucunes des portes regardent sur la place, et autres sur le fleuve, là où l'on descend par belles marches de degrés, et sous icelui est un petit port, où se retirent ordinairement les bateaux qui portent la marchandise au Caire.

La cité n'est pas ceinte de murailles, que lui rend plutôt la forme d'un grand village que d'une cité, et y a autour d'icelle plusieurs maisons où l'on pile le riz avec engins de bois si propres à ce faire, qu'on en bat (comme je crois) plus de mille setiers par mois. Hors le pourpris de la cité se voit un lieu comme un bourg, où l'on tient plusieurs ânes et mulets à louage pour ceux qui veulent faire le voyage d'Alexandrie; et celui qui en loue n'a autre peine que de leur lâcher la bride sur le cou, et les laisser suivre le chemin, lequel ils n'abandonneront jamais qu'ils n'aient rendu leur homme dans la maison, là où l'on les doit laisser; et ont un pas si dru, qu'ils feront plus de quarante milles de chemin depuis le matin jusqu'au soir, toujours côtoyant la marine, voire et de si près, que le plus souvent ils ont le pied dans l'eau. Autour de la cité y a plusieurs possessions de dattiers, et bon terroir pour produire du riz.

<small>Anes et mulets de merveilleuse course et agilité.</small>

Les habitants sont plaisants et familiers aux étrangers, et s'accointent volontiers de ceux qui aiment à se donner du bon temps. Au dedans de la cité se trouve une belle étuve, fournie de fontaines froides et chaudes, et si bien accommodée de tout, qu'elle n'a point sa pareille en toute l'Égypte.

J'étois en cette cité lorsque sultan Sélim, grand-turc, y passa à son retour d'Alexandrie; mais ce ne fut sans aller voir premièrement cette étuve, montrant par semblant qu'il prenoit un singulier plaisir de l'avoir vue.

Anthius, cité.

.Anthius est une très belle cité, édifiée par les Romains sur la rive du Nil, du côté d'Asie; et jusqu'à présent se voient plusieurs lettres latines gravées sur tables de marbre. Elle est civile et fournie de tous arts. Les campagnes sont bonnes pour y semer grain et riz, avec ce qu'il y a plusieurs possessions de dattiers. Les habitants sont merveilleusement plaisants et de bonne nature, faisant trafic de conduire le riz au Caire; en quoi faisant, ils rapportent un très grand profit.

Barnabal, cité.

Barnabal est une ancienne cité, édifiée sur le Nil du côté de l'Asie, qui fut fondée au temps que les peuples d'Égypte furent réduits à la foi chrétienne. Elle est fort belle et abondante, mêmement en riz, et se trouvent dans icelle plus de quatre cents maisons, là où se pile le riz, et ceux qui font ce métier sont gens étrangers, dont la plus grande partie est de Barbarie. Les habitants sont tant adonnés aux lascivetés, que toutes les femmes publiques se retirent par devers eux, à qui sans rasoir elles abattent si bien le poil, voire et si brusquement, que le plus souvent la tonsure pénétrant jusqu'aux os, ébranle de telle sorte la racine, que la vigueur vient à manquer aux branches, qui tombent comme feuilles en automne.

Thèbes, cité.

Thèbes est une très ancienne cité, édifiée sur le Nil du côté de la Barbarie ; mais le fondateur d'icelle est incertain entre les auteurs. Aucuns veulent dire qu'elle fut fabriquée par les Égyptiens, les autres par les Romains, et d'autres que les Grecs en ont jeté les fondements. Mais la diversité des langues dont sont écrites plusieurs épitaphes cause une telle variété d'opinion ; car les unes sont gravées en caractères grecs, les autres en lettres latines, et d'autres encore en lettres égyptiennes. Maintenant la cité ne sauroit contenir plus haut que de trois cents feux : combien que ce peu de maisons qui y sont lui donnent un grand lustre, pour être fort belles et bien bâties. Elle est abondante en grains, riz, sucre et fruits appelés muse, qui sont singulièrement bons. Il y a plusieurs marchands et artisans ; toutefois la plus grande partie des habitants s'adonne à cultiver la terre, et ne se présente aux yeux de ceux qui vont parmi la cité, sinon l'object de femmes qui sont douées d'une merveilleuse beauté, et non moins accompagnées de bonne grâce. Autour d'icelle y a grand nombre de dattiers, qui sont si touffus qu'on ne sauroit découvrir la cité jusqu'à ce qu'on soit au pied des murailles. Outre ce, il y a plusieurs clos de vignes, pêchers et figuiers, dont le fruit se porte au Caire en grande quantité. Dans le pourpris se voient beaucoup de vestiges des antiquités, comme colonnes, épitaphes et masures, qui sont de grosses pierres entaillées; toutes ces choses rendent un grand témoignage de quelle grandeur devoit être jadis cette cité, et mêmement pour tant de ruines qui s'y voient à présent.

Fuoa, cité.

Fuoa est une ancienne cité, édifiée par les Égyptiens sur le Nil, du côté d'Asie, distante de Rosette par l'espace de quarante-cinq milles devers Midi, bien peuplée, civile et très abondante. Il y a de belles boutiques de marchands et artisans; mais les places sont étroites. Les habitants se délectent de vivre en paix et repos. On lâche tant la bride aux femmes, et se sont acquise si grande liberté qu'elles peuvent aller là où le désir les porte, et y demeurer le long du jour, puis retourner le soir à la maison, si bon leur semble, sans que leurs maris les en reprennent. Hors la cité y a un bourg, là où les femmes publiques tiennent les rangs, qui est une bonne partie d'icelle. Autour se trouvent plusieurs possessions de dattes et une bonne campagne pour grains et sucre; mais les cannes de ce terroir ne le produisent pas bon, en lieu de quoi elles jettent un certain miel duquel on use par toute l'Égypte, parce qu'il s'y en trouve peu.

Gezirat Eddeheb, c'est-à-dire, l'île de l'or.

Cette île est située à l'opposite de la cité susnommée, mais au milieu du Nil. Le territoire d'icelle est fertile en riz et sucre, étant fort haut, tellement qu'il produit de tous les arbres fruitiers, hormis des oliviers. Il y a plusieurs villages et beaux édifices; mais l'épaisseur des dattiers et autres arbres serrés fait qu'on ne les peut voir, sinon de près. Tous les habitants s'adonnent à cultiver les terres et porter vendre tous leurs fruits au Caire.

Mechella, cité.

Mechella est une grande cité, édifiée de notre temps par les Mahométans, sur le Nil, devers l'Asie, ceinte de foibles murailles; mais elle est bien peuplée de gens qui sont quasi tous tissiers de toiles ou laboureurs des champs, nourrissant ordinairement des oies en grande quantité, qu'ils portent vendre au Caire; et au contour de la cité y a de bonnes terres à semer grain et lin; mais au dedans peu de civilité, et maigre entretien.

Derotte, cité.

Derotte est une noble cité, édifiée du temps des Mahométans, sur le rivage du Nil, en la partie d'Afrique, sans qu'elle soit aucunement fermée de murailles; mais au reste bien habitée et embellie d'édifices fort somptueux. Les faubourgs sont larges et bien garnis de boutiques. Davantage il se trouve un beau temple dans la cité. Les habitants sont jouissants de grandes richesses, parce que le territoire produit du sucre en abondance. Au moyen de quoi la commune est redevable au soudan de mille sarafes pour obtenir la licence de faire le sucre; et pour ce fait il y a un grand logis en forme de château, là où l'on tient des trépieds et chaudières pour faire bouillir, en si grand nombre et avec tant d'ouvriers, que je n'ai aucune souvenance d'en avoir tant vu autre part, et me

Derotte, tributaire au soudan.

fut dit par un ministre de la commune que la dépense de cette besogne monte journellement à plus de deux cents sarafes.

Mechellat-Chais, cité.

Mechellat-Chais est une cité moderne, édifiée par les Mahométans sur le fleuve du Nil, en la partie d'Afrique, sur une haute montagne, ayant le territoire fort haut, à cause de quoi toutes les possessions sont en vignes, parce que le Nil en croissant ne sauroit arriver jusqu'à la sommité. Cette cité fournit le Caire de raisins frais quasi la moitié de l'année. Les habitants sont bateliers la plus grande part, parce qu'ils ont trop peu de terre à cultiver, qui les rend tous mécaniques et peu civils.

La très grande et merveilleuse cité du Caire.

La renommée est épandue par tous climats que le Caire est à présent une des grandes et merveilleuses cités qui se trouvent en tout le monde; la forme et assiette d'icelle je vous déduirai de point en point, rejetant et laissant à part les bourdes et mensonges qui s'en mettent en avant de plusieurs. Commençant donc par le nom, je dis Caire être vocable arabesque, mais corrompu aux langues vulgaires de l'Europe, parce qu'à parler proprement on devroit dire Chaira, qui vaut autant à dire comme poule couvante; et fut édifiée aux temps modernes par un esclave esclavon nommé Gehoar-el-Chetib (comme il me semble vous avoir récité en la première partie de cette œuvre), qui érigea dans icelle ce fameux et admirable temple qu'il nomma Gemih-el-Hashare, c'est-à-dire, temple illustre, et retint l'esclave ce surnom Hashare (qui signifie illustre) du pontife son maître.

Cette cité est assise en la plaine, sous la montagne appelée El-Mucattun, distante du Nil environ deux milles, fermée de superbes et fortes murailles, avec très belles portes, dont il y en a trois principales : l'une est appelée Babe-Nansre, qui signifie la porte de la victoire, regardant devers Levant, et du côté désert de la mer Rouge. L'autre se nomme Beb-Zuaila, qui est à l'object du Nil et de la cité vieille. La tierce s'appelle Bebel-Futuh, c'est-à-dire, la porte des triomphes, laquelle se dresse vers un lac, quelques campagnes et possessions.

La cité est bien peuplée de marchands et artisans, mêmement toute la rue qui va de la porte Nansre à celle de Zuaila, là où consiste la plus grande partie de la noblesse. En cette rue même y a aucuns colléges d'excellente structure et merveilleuse grandeur, enrichis de très beaux ornements, et s'y trouvent semblablement des temples très grands et somptueux, et entre autres est celui de Gemih-Elhecim, tiers pontife schismatique, avec une infinité d'autres fort beaux et renommés, dont je me tairai pour le présent. Davantage il y a plusieurs étuves compassées avec une industrieuse architecture. Il y a une rue qu'on appelle Bemelcasrain, là où sont aucunes boutiques où se vendent les viandes cuites, et sont environ soixante toutes fournies de vases d'étain. Il s'en trouve encore d'autres pour vendre des eaux très délicates, distillées de toutes sortes de fruits, desquelles usent tous les nobles, et ceux qui les vendent les tiennent dans des vases de verre et étain, embellies de subtils ouvrages. Auprès de ces boutiques il y en a d'autres, là où se vendent les confitures assez mignonnement faites, et bien différentes à celles de l'Europe, qui se font de miel et de sucre. Puis se trouvent les fruitiers, vendant les fruits qui s'apportent de Syrie, comme sont pommes de coing, grenades et autres fruits de telle espèce que ne produit l'Égypte. Plusieurs autres boutiques sont entremêlées parmi celles-ci, où se vendent le pain, les œufs et le fromage frit dans l'huile.

Outre ces boutiques, l'on vient à trouver une rue pleine de gens exerçant nobles arts; au-delà est le collége du soudan Ghauri, qui fut tué en la guerre menée entre lui et Selim, empereur des Turcs.

Passé ce collége l'on voit les grands magasins de draps, et aussi une infinité de boutiques. Au premier se vendent les toiles apportées d'étrange pays, fort bonnes, comme sont celles de Bahlabah, tissues de coton, et fines au possible, avec d'autres qu'on appelle Mosal et Ninoü, lesquelles sont merveilleusement fermes et délicates : au moyen de quoi les plus apparents et gens de réputation en font faire leurs chemises, et voiles qu'ils portent sur leurs turbans. Outre plus, il y a les magasins où se vendent les plus riches et nobles draps qui se fassent en Italie, comme draps d'or, velours, damas, satins, tafetas et autres, dont je peux affirmer (sans m'éloigner aucunement de la vérité) n'en avoir vu en Italie (là où ils se font) qui approchassent en rien de leur perfection et naïveté. Plus outre, sont les magasins de draps de laine, qui s'y transportent semblablement de l'Europe, comme de Venise, de Florence, de Flandre et de plusieurs autres lieux. Plus outre encore se vendent les camelots et semblables marchandises, tant que de lieu en autre l'on parvient à la porte Zuaila, là où il y a aussi grand nombre d'artisans.

Auprès de cette grande rue il y a encore un magasin appelé Canel-Halili, où logent les marchands de Perse, et est de telle grandeur qu'il a la forme d'un somptueux palais de quelque grand seigneur; car il est très haut et fort de même, bâti à trois étages, ayant plusieurs chambres basses; dans icelles les marchands donnent audience et font échange de grosses marchandises, n'étant permis à d'autres marchands qu'à ceux qui sont opulents, et ont de quoi, demeurer en ce lieu-là, où ils tiennent leurs marchandises, qui sont épiceries, pierreries, toiles indiennes, comme voiles et telles autres choses.

De l'autre côté y a une autre rue où demeurent les marchands de parfums, comme de musc, civette et ambre gris, de quoi ils sont si bien fournis, et en si grande abondance, que leur en demandant vingt-cinq livres, ils en déplieront et présenteront plus de cent. En une autre rue se vend le papier très blanc et poli, et ceux qui le vendent tiennent encore quelques beaux et rares joyaux qu'ils font porter de boutique en autre par un qui les met à prix. Là demeurent encore les orfèvres qui sont Juifs, maniant journellement de grandes richesses.

Il y a aussi d'autres rues où font résidence les revendeurs de beaux accoutremens des citoyens et gens de grande autorité. Et ne se faut pas persuader que ce soient manteaux, casaques, linceuls, ni semblables choses de petite conséquence et valeur, mais ornemens précieux et de très grand prix, tellement qu'entre les autres j'y vis un pavillon entièrement fait à l'aiguille, couvert d'un rang de perles, pesant (comme il me fut dit par celui qui l'exposoit en vente) quarante-cinq livres, encore que sans cela fût vendu dix mille sarafes; et ai vu avec ce des choses, dans ces boutiques, de grand prix et valeur quasi inestimable.

Dans la cité se voit un grand hôpital que fit édifier Piperis, premier soudan des Mamelucs, le douant de deux cent mille sarafes par an; au moyen de quoi tous malades, de quelque infirmité que ce soit, y peuvent demeurer avec toute commodité durant leur maladie, pendant laquelle ils sont visités des médecins et fournis de tout ce qui leur est nécessaire, jusqu'à tant qu'ils soient retournés en convalescence. Mais, avenant qu'ils y décèdent, tout leur bien demeure à l'hôpital.

Du premier bourg du Caire appelé Beb Zuaila.

Ce bourg-ci est de très-grande étendue, et contient environ douze mille feux, commençant à la porte Zuaila et s'étendant devers Ponant environ un mille et demi, devers Midi jusqu'à la forteresse du Soudan, du côté de Tramontane par l'espace d'un mille, jusqu'au faubourg appelé Beb Elloch, qui est autant rempli de noblesse (ou peu s'en faut) que la cité même; tellement que plusieurs habitants d'icelle y ont des boutiques, et par le semblable plusieurs de ce faubourg ont des maisons dans la cité. Il y a plusieurs temples, monastères et colléges, et entre autres on y voit un fort renommé que Hesen, soudan, fit fabriquer d'une merveilleuse hauteur, en voûtes, au reste très-fort de murailles; de sorte que souventefois on a vu révolter un soudan contre l'autre; mais celui de dehors se pouvait fortifier dans ce collége et battre la forteresse du Soudan sans aucun empêchement, pour être à l'object d'icelle et prochain d'une demi-portée d'arbalète.

Le bourg appelé Gemeh-Tailon.

Celui-ci est un autre bourg se confinant avec le précédent de la partie du Levant, s'étendant devers Ponant jusqu'à certaines ruines qui sont devers la vieille cité, et fut édifié avant le Caire par un nommé Tailon, qui fut esclave Esclavon de l'un des pontifes de Bagaded et lieutenant d'Egypte, homme prudent et de haute entreprise. Celui-ci abandonna la demeurance de la vieille cité, et vint résider en ce faubourg, là où il y a artisans et marchands, mêmement de la Barbarie, et y fait fabriquer un très-grand et admirable palais avec un temple de semblable grandeur et qualité.

Le faubourg appelé Beb-Elloch.

Beb-Elloch est semblablement un grand faubourg distant des murailles du Caire environ un mille, et contient trois mille feux. Il y a plusieurs marchands et artisans, ensemble une grande place où se voit un très ample palais et merveilleux collége édifié par un Mameluc, appelé Iazbachia, qui fut conseiller d'un ancien soudan, et de son nom a été appelée la place Iazbachia, là où, l'oraison finie et le sermon, tout le peuple a coutume de s'assembler, parce qu'il y a dans ce faubourg plusieurs choses déshonnêtes, comme cabarets et femmes publiques.

Là se retirent semblablement plusieurs bateleurs, mêmement ceux qui font danser les chameaux, ânes et chiens ; chose certes qui apporte une grande délectation aux assistants, et principalement le passe-temps de l'âne, parce que, après l'avoir fait quelque peu baller, l'un de ces bateleurs, par manière de devis, commence à user d'un tel langage : « Maître âne, le soudan a délibéré de faire demain ses apprêts et jeter les fondemens d'un très bel édifice ; et pour ce, il veut employer tous vos semblables qui sont dedans le Caire, et entend que, entre les autres, tiendrez le premier rang, comme le plus brave et mieux expérimenté à porter les pierres, chaux et autres choses à cet effet nécessaires. » Lors tout en un instant l'âne se laisse tomber en terre étendu de son long, les pieds contre-mont, lesquels haussant en l'air, s'enfle le ventre et cligne les yeux ne plus ne moins comme s'il étoit sur le point de rendre les abois. Cependant le bateleur piteusement se lamente à l'assemblée d'avoir été tant infortuné que d'avoir ainsi misérablement perdu son âne, accompagnant son deuil de prières, requérant la compagnie vouloir survenir à son extrême nécessité, afin qu'il puisse avoir le moyen d'en acheter un autre. Mais il n'a pas plus tôt achevé sa quête, qu'il commence d'avertir les gens présents qu'ils ne pensent pas que son âne soit

mort, parce que le rusé, dit-il, connoissant fort bien que son maître étoit nécessiteux, feint le mort pour mieux jouer son personnage, afin que par ce moyen il induise le peuple à compassion, et que les présents puissent servir à lui acheter de l'avoine. Puis, se retournant vers l'âne, lui dit qu'il se lève sur pieds ; à quoi ne voulant entendre la bête, et ne faisant aucun semblant de se mouvoir, le bateleur commence à la caresser et étriller d'une merveilleuse sorte avec coups orbes et lourdes bastonnades, sans toutefois que pour cela il la puisse faire remuer; au moyen de quoi il rentre sur ses brisées, et dit : « Seigneurs, je vous veux bien faire en-
« tendre comme le soudan a fait publier à son
« de trompe que tout le peuple du Caire doive
« sortir demain au matin pour l'accompagner
« en son triomphe, et que toutes les gentilles
« femmes et plus belles dames de la ville le
« viennent voir en sa pompe et magnificence,
« montées sur des ânes auxquels elles donne-
« ront une bonne repue d'orge et d'eau du
« Nil. » A peine peut-il avoir mis fin à ses paroles, que maître baudet commence à se dresser sur ses pieds, et s'escarmouchant le plus dextrement qu'il sait, fait une grande bravade, se montrant recevoir un contentement fort grand et joie indicible , laquelle est interrom-

pue par les paroles du bateleur, qui dit : « Un
« des chefs de la ville, par malheur, m'a de-
« mandé à prêter mon petit mignon pour
« porter sa femme, qui est une vieille, la plus
« fausse, dépiteuse et difforme qu'on sauroit
« choisir entre un million. » A ce propos, l'âne
(comme si nature lui avoit donné quelque entendement de surcroît) commence à baisser
les oreilles, et choper, feignant d'être estropié,
dont le maître se prend à lui dire : « Les
« jeunes tendrons te plaisent donc, à ce que
« je vois; » et l'âne, en baissant sa lourde tête,
semble y consentir, et dire oui. « Or sus, dit
« le maître, il y en a ici plusieurs jeunes, fraî-
« ches et délicates, choisis celle qui t'est plus
« agréable. » L'âne, en tournoyant, fait de
sorte qu'il s'adresse droitement là où sont les
femmes, contemplant ce spectacle, et ayant
choisi la plus honorable, s'adresse à elle et la
touche de la tête. Lors avec une grande risée un
chacun commence à crier en gaudissant : Oh,
oh, oh, la dame! la favorite de maître baudet!
Cela fait, le bateleur monte dessus son âne
pour s'en aller ailleurs.

<small>Autre sorte de bateleurs.</small> Il y a une autre manière de bateleurs, les-
quels tiennent aucuns petits oiseaux attachés à
une caisse faite en forme d'un dressoir, qui
tirent hors des bulletins de fortune, tant de bon

comme de mauvais augure; et ceux qui désirent savoir ce que Fortune leur garde, jettent un denier aux pieds de l'oiseau, lequel le prend avec le bec et le porte dans la caisse, d'où il rapporte un tilet de réponse. Il m'en advint un que je ne pouvois interpréter qu'en malheur, combien que je ne m'y arrêtai aucunement; mais il m'advint encore pis qu'il ne me prédisoit. Plusieurs escrimeurs de bâton et lutteurs s'y trouvent avec autres gens qui chantent les batailles d'entre les Egyptiens et Arabes du temps qu'ils suppéditèrent l'Egypte, y ajoutant mille fables et bourdes par eux controuvées.

Le bourg appelé Bulach.

Bulach est un grand bourg, distant de la cité environ deux milles; mais par le chemin l'on trouve toujours maisons qui moulent le blé à force de bêtes, et est ce bourg fort ancien, édifié sur la rive du Nil, contenant environ quatre mille feux, bien garni d'artisans et marchands, mêmement de ceux qui vendent le grain, le sucre et l'huile. Il y a plusieurs temples magnifiques, somptueux édifices, et très beaux colléges; mais ordinairement les maisons bâties sur le Nil sont plus commodes et de plus belle montre; tellement que c'est un objet qui récrée merveilleusement la vue; pour regarder des fenêtres les navires qui viennent, par sur le Nil, aborder au port du Caire qui est en ce bourg. Et telle fois advient que l'on découvre sur le fleuve un millier de bateaux y venir prendre port, principalement en temps de moissons; et là demeurent les gabeliers députés sur le fait des marchandises qu'on amène d'Alexandrie et Damiette, combien qu'on y paie peu, d'autant qu'on a déjà satisfait à la douane sur la marine. Mais les marchandises qui viennent du côté de l'Égypte n'y sont comprises, car on fait payer aux marchands la gabelle entièrement.

Le bourg appelé Charafa.

Charafa est un bourg ressemblant à une petite ville, près la montagne, à un jet de pierre, distant de la muraille du Caire par l'espace de deux milles, et du Nil environ un mille, contenant deux mille feux; mais à présent la moitié est presque en ruine. On y voit plusieurs sépultures d'aucuns personnages réputés pour saints par l'ignorance populaire, et sont élevées en voûtes très belles et amples, ornées par le dedans de divers ouvrages et couleurs, puis couvertes de fine tapisserie. On s'y transporte ordinairement du Caire et d'autres lieux tous les vendredis pour dévotion, au moyen de quoi il s'y fait de belles aumônes.

La vieille cité appelée Mifrulhetich.

Mifrulhetich est la première cité qui fu tédifiée en Égypte, du temps des Mahométans, par Hamre, capitaine de Homar, second pontife; et est assise sur le Nil, sans être aucunement ceinte de murailles, mais bâtie à la semblance d'un bourg, s'étendant sur le fleuve, et contient environ cinq mille feux. Il y a de belles maisons et superbes édifices, mêmement ceux qui sont assis sur le rivage du Nil, là où il y a un temple appelé le temple de Hamre, qui est admirable tant en beauté comme en grandeur, et forteresse. Quant aux artisans, la cité en est suffisamment garnie.

Là aussi se voit la sépulture renommée de la sainte femme que les Mahométans ont en grande révérence et vénération, et l'appellent sainte Nafisse, qui fut fille d'un appelé Zemulhebidin, fils de Husem, fils de Hali, gendre de Mahomet. Cette sainte-ci, voyant sa maison être privée et dévêtue du pontificat par ses parents mêmes, émue de grand désespoir, se partit de Cufa, cité en l'heureuse Arabie, pour

Nafisse, élevée et révérée par les Mahométans.

Hali épousa Falerna, fille de Mahomet.

venir faire sa résidence en celle-ci, dont, tant pour être descendue de la lignée de Mahomet, comme parce qu'elle menoit une vie assez honnête, elle s'acquit le bruit d'être sainte; au moyen de quoi, du temps que régnoient les pontifes hérétiques, parents de cette femme sainte, on lui fit ériger une belle sépulture, qui est pour le jourd'hui embellie de lampes d'argent, tapis de soie, et autres choses semblables; de sorte que la renommée, par laps de temps, a si bien exalté cette glorieuse sainte Nafisse, qu'il ne se trouve marchand mahométan ou autre, après être parvenu au Caire par mer ou par terre, qu'il ne voise visiter et révérer les os d'icelle, délaissant grandes oblations : en quoi ne se montrent paresseux les voisins qui en usent au cas pareil; si bien que les aumônes et offertes du long de l'année reviennent à cent mille sarafes que l'on distribue aux pauvres de la maison de Mahomet, et à ceux qui ont la charge et gouvernement d'administrer et tenir en ordre cette sépulture, qui, journellement, par miracles faux et dissimulés qu'ils attribuent à cette sainte, rendent les personnes toujours mieux affectionnées à plus grande dévotion, et à élargir davantage la main à leur particulier profit.

A l'entrée de Sélim, grand-turc, au Caire,

ses janissaires saccagèrent la sépulture, là où ils trouvèrent cinq cent mille sarafes, qui étoient là gardées en deniers, sans les chaînes, tapis et lampes d'argent; mais le soudan en fit restituer une grande partie. Ceux qui décrivent les faits et miracles des saints mahométans ne mentionnent aucunement cette Nafisse comme pour sainte, sinon qu'ils l'exaltent pour avoir été noble dame, chaste et honnête, de la maison de Hali, et le reste (comme des miracles) a été controuvé par la simplicité populaire.

Sépulture de Nafisse saccagée.

Au-dessus de ce bourg est la douane des marchandises qui arrivent de Sahid, et hors de la cité fermée se voient de belles sépultures des soudans faites à voûtes.

Il y eut un soudan, n'a pas long-temps, qui fit faire une allée entre deux hautes murailles, prenant son commencement à la porte de la cité, puis vient jusqu'au lieu des sépultures; et au bout des murailles y a deux tourillons très hauts, et à la sommité d'iceux demeure une guette pour découvrir et noter les marchands qui viennent du mont Sinaï.

Loin de ces sépultures, environ un mille et demi, sont les terres appelées Almathria, là où est le jardin de la plante unique produisant le baume, et à bon droit unique se peut appeler, car en quelque autre partie de la terre que

Plante unique produisant le baume.

soit, on n'en sauroit trouver que cette seule, qui prend nourriture au milieu d'une fontaine, en guise d'un puits, étant de moyenne hauteur, jetant les feuilles ressemblantes à celles de la vigne, sinon qu'elles sont plus petites ; mais (comme il me fut dit) si l'eau de la fontaine venoit à tarir, l'arbre demeureroit stérile. Une haute muraille et forte ceint et enferme le jardin où est cette plante ; tellement qu'il seroit impossible d'y entrer sans grande faveur, ou si l'on ne faisoit quelque honnête présent aux gardes.

<small>Michias, mesure.</small> Au milieu du Nil, tout à l'opposite de la vieille cité, y a une île appelée Michias, qui signifie mesure, parce que l'on y voit la mesure du débord de ce fleuve, signée, par le moyen de laquelle on connoît l'abondance ou cherté qui doit advenir par tout le pays d'Égypte ; ce que les anciens ont trouvé si certain par bonne expérience, qu'on ne s'en trouva jamais déçu d'un seul point.

Cette île est bien habitée, contenant environ mille cinq cents feux, et au chef d'icelle se voit un très magnifique palais, édifié par le soudan, qui a été de notre temps. Puis tout auprès y a un assez grand temple et plaisant, pour être situé sur le fleuve, ayant à l'un des angles un bâtiment séparé et ceint de murailles,

Au milieu d'icelui, et à découvert, y a une fosse carrée et profonde de dix-huit toises, et en l'un des côtés de la cavité répond un aqueduc qui vient par-dessous terre, du rivage du Nil; *Conduit à mener l'eau en quelque lieu.* puis au milieu se voit une colonne dressée, marquée et divisée en autant de toises comme la fosse est profonde, qui sont dix-huit. Et lorsque le Nil commence à croître (qui est le dix-septième de juin), incontinent l'eau entre par le canal ou aqueduc, s'écoulant dans la fosse, là où quelque jour elle se haussera de deux doigts, une autre fois de trois et bien souvent de demi-toise; au moyen de quoi journellement se trouvent à cette colonne ceux qui en ont la charge, et voyant de combien le Nil est allé en croissant, en avertissent quelques jeunes enfants qui portent une bande jaune sur la tête pour être remarqués, et, ainsi accoutrés, s'en vont publiant le long du Caire, et par les faubourgs, de combien l'eau est crue; en quoi faisant, ils reçoivent des présents de tous marchands, artisans et des femmes, tant que le Nil demeure en sa crue.

L'expérience est que, quand le Nil commence à croître jusqu'à la hauteur de quinze toises de la colonne, l'abondance durera le long de l'année; et s'il n'arrive que de douze à quinze, on recueillera médiocre deblure; s'il ne passe que de dix à douze, cela dénote que le setier de blé doit monter jusqu'à la somme de dix ducats; mais si l'eau outre-passe quinze, atteignant jusqu'à dix-huit, par cela se conjecture qu'il s'en ensuivra quelque grand méchef par la trop grande inondation. Alors les officiers annoncent soudainement tel signe aux petits enfants, qui s'en vont puis après, criant parmi les rues : Ayez la crainte de Dieu devant vos yeux, parce que l'eau arrive à la sommité des chaussées qui la retiennent. A cet avertissement, le cœur du peuple commence à s'intimider, et, pour détourner l'ire du Seigneur, se met en prières et oraisons, accompagnées de grandes aumônes.

<small>Chanson des petits enfants, à la grande inondation du Nil.</small>

Ainsi le Nil va toujours en croissant par quarante jours, et autant demeure à se rabaisser; tellement que, par le moyen de si grandes eaux, les vivres commencent à s'enchérir, pour autant que, durant icelles, chacun a liberté de mettre ce qu'il vend à tel prix que bon lui semble, combien qu'ils usent toujours de quelque discrétion. Mais les octante jours ne sont pas plus tôt passés, que les consuls des places y mettent bon ordre, en arrêtant le prix, mêmement du pain; et se fait cette visite une fois l'an seulement, à cause que, selon le débord du Nil, les officiers savent les pays qui sont embus et couverts d'eau, ceux qui en ont eu trop et les autres moins, selon l'assiette basse et haute des lieux; puis, selon ce qu'ils en sont acertainés, mettent le prix sur le grain; et au bout des octante jours, les habitants du Caire font une grande fête, avec sons d'instruments, chants et cris si pénétrants, qu'on jugeroit à l'instant la cité devoir bouleverser, et aller sus dessous.

Ce jour-là, chacune famille prend un bateau paré de fins draps, belle tapisserie, et garni de toute sorte de chair en abondance, avec confitures et belles torches de cire; tellement que tout le peuple se trouve embarqué sur le fleuve, démenant la plus grande joie de quoi il se puisse aviser. Voire et le soudan même se met en rang, accompagné de tous les principaux seigneurs et officiers, avec lesquels il prend son adresse à un canal appelé le majeur, qui est muraillé; là où étant parvenu, il empoigne une hache, et d'icelle il rompt la muraille; puis les principaux de sa cour font le semblable à l'imitation de lui; tellement que, terrassée la partie du mur qui retenoit l'eau, le Nil impétueusement entre dans le canal par lequel elle court jusqu'à ce qu'elle se vient rendre dans quelques autres conduits, prenant son cours par tous les canaux de la cité et des faubourgs, tellement que ce jour-là le Caire se peut nommer une seconde Venise; car on se peut transporter avec les barques par tous les lieux et possessions de cette cité, durant cette fête, qui dure par l'espace de sept jours et sept nuits; de sorte que ce qu'aura gagné un marchand ou un artisan, avec grand travail et sueur, en un an, sera dépendu en banquets, confitures, torches, parfums et musique durant cette semaine, qui est encore une relique des fêtes anciennement par les Égyptiens célébrées.

Hors du Caire, près le bourg Beb Zuaila, est la forteresse du soudan, assise sur le coupeau de la montagne Mochattan, ceinte de très hautes et épaisses murailles, environnée de très beaux édifices et admirables palais, voire et si somptueux, que j'estime beaucoup meilleur d'en parler sobrement qu'en lieu de les exalter par mes paroles, n'en toucher la vérité, d'autant que leur perfection les rend d'eux-mêmes assez louables; car le pavé est de marbre, de couleurs diversifiées, singulièrement bien gravé. Le comble des étages dépeint de fin or moulu et vives couleurs. Les fenêtrages sont de vitres diverses, en couleur, comme l'on en peut voir par l'Europe en plusieurs lieux, et les portails de beau bois, entaillé d'une merveilleuse industrie, enrichi de peintures exquises et laborieuses.

Ces palais étoient députés pour les enfants du soudan, les autres pour ses femmes, et le reste pour ses concubines, eunuques et gardes. Il y en a quelques-uns auxquels le roi souloit faire les festins publics, ou donner audience aux ambassades, se montrant avec une grande pompe et cérémonie. Les autres étoient pour les officiers députés au gouvernement de sa cour. Mais toutes ces cérémonies ont été anéanties par Sélim, grand-turc.

Coutumes, habits, et manière de vivre des habitants du Caire et des faubourgs.

Les habitants du Caire sont coutumièrement gens plaisants, compagnables et de joyeuse vie, prompts à promettre, mais tardifs à mettre en effet, s'adonnant coutumièrement à mener le train de marchandise, et exercer autres arts, sans toutefois sortir hors les limites de leur pays; et en y a avec ce plusieurs qui vaquent à l'étude du droit, et peu qui étudient aux arts; car, combien que les colléges soient amples et commodes, néanmoins le nombre de ceux qui y profitent est petit.

Les habitants se tiennent honnêtement en ordre durant l'hiver, portant habits de laine avec quelques robes cotonnées; et en été se vêtent de chemisolles déliées, et sur icelles ils chargent quelque autre habit de toile porfilée à fil de soie colorée, ou quelques braves camelots. Outre ce, ils portent de grands turbans couverts de voiles, qui leur sont apportés des Indes.

Les femmes se parent magnifiquement de riches atours et pierreries, lesquelles elles portent en guirlandes sur le front et carcans autour du cou, puis sur la tête quelques coiffes de grand prix, étroites et longues en forme de canon, de la hauteur d'une palme. Leurs habillements sont gonnes de toute sorte de draps, avec manches étroites et fort subtilement ouvrées de broderies, et autour d'icelles usent d'aucuns voiles de toile de coton, fine et unie, qu'on apporte des Indes. Sur le visage elles portent un petit linge noir et fort subtil, mais aucunement âpre, ressemblant, à le voir, être tissu de cheveux, sous lequel elles peuvent voir sans qu'elles puissent de nul être vues au visage. Outre ce, leur coutume est de porter aux pieds des brodequins et quelques escarpes fort propres, à la turquesque. Tant y a que les dames de cette cité tiennent une si grande ré-

<small>Habits des habitants du Caire.</small>

putation et pompe, qu'entre mille d'elles il ne s'en trouvera aucune qui daignera prendre la quenouille pour filer, ni aiguille pour coudre, encore moins s'entremettre d'apprêter à manger; dont les maris sont contraints d'acheter la chair toute cuite des cuisiniers, et pour cette occasion il s'en trouve bien peu qui fassent cuire aucune viande à la maison pour le ménage, si la famille n'est grande.

Elles sont semblablement en grande liberté, avec une telle privauté qu'elles se parfument de suaves odeurs incontinent que les maris ont le pied tourné pour aller à la boutique, puis s'en vont à l'ébat parmi la ville, visitant leurs parents ou (afin que je ne me mécompte) leurs amis; et en cet endroit ne se servent de chevaux, mais d'ânes, qui ne sont moins accoutumés aux ambles que haquenées; et ceux à qui ils sont les tiennent bien harnachés et parés de belles housses de fin drap, puis les louent à ces dames, ensemble un garçon qui leur sert de guide et estafier, avec ce qu'il y a une infinité de personnes qui ne feroient un quart de mille à pied. Il s'en trouve plusieurs qui vont parmi la cité (comme il se fait en autres lieux) vendant des fruits, fromages, chair crue, cuite et autres viandes; et plusieurs autres qui font porter par des chameaux de grands barraux pleins d'eau, parce que (comme il me semble vous avoir dit) le Nil est distant de la cité par l'espace de deux milles. Il y en a d'autres qui portent un baril au cou assez joliment façonné (avec une anche de cuivre à l'endroit de la bouche d'icelui, et une tasse damasquinée en la main fort industrieusement ouvrée), criant l'eau à vendre; et, pour en boire, il faut payer une maille de leur monnaie.

Davantage on en voit d'autres qui crient les poussins parmi la cité, qui se vendent en grande quantité, avec mesure, dont ils rendent un grand tribut au soudan, et usent d'une merveilleuse façon à les faire éclore, qui est telle :

Façon étrange pour faire éclore poussins. ils prennent mille œufs, qu'ils mettent tous ensemble dedans petits fours, surmarchant l'un l'autre par étages, et au dernier d'iceux y a un pertuis, et au-dessous allument un feu tempéré et lent, moyennant lequel les poussins commencent à éclore à la file; puis on les met dans de grands vases, dont, pour les vendre, ceux-ci en font certaines mesures sans fond, qu'ils mettent dans le panier de ceux qui les achètent, puis les emplissent de poussins, lesquels demeurent dans le panier en levant la mesure; et les acheteurs, après les avoir nourris par quelque temps, les vont revendre. Ceux qui vendent les viandes tiennent leurs boutiques ouvertes jusqu'à minuit ; les autres serrent à soleil couchant, et de là s'en vont par la cité et d'un bourg à l'autre en s'ébattant.

Les citoyens sont au parler déshonnêtes ; et (pour taire la vilenie de leurs paroles) la femme vient faire le plus souvent ses plaintes et doléances au juge, que le mari est trop froid ou débilité, ne faisant toutes les nuits le devoir : au moyen de quoi les mariages en sont communément rompus, étant les parties en liberté de se pouvoir conjoindre avec d'autres, tel que bon leur semblera, comme il leur est permis par la loi mahométane.

Quant aux artisans, s'il advient que quelqu'un d'entre eux invente quelque nouveauté industrieuse touchant l'art dont il fait profession, on le pare d'une casaque de drap d'or, et le mènent les compagnons du métier par les boutiques, avec la solennité de plusieurs ménétriers, comme s'il triomphait, et lors chacun lui donne une pièce d'argent. Du temps que j'y étois, il y en eut qui avec toutes sortes d'instruments alloient triomphant par la cité, pour avoir trouvé la subtilité d'enchaîner une puce qu'il montrait sur un feuillet de papier blanc. Au reste, les habitants sont de peu d'esprit, et ne tiennent en leurs maisons aucunes armes de quelque sorte que ce soit, tant qu'à grand'peine y pourroit-on seulement trouver un couteau pour trancher du fromage ; et si par cas d'aventure ils s'animent les uns contre les autres, se voulant chamailler, ils démêlent leur querelle à grands coups de poing; et à tel joyeux spectacle s'assemble une grande multitude de gens, mais ne se partent jamais que les hardis combattants n'amortissent leur colère par un accord qu'on leur fait faire soudainement. La chair de buffle est la plus commune entre eux, avec force légumage; et, se voulant seoir pour manger, ils étendent une nappe ronde et petite quand il n'y a pas grande famille; et au contraire on la met assez ample, comme il s'use en cour.

<small>Religion de Maures usant de chair de cheval.</small> Il y a une religion de Maures, dont un chacun des religieux mange ordinairement chair de cheval ; et, en sachant quelques-uns d'estropiés, les font acheter à leur boucher, qui, après les avoir engraissés, les mènent à la boucherie, là où ils ne sont pas plus tôt mis en pièces, que la chair en est incontinent enlevée, et se nomme cette religion El Chenefia, laquelle est ensuivie par les Turcs Mamelucs, avec la plus grande partie des Asians.

<small>Quatre religions seulement par tout le Caire et Egypte, de diverses cérémonies.</small> Dans le Caire et par toute l'Égypte il y a quatre religions, toutes différentes les unes des autres quant aux cérémonies de leur loi spirituelle et

règles de la canonique et civile, mais elles sont toutes fondées sur la loi mahométane : ce qui est advenu en cette manière. Anciennement il y eut entre eux quatre personnages fort versés aux lettres et de grand jugement, qui par leur argutie et subtils moyens firent terminer et comprirent les choses particulières sous les universelles écrites de Mahomet, dont un chacun d'iceux fait venir l'écriture à son propos et l'interprète à sa fantaisie, au moyen de quoi ils se contrarient fort en leurs opinions. Ceux-ci s'étant acquis une grande réputation par leur merveilleuse doctrine et par l'estime qu'on faisoit de leurs écrits, furent chefs et premiers auteurs de ces quatre religions, tellement que tous les Mahométans ensuivent l'opinion des uns ou des autres, et n'oseroient contrevenir à la secte qu'ils ont prise, ni laisser la doctrine reçue pour se réduire à une autre, si ce n'est quelque docte personnage qui puisse entendre et rendre raison de sa foi.

Outre ce, il y a dans cette cité quatre chefs de juges qui expédient et jugent les choses de conséquence, tenant sous eux une infinité de juges, tellement qu'il ne se trouve canton là où il n'y en ait trois ou quatre personnages établis pour décider les choses de peu d'importance. Et avenant qu'il se meuve procès entre deux parties de diverses religions, celui qui fait ajourner son adversaire fait tenir sa cause devant son juge; mais l'autre peut appeler de la sentence en cas qu'elle soit à son désavantage, et aura son renvoi devant un autre député sur les quatre chefs mêmes, d'autant qu'il est juge de la religion nommée Esfafichia, ayant la prééminence sur tous les autres juges. Si aucun religieux commettait délit contre les règles et cérémonies de sa religion, il seroit grièvement châtié et puni par son juge à la rigueur. Par même moyen les prêtres de ces religions sont différents entre eux, tant à faire l'oraison comme en plusieurs autres choses. Et combien que les quatre religions se contrarient totalement, pour cela les sectateurs ne se portent aucune rancune ou haine, mêmement le populaire. Mais les gens de jugement, et qui ont étudié, s'attachent souventefois de paroles, argumentant ensemble en choses particulières; en quoi faisant, ils emploient le meilleur de leur savoir pour prouver et montrer par évidentes raisons que la règle qu'ils tiennent mérite d'être préférée et tenir le premier lieu. Mais encore qu'ils soient quelquefois transportés de colère impatiente, si est-ce que le châtiment et âpre punition corporelle qu'ils sont assurés de recevoir s'ils détractoient en rien des quatre docteurs susnommés, leur met un frein, les garde de passer plus outre et venir aux injures.

Quant à la foi, ils sont tous d'une même opinion, à cause qu'ils imitent Hashari, chef de tous les théologiens, et a fait règles qui sont observées par toute l'Afrique et l'Asie, hormis le domaine du sofi; car les peuples qui sont sous sa seigneurie n'y ont aucun égard ni respect, encore moins à l'opinion de ces quatre docteurs, tellement qu'ils sont tenus pour hérétiques.

Mais quand je considère bien, ce me seroit fort fâcheux et de trop grand poids, si je voulois pour cette heure m'étendre à déduire et expliquer toutes les raisons d'où sont issues et procédées tant de douteuses et différentes opinions entre ces docteurs; au moyen de quoi je remettrai tous esprits curieux de savoir d'où provient la source, à la lecture d'un mien œuvre, qui leur satisfera et les en informera plus au long; car en icelui j'ai traité fort amplement de la loi mahométane, suivant la doctrine de Malichi, qui fut homme d'un admirable jugement, natif de la cité de Medine Talnabi, là où est le corps de Mahomet; et est sa doctrine approuvée par toute l'Égypte, Syrie et Arabie.

Justice administrée avec grande rigueur, quant aux malfaiteurs.

Les tourments et supplices des délinquants sont très-redoutables et cruels, mêmement à l'endroit de ceux qui sont sentenciés par la cour; là où qui dérobe est pendu, et qui commet quelque homicide en trahison est puni en cette manière. L'un des ministres du bourreau le tient par les deux pieds, l'autre par la tête, et l'exécuteur de justice avec une épée le met en deux parties, dont celle devers la tête est mise sur un foyer de chaux vive, et (chose autant merveilleuse comme épouvantable) ce buste demeure en vie par l'espace d'un quart d'heure, parlant toujours à ceux qui lui tiennent propos.

Les voleurs et rebelles s'écorchent tout vifs, et leur peau est remplie de son, et puis vient-on à la coudre; de sorte qu'on la fait soustraire à la semblance d'un homme, et en cette façon le met-on sur un chameau qu'on mène par la cité, publiant les délits qu'il a commis, et me semble cette manière de supplice la plus cruelle que j'aie point vue en quelque part que je me sois retrouvé, parce que le patient ahanne merveilleusement à rendre l'esprit. Mais si le bourreau atteint le nombril avec le fer, il meurt incontinent. Toutefois il faut bien qu'il s'en donne garde, s'il ne lui est expressément enchargé par la justice.

Ceux qui sont détenus prisonniers pour dettes, n'ayant de quoi satisfaire, le geôlier paie pour eux, au moyen de quoi il envoie ces pauvres misérables, la chaîne au cou, accompagnés de quelques garçons mendiants, et revient leur aumône à celui qui les détient, lequel leur taille si courte portion, qu'à peine en peuvent-ils vivre. *Justice quant aux débiteurs.*

Quelques vieilles vont encore par la cité, criant et barbotant je ne sais quoi non intelligible; mais tant y a que leur office est de tailler la crête de ce qui passe en la nature des femmes; chose étroitement enjointe par la loi de Mahomet, combien qu'elle ne soit observée qu'en Égypte et Syrie seulement.

Par quel moyen on procède à l'élection du Soudan et des offices et dignités de sa cour.

La puissance et dignité du soudan étoit jadis grande et merveilleuse; mais elle fut rabaissée par sultan Sélim, empereur des Turcs, en l'an de l'Incarnation mil cinq cent et dix-huit, si je ne suis déçu, et lors furent changés et renversés tous les ordres et statuts des soudans. Donc, pour m'être retrouvé en Égypte un peu après ces mutations et nouveautés, par trois fois, il ne m'a semblé hors de propos, ains très séant et convenable de toucher quelque chose de la cour de ces seigneurs.

Or, on souloit appeler à cette dignité de soudan un des Mamelucs, qui étoient tous Chrétiens dérobés de leur jeune âge, et enlevés par les Tartares en la région de Circassie, sur la mer Majeure, et vendus en Caffa, puis menés par les marchands au Caire, là où le soudan les achetoit; lequel, leur ayant fait renier le baptême, les faisoit diligemment instruire aux lettres arabesques, en la langue turquesque et au métier des armes, dont peu à peu ils parvenoient aux offices et grands états, jusqu'à tant qu'ils étoient pourvus de la dignité de soudan.

Mais cette coutume d'élire toujours le soudan esclave n'avoit eu lieu sinon depuis vingt ans en çà, que la maison du magnanime et courageux Saladin, qui par ses vaillances a répandu sa renommée par tout l'univers, vint à déchoir.

Du temps que le roi de Jérusalem attenta de s'emparer du Caire (qui déjà par la pusillanimité du calife, qui en avoit seul la jouissance, étoit sur le point de se rendre tributaire), les docteurs et juges, avec le consentement de ce calife, envoyèrent appeler un prince en Asie, d'une nation nommée Curdu (peuple habitant dans les pavillons, à l'imitation des Arabes), et s'appeloit Azedudin, avec un sien fils nommé Saladin, voulant faire un capitaine général et chef d'armée pour résister aux efforts du roi de Jérusalem. Ce prince vint accompagné de cinquante mille chevaux; et combien que Saladin fût de jeune âge, pour la grande magnanimité et vaillance qui lui faisoit compagnie (dont il promettoit quelque grande chose de lui à l'avenir), le créèrent général de l'armée pour marcher contre l'ennemi, lui remettant entre ses mains tous les revenus d'Égypte, pour en disposer comme bon lui sembleroit.

Or, après avoir déployé ses étendards et mis son armée en campagne, s'achemina contre les Chrétiens et les rangea à son vouloir, les déchassant de Jérusalem et de toute la Syrie; ce qu'ayant fait, s'en retourna au Caire, là où étant parvenu, se voulut emparer de la seigneurie; et, pour plus facilement y advenir, il fit tuer les chefs de garde du calife, qui étoient de deux diverses nations, c'est à savoir des Noirs d'Ethiopie et Esclavons, dont les principaux avoient tout le maniement des affaires du domaine en leurs mains.

Le calife se voyant dénué de toute défense, voulut faire empoisonner le Saladin, lequel s'en étant aperçu (comme caut et rusé), le fit incontinent mourir, puis envoya rendre obéissance au calife de Bagaded, qui étoit vrai pontife : car celui du Caire, schismatique, avoit usurpé et exercé par l'espace de vingt et trois ans le pontificat; et au bout d'iceux ayant pris fin sa vie avec le schisme, la dignité demeura entièrement au calife de Bagaded, à qui de droit elle appartenoit. Mais ces choses ainsi passées, le soudan de Bagaded et le Saladin entrèrent en grand discord, parce que celui de Bagaded (qui étoit d'une nation d'Asie, et jadis seigneur de Mazandran et Evarizin, qui sont deux provinces sur le fleuve Ganges) prétendoit droit sur le Caire, dont voulant mouvoir guerre contre le Saladin, fut maintenu des Tartares, qui, s'étant acheminés à Corasan, le molestoient grandement.

D'autre part le soudan du Caire se voyoit être réduit à telle perplexité, craignant que les Chrétiens ne se ruassent sur la Syrie, pour se venger des outrages qu'ils avoient reçus de lui. Joint aussi qu'une partie de ses gens étoit demeurée aux guerres passées, partie étouffée de la peste, et le reste écarté çà et là, détenu aux affaires du royaume. Voilà pourquoi il acheta des esclaves de Circassie, que les rois d'Arménie souloient enlever pour les envoyer vendre au Caire, là où le soudan leur faisoit renier leur foi, exercer la discipline militaire et apprendre la langue turquesque, qui étoit la langue du Saladin, sous lequel ces esclaves crûrent en si grand nombre, qu'entre eux se trouvaient de très experts capitaines, bons soldats et ministres de tout le domaine.

Après le décès du Saladin, le gouvernement du domaine demeura à sa postérité par l'espace de cent cinquante ans; et, pendant ce temps, la coutume d'acheter esclaves ne prit fin. Mais venant sa maison en décadence, les esclaves élurent un vaillant homme pour soudan, nommé Peperis, et dès-lors on entretint cette coutume, que le fils d'un soudan ne pourroit succéder à la dignité paternelle, et moins un Mameluc, que premièrement il n'eût été Chrétien renié, bien entendant et parlant la langue turquesque et de Circassie, là où, pour cette cause, plusieurs soudans ont envoyé leurs enfants, dès leur jeune âge, pour apprendre le langage et coutumes rustiques, afin qu'ils fussent mieux capables pour parvenir aux grands états et dignités; mais ce projet leur a peu valu et n'a pu sortir tel effet qu'ils espéroient, à cause que les Mamelucs n'y ont pas voulu consentir. *Création du soudan.*

Voilà le sommaire de l'histoire du royaume des Mamelucs et de leurs princes appelés soudans, qui, jusqu'à présent, de main en main, ont maintenu ce nom de soudan.

LES ÉTATS DE LA COUR DU SOUDAN DU CAIRE.

Eddeguare.

Eddeguare étoit une dignité qui secondoit celle du soudan, lequel donnoit toute puissance, à celui qui l'exerçoit, de commander, faire réponse, disposer des offices, démettre les officiers et ordonner de toutes choses avec autant d'autorité comme sa personne même, et tenoit une cour de bien peu inférieure à celle du soudan.

Amir-Cabir est la tierce dignité, et quiconque en étoit jouissant avoit telle prééminence qu'un capitaine général, dressant armées, les faisant marcher contre les Arabes ennemis, et constituant châtelains par toutes les cités, avec ce qu'il pouvoit employer les trésors en toutes choses qu'il estimoit la nécessité le requérir.

Naïbessan étoit le quart ministre, exerçant la qualité de vice-soudan en Syrie, là où il gouvernoit et distribuoit les deniers du revenu d'Assyrie comme bon lui sembloit; toutefois les châteaux et forteresses étoient entre les mains de châtelains commis par le soudan même, auquel celui-ci étoit tenu de rendre quelques mille sarafes par an.

Ostadar étoit le maître du palais du soudan, qui avoit charge de la provision des vivres du seigneur et de toute sa famille, d'habillements et autres choses nécessaires. Cet office souloit être exercé par quelque honorable vieillard bien entendu, et qui eût été nourri en la cour du soudan.

Amiriachor, sixième officier, avoit la charge de tenir la cour fournie de chevaux, harnois et vivres, pour puis après en accommoder la famille du soudan, selon le degré et qualité d'un chacun.

Amiralf, le septième, étoit exercé par aucuns Mamelucs, qui avoient telle charge et autorité qu'ont les colonels en Europe, et un chacun d'entre eux étoit chef du reste des Mamelucs, avec ce qu'ils avoient charge d'ordonner les batailles et gouverner les armées du soudan.

Amirmia, le huitième, requéroit que ceux qui en étoient pourvus eussent aucuns Mamelucs sous leur charge, et accompagnassent le soudan, l'accotant semblablement quand il donnoit journée à ses ennemis.

Chasendare, le neuvième, étoit le trésorier,

qui tenoit compte du revenu qu'il levoit du royaume et se rendoit entre les mains du soudan, puis consignoit entre les mains des banquiers ce qui se devoit dépendre, et le reste enserroit dans la forteresse du soudan.

Amirsilech, le dixième, avoit les armes et harnois du soudan en sa charge, qu'il enfermoit dans une grande salle, les faisant fourbir et radouber selon qu'elles en avoient besoin. Et, pour icelles mieux entretenir, il avoit sous lui plusieurs **Mamelucs**.

Testecana étoit l'onzième office, qui consistoit en ce, de tenir en ordre les habits du soudan, étant de draps d'or, velours, satin, lesquels le maître du palais donnoit à celui qui en étoit pourvu, qui les distribuoit selon qu'il lui étoit enchargé par le soudan, à cause qu'il souloit vêtir tous ayant office de soi. Il y avoit encore d'autres officiers, comme serbadare, qui étoit le sommelier du soudan, et tenoit certaines eaux de sucre et d'autres mixtions. Puis les farasins (chambellans) avoient la charge semblablement de tenir les chambres polies et ornées de tapis, draps de soie, chandelles de cire faites avec ambre gris, au moyen de quoi elles servoient de lumière et parfum très odorant. Puis y avoit encore des sebabathias (estafiers) et d'autres appelés tabuschainas (halebardiers), députés à la garde du soudan quand il alloit s'ébattre et séyoit en audience; et les addavias, qui cheminoient avant le chariot du seigneur lorsqu'il marchoit en campagne ou se transportoit en quelque lointaine contrée, et de ceux-ci se faisoit le bourreau, quand on en avoit faute; puis tous ensemble l'accompagnoient quand il alloit faire l'exécution de justice, pour apprendre, et mêmement d'écorcher les personnes vives, ou bien à donner la gehenne pour faire confesser les crimes occultes.

Le soudan même servant d'exécuteur de haute justice.

Il y avoit encore les esuhas, qui portoient les lettres du Caire en Syrie à pied, et faisoient tous les jours soixante milles de chemin, à cause qu'ils ne trouvoient, sinon plat pays et sec, fors l'arène qui est entre l'Egypte et Syrie, chose surtout fâcheuse. Mais ceux qui portoient lettres de plus grande importance, alloient sur chameaux en grande diligence.

SOLDATS DU SOUDAN.

Ceux qui étoient à la solde du soudan se divisoient en quatre parties, dont ceux de la première s'appeloient Caschias (chevaliers), lesquels étoient excellents au maniement des armes, et d'iceux s'élisoient les châtelains, capitaines et gouverneurs des cités. Les uns avoient gages de la chambre du soudan, en deniers comptants, et aux autres étoient distribuées les rentes des villages et châteaux. Les seconds s'appeloient Effeifias, qui étoient fantes à pied, ne portant autres armes que l'épée seule, et étoit pris leur salaire en la chambre du seigneur. Les tiers se nommoient el Charanisas, qui demeuroient à l'expectative, lesquels étoient provisionnés outre le nombre des soldats, sans avoir autre chose que leurs dépens; mais un des Mamelucs, qui avoient provision, n'étoit pas plus tôt décédé, que l'un de ceux-ci entroit en sa place. Les derniers s'appeloient el Geleb, et étoient Mamelucs de nouveau venus, qui n'avoient encore nulle connoissance de la langue turquesque, ni mauresque, et qui n'avoient encore montré parangon de leur prouesse, ni fait aucune preuve de leur personne.

OFFICIERS DÉPUTÉS AU GOUVERNEMENT DES CHOSES PLUS UNIVERSELLES.

Naddheasse.

Celui-ci avoit la charge d'acenser les douanes et gabelles de tout le domaine du soudan, puis consignoit les deniers d'icelles entre les mains du trésorier, et exerçoit bien encore l'office de douanier; en quoi faisant, il retiroit de profit une infinité de sarafes; mais personne n'eût pu parvenir à ce maniement, qu'il ne donnât premièrement au soudan cent mille sarafes, qu'on retiroit puis en moins de six mois.

Chetebeessere étoit le secrétaire, qui, outre son office de dicter les lettres et faire réponse au nom du soudan, tenoit compte particulier de tous les cens des terres d'Egypte, et recevoit grand revenu de plusieurs ses sujets.

Muachib étoit le second secrétaire, et de moindre condition, mais plus féal envers le soudan; ayant l'égard sur les brevets écrits par le premier, s'ils se rapportoient et étoient conformes aux commissions du soudan, puis écrivoit le nom du seigneur, que l'écrivain avoit délaissé en blanc. Mais le premier secrétaire tenoit sous lui des copistes tant experts à dépêcher ces commissions, que peu souvent le Muachib y trouvoit que redire et canceler.

Muhtesib étoit un consul ou capitaine de la place, commis sur le prix et vente des grains et de toutes viandes, haussant et rabaissant le prix d'icelles, selon l'abord des navires qui viennent de Sahid et Rif, et encore selon l'accroissement du Nil; punissant le transgresseur de telle peine qu'il étoit ordonné par les statuts du soudan. Il me fut dit, étant au Caire, que le capitaine retiroit de cet office environ mille sarafes le jour, non-seulement quant au pourpris de la cité, mais de tous les lieux et places de l'Egypte, là où il constitue ses lieutenants qui lui sont tributaires.

Amir el Cheggi n'étoit de moindre autorité que de grande charge, et se donnoit coutumièrement au plus riche Mameluc et suffisant qui se trouvât en la cour du soudan, avec ce qu'il étoit capitaine de la caravane qui alloit une fois l'an du Caire à la Mecque; mais ce voyage ne se pouvoit faire sinon avec grands frais et dépens, si on y vouloit garder et maintenir telle pompe et bravade que la grandeur de cet office le requéroit. Et avoit de coutume mener en sa compagnie plusieurs autres Mamelucs pour escorter la voiture, laquelle, tant pour l'aller que pour le retour, requéroit l'espace de trois mois. Et certes ne se pourroit bonnement exprimer le grand travail que celui-ci supportoit, et la grande dépense qu'il faisoit sans en être aucunement relevé ni soulagé du soudan, encore moins des voituriers. Il y avoit plusieurs autres officiers en la cour de ce seigneur. Que si je les voulois tous déduire particulièrement, ce seroit chose autant fâcheuse, comme à moi peine superflue et de nul fruit.

CITÉS SITUÉES SUR LE NIL.

Geza.

Geza est une cité sur le Nil, à l'object de la vieille cité, de laquelle elle est par l'île séparée, étant fort civile, bien peuplée et embellie de beaux édifices fabriqués par aucuns Mahométans pour leur récréation. Il y a un grand nombre d'artisans et marchands, mêmement de bétail amené par les Arabes, des montagnes de Barcha; mais, pour autant qu'il est ennuyeux de leur faire passer le fleuve dans la barque, il y a là des bouchers qui y viennent expressément pour l'acheter et puis le revendre dans le Caire. Sur le fleuve est assis le temple de la cité entre plusieurs autres somptueux et plaisans édifices; et au contour d'icelle y a à force jardins et possessions de dattiers. Là aussi s'acheminent plusieurs artisans du Caire pour leurs affaires, puis s'en retournent encore le soir en leurs maisons; et qui prend envie de se transporter aux pyramides (qui sont les sépultures des anciens rois, lieu anciennement appelé Memphis), c'est le droit chemin à passer par cette cité, d'où jusqu'à ces pyramides faut toujours traverser par déserts et pays sablonneux, avec plusieurs gours et marais qui se font au débordement du Nil. Néanmoins, quand on a quelque homme expert pour guide, on peut facilement passer outre, sans se grandement discommoder.

Muhallaca.

Muhallaca est une petite cité, édifiée sur le Nil du temps des Egyptiens, distante de la vieille cité environ trois milles, ornée de belles maisons et édifices, comme est le temple de sur le Nil. Autour du circuit y a plusieurs possessions de dattes et figues égyptiennes. Les coutumes des habitants ne diffèrent guère de celles que tiennent ceux du Caire.

Chancha.

Chancha est une grande cité située au commencement du désert qui va à Sinay, du Caire environ seize milles, laquelle est ornée de temples somptueux, superbes édifices, et très beaux colléges. Entre icelle et le Caire y a plusieurs jardins de dattiers par l'espace de six milles; mais depuis les murailles jusqu'au port de Sinay ne se trouve aucune habitation, combien qu'il y ait de chemin cent quarante milles. Les habitants sont médiocrement riches, parce que, faisant départ la caravane pour suivre la route de Syrie, là s'acheminent gens en grande assemblée pour acheter diverses choses, qui viennent du grand Caire; car il ne croît autre chose que dattes au terroir de cette cité, de laquelle procèdent deux grands chemins, l'un tirant droit en Arabie, l'autre en Syrie. Il ne s'y trouve autre eau que de celle qui demeure à la décrue du Nil dans les canaux, et en cas qu'ils se viennent à rompre (ce que advient quelquefois), l'eau se répand par la plaine, là où elle demeure dans aucuns lieux en forme de lacs, et de là reprend son cours à la cité par quelques conduits, puis demeure dans les citernes et conserves.

Muhaisira.

Muhaisira est une petite cité, édifiée sur le rivage du Nil après le Caire, dont elle est distante par l'espace de trente milles du côté de Levant. Ce terroir produit du grain de cisamon en grande abondance, à cause de quoi il y a plusieurs moulins pour moudre la graine d'icelui, qui sert à faire de l'huile. Tous les habitants se mêlent de cultiver la terre, hormis quelques-uns qui tiennent boutique.

Benisuaif.

Benisuaif est une petite cité, édifiée sur le Nil du côté d'Afrique, distante du Caire environ cent vingt milles, étant environnée d'une très ample et bonne campagne à semer chenevis et lin, lequel y est d'une si grande perfection, que toute l'Égypte s'en fournit et le transporte jusqu'à Thunes de Barbarie, là où l'on en fait des toiles merveilleusement déliées et fermes. Mais un mal y a, que le Nil, minant sans cesse et débordant à temps, diminue et emporte la terre; et mêmement, lorsque j'y étois, il attira plus de la moitié des possessions de dattiers. Les habitants s'adonnent tous à divers labeurs pour accoutrer ce lin après qu'on l'a recueilli.

Crocodiles. Par delà cette cité se trouvent des crocodiles qui dévorent les personnes, comme il vous sera récité par ci-après au livre des animaux.

Munia.

Munia est une très belle cité, édifiée du temps des Mahométans sur le Nil, en haute assiette, du côté de l'Afrique, par un lieutenant nommé el Chasib, très familier d'un pontife de Bagaded, étant environnée de beaux jardins et vignes produisant des raisins souverainement bons, dont s'en transporte au Caire une grande quantité; mais ils n'y sauroient arriver tout frais, pour autant que cette cité en est distante environ cent octante milles, et est embellie de très beaux logis, édifices, temples avec quelques masures qui s'y voient du temps, des Égyptiens. Les habitants sont opulents, parce qu'ils vont en marchandise à Gaoga, royaume en la terre des Noirs.

Bl Fijum.

Bl Fijum est une ancienne cité, édifiée par l'un des Pharaons, qui fut du temps que les Hébreux se partirent d'Égypte, lesquels furent par ce roi employés à faire des tuiles et autres choses. Il la fonda sur un bras du Nil en haut lieu, là où croissent les dattes en abondance avec des fruits et olives, qui sont bonnes à manger seulement et non à faire l'huile. Là fut enseveli et inhumé Joseph, fils de Jacob, puis transporté par Moïse lorsque les Hébreux furent fugitifs d'Égypte. La cité est civile, fort

Joseph, fils de Jacob, enseveli à Bl Fijum.

peuplée et habitée d'artisans, mêmement de tissiers de toiles.

Manf-Loth.

Manf-Loth est une très grande et ample cité, édifiée par les Égyptiens, puis démolie par les Romains; en après, au temps des Mahométans, réhabitée, mais comme rien, à comparaison de ce qu'elle avoit été auparavant. On y voit à présent aucunes grosses et hautes colonnes, desquelles sont soutenus certains portiques où sont gravés des vers en langue égyptienne, et auprès se trouvent des ruines et masures d'un grand édifice, qui a été autrefois (à ce qu'on en peut comprendre) quelque temple somptueux, là où les habitants trouvent souventefois médailles d'or, d'argent et de plomb, ayant d'un revers lettres égyptiennes et de l'autre des têtes de rois anciens. Le territoire est abondant, mais chaleureux, là où les crocodiles sont merveilleusement molestes et nuisibles, au moyen de quoi l'on présuppose que cette cité fut abandonnée par les Romains. Toutefois ceux qui y font aujourd'hui résidence sont assez riches, parce qu'ils trafiquent ordinairement au pays des Noirs.

Asioth.

Celle-ci est encore très-ancienne cité, édifiée sur le Nil par les Égyptiens, distante du Caire environ deux cent cinquante milles. Elle est de merveilleuse étendue, et ornée de plusieurs anciennes épitaphes en caractères égyptiens, mais tous gâtés et cancelés. Au temps des Mahométans cette cité fut habitée par plusieurs nobles chevaliers, et jusqu'à présent s'est maintenue en grande noblesse et civilité. Il y a dans le circuit d'icelle environ cent maisons de Chrétiens, Egyptiens, avec trois ou quatre églises; et au dehors un monastère de ces Chrétiens où il y a plus de cent moines qui ne mangent chair ne poisson, mais usent de pain, herbes et olives. Ils savent apprêter des viandes assez délicates et savoureuses, sans qu'ils les assaisonnent de graisse en sorte que ce soit. Ce monastère est fort riche, au moyen de quoi leur coutume est de donner à manger à tous étrangers qui s'adressent là, et les hébergent par l'espace de trois jours, nourrissant plusieurs colombes, poussins et animaux pour ce respect seulement.

Ichmin.

Ichmin est la plus ancienne cité de l'Egypte, édifiée par Ichmin, fils de Misrain, le père duquel se nommoit Cus, fils de Hen ; et la situa sur le Nil, du côté d'Asie, loin du Caire par l'espace de trois cents milles du côté de Levant; mais elle fut détruite lorsque les Mahométans passèrent en Egypte, pour les causes ci-dessus contenues ; de sorte qu'il n'est demeuré autre chose de cette cité, sinon les fondemens, témoignage piteux de sa ruine : car les colonnes et autres pierres furent transportées de l'autre côté du Nil, et d'icelles on donna commencement à l'édification de la cité ensuivant.

Munsia.

Cette cité donc fut édifiée sur le Nil de la partie d'Afrique par un lieutenant de quelque pontife, et est fort abondante en grains et animaux; mais elle n'a grâce ni beauté, car toutes les rues sont étroites, et n'y sauroit-on cheminer en été pour la grande poussière qui s'y lève. Elle souloit jadis être possédée, avec son territoire, par un seigneur africain descendu du peuple de Barbarie, qui se nommoit Haoara , parce que ses prédécesseurs étoient seigneurs de Haoara, et obtint le domaine de cette cité en récompense de quelque secours qu'il donna à l'esclave fondateur du grand Caire. Si est-ce que je ne me saurois persuader que cette famille se soit maintenue par si long temps en cette seigneurie, de laquelle elle fut privée de notre temps par l'empereur des Turcs, Soliman neuvième.

Georgia, monastère.

Georgia fut un très riche et ample monastère de Chrétiens, appelé Saint-George, distant de Munsia par l'espace de six milles, jouissant de grandes terres et pâtis autour de son circuit, dans lequel demeuroient plus de deux cents moines qui donnoient à boire et à manger à tous étrangers, et ce que leur restoit de leurs viandes envoyoient au patriarche du Caire qui le faisoit distribuer à tous les pauvres chrétiens. Mais depuis cent ans en çà se mit une peste en Egypte qui extermina tous les moines de cette abbaye, au moyen de quoi le seigneur de Munsia la fit murailler tout autour et bâtir maisons, où vinrent demeurer plusieurs marchands et artisans de divers métiers ; et là même y voulut élire sa demeurance, alléché par l'aménité d'aucuns beaux jardins qui sont sur des coteaux prochains de ce lieu. Mais le patriarche des Jacobites en vint faire de grandes doléances en la présence du soudan, lequel fit fabriquer un autre monastère au lieu où fut édifiée la vieille cité, le douant de si bon revenu que douze moines en peuvent bien être entretenus.

El-Chian.

El-Chian est une petite cité assise sur le Nil, et du temps des Mahométans édifiée ; toutefois elle n'est habitée d'autre sorte de gens que de Chrétiens jacobites, qui ne s'adonnent à autre chose qu'à cultiver les terres ; en quoi faisant, ils se délectent à nourrir poules et oies avec une infinité de pigeons, desquels s'en donnent dix pour huit ou dix deniers. Il y a aucuns monastères de Chrétiens qui ont coutume de faire repaître les étrangers suivant la route d'icelle, là où il n'y a autre Mahométan que le gouverneur avec toute sa famille.

Barbanda.

Barbanda est une cité édifiée par les anciens d'Egypte sur le Nil, loin du Caire environ quatre cents milles ; et fut détruite par les

Romains, tellement qu'il n'en reste aujourd'hui que masures fort grandes, pour autant que le meilleur et plus beau d'icelle fut transporté à Asna, cité dont nous parlerons ci-après. Par dedans les ruines se trouvent plusieurs médailles antiques d'or et d'argent, avec quelques émeraudes dedans aucuns puits.   Emeraudes.

Chana.

Chana est une ancienne cité, édifiée sur le Nil par les Egyptiens, à l'opposite de Barbanda, ceinte de murailles de pierre crue. Les habitants sont gens de peu de valeur, cultivant la terre; mais la cité est abondante en grains, parce que est un lieu où arrivent les navires pour charger les marchandises qui sont conduites par le Nil du Caire à la Mecque, à cause qu'elle est prochaine de la mer Rouge environ cent vingt milles par le désert, auquel ne se trouve d'eau depuis le Nil jusqu'à cette mer. Sur la rivière d'icelle y a un port appelé Chossir. Du port de Chossir. Là se voient plusieurs cabanes où l'on charge les marchandises, et sont de nattes toutes les maisons de ce port, à l'object duquel, de l'autre côté de l'Asie sur cette même mer, y en a un autre appelé Iambuh; mais en celui-ci y a Iambuh, port. un lieu où arrivent les navires pour charger les marchandises qui sont conduites à Médine (là où repose le corps de Mahomet), laquelle avec la Mecque se fournit de grain en cette cité, parce qu'il est fort cher ès deux autres.

Asna.

<small>Siena, laide; Asna, belle.</small>

Asna fut anciennement appelée Siena; mais parce que Siena se conforme avec un vocable arabesque qui signifie laide, les Arabes lui imposèrent ce nom, qui vaut autant à dire comme belle, à cause que la cité est fort somptueuse, pour être située sur le Nil du côté d'Afrique; et combien que les Romains en ruinassent une partie, si est-ce que les Mahométans la renouvelèrent fort bien, de sorte que les habitants sont opulents, tant en grains et animaux comme en deniers, parce qu'ils mènent grand train de marchandises au royaume des Nubes, partie sur le Nil et partie par le désert. On voit dans le pourpris de cette cité (qui est fort ample) de très grands édifices et aucunes admirables sépultures, avec épitaphes écrites en lettres latines et caractères égyptiens.

Asuan.

Asuan est une grande cité et ancienne, édifiée par les anciens d'Egypte, sur le Nil, distante d'Asna par l'espace d'octante milles du côté de Levant, environnée de bonnes terres, bien habitée et fort marchande, parce qu'elle confine avec le royaume de Nubie, et ne se peut naviguer plus outre par le Nil, parce qu'il vient à s'étendre par la plaine. Elle confine avec le désert, qui est le chemin pour aller à la cité de Suachin, située sur la mer Rouge, au commencement de l'Ethiopie, et y fait une chaleur excessive en temps d'été, qui cause un teint fort brun aux habitants : joint aussi qu'ils sont parmi les Nubes et Ethiopiens. Il s'y trouve plusieurs édifices anciennement bâtis par les Egyptiens, avec quelques tours très hautes, appelées par eux Barba. Finalement, il ne se trouve plus outre cité ni habitation qui méritent particulière description, hormis quelques villages de gens noirs, tenant le langage arabesque, égyptien et éthiopien, et sont sujets à une génération qui se nomme Buge, laquelle demeure en la campagne selon l'usance des Arabes, étant hors la puissance du soudan; car en cet endroit prennent fin les limites de son domaine.

Or, voilà en somme tout ce que m'a semblé recommandable de toutes les plus fameuses cités qui soient situées sur le Nil, dont les unes ont été par moi visitées, les autres j'ai vues en passant. Tant y a que j'en ai toujours été amplement acertainé par les habitants mêmes d'icelles et des bâteliers qui me menèrent depuis le Caire jusqu'en Asuan, avec lesquels je retournai à Cana; puis m'acheminant par le désert, finalement parvins jusqu'à la mer Rouge, où je m'embarquai; et de là faisant voiles, vînmes surgir sur l'Arabie Déserte, au port de Jambuh et de Zidden qui est en Asie : de quoi il n'est besoin que je fasse mention, d'autant qu'ils ne tiennent rien de l'Afrique. Mais si la souveraine bonté m'octroie la grâce que mes ans soient suffisants à tracer et mettre en lumière l'œuvre jà par moi projeté, j'ai du tout délibéré réduire par écrit de point à autre, et par le menu, tout ce qui s'est offert à ma vue, tant en Asie comme en l'Arabie Heureuse, Déserte et Pierreuse, avec cette autre partie d'Egypte qui est située en l'Asie, traitant encore de Babylone, d'une partie de la Perse, d'Arménie et de Tartarie, laquelle de mon jeune âge j'ai vue et courue.

Outre ce, le dernier voyage que je fis de Fez à Constantinople, et de là en Egypte, et d'Egypte en Italie; en quoi faisant, j'ai eu connoissance de plusieurs îles. Puis, moyennant la faveur du seigneur, rédigerai le tout par écrit, et déduirai particulièrement à mon retour d'Europe, laquelle je poserai au commencement avec ses plus nobles et recommandables parties, et suivant l'ordre viendrai à traiter de l'Asie; j'entends des lieux où je me suis retrouvé; puis à la fin sera cette présente description d'Afrique, pour éveiller tous esprits studieux et apporter contentement à ceux qui se délectent de telle matière.

FIN DU HUITIÈME LIVRE.

LIVRE NEUVIÈME,

OU IL EST TRAITÉ DE TOUS LES FLEUVES,
ANIMAUX ET HERBES PLUS NOTABLES DU PAYS.

Tensif, fleuve.

Commençant du côté de Ponant en Barbarie, Tensif est un grand fleuve qui prend son origine à la montagne Atlas, près de la cité Hanimmei, au territoire de Maroc, du côté de Levant, suivant son cours devers Tramontane par la plaine, jusqu'à ce qu'il vient à s'emboucher dans l'Océan, au territoire d'Azafi, en la région de Ducale. Mais avant qu'il y tombe, plusieurs autres fleuves se joignent avec icelui; toutefois il n'y en a que deux dont on ait la connoissance: l'un est appelé Sifelmel, qui provient d'Hanteta, montagne prochaine de Maroc, et s'écoule par la plaine jusqu'à ce que ce fleuve le reçoit; l'autre se nomme Niffis, qui naît en Atlas, près de la cité de Maroc, autour de laquelle il vient par la plaine, et de là entre dans Tensif, qui est fort profond ; toutefois en d'aucuns endroits il se peut passer à gué, combien que l'eau surpasse les étriefs; mais qui passe à pied est contraint de se dépouiller.

Il y a un pont près de Maroc, qui traverse ce fleuve, édifié par le roi Mansor, et soutenu sur quinze arcs, qui est un des beaux et admirables édifices qu'on sauroit trouver par toute l'Afrique ; mais trois de ces arcs furent mis bas et ruinés par Habu Dubus, dernier roi et pontife de Maroc, pour trancher le pas à Jacob, premier roi de la maison de Marin; toutefois il faillit, ne pouvant empêcher l'ennemi de faire ses approches.

Teseuhin.

Teseuhin sont deux fleuves qui ont leur source au mont Gugidème, distants l'un de l'autre par l'espace de trois milles, dressant leur cours par la province de Hascora, puis viennent à entrer dans le fleuve Lhebich. Ils ont un même nom, qui est à parler en nombre singulier Tescut, et en pluriel Teseuhin, en langue africaine signifiant lisières.

Quadelhabich, c'est-à-dire, fleuve des serfs.

Ce fleuve prend son commencement entre deux montagnes d'Atlas, hautes et froides, courant par malaisées et scabreuses vallées, là où Hascora confine avec Tedle; puis descend dans la plaine, s'étendant devers Tramontane, jusqu'à tant qu'il vient se joindre avec le fleuve Ommirabih. Il se jette assez au large, et mêmement au mois de mai, à l'heure que les neiges se fondent.

Ommirabih.

Ommirabih est un très grand fleuve qui sourd en la montagne d'Atlas, là où Tedle confine avec le royaume de Fez, et se jette dans quelques plaines appelées Adachsun; puis prend son cours par aucunes étroites vallées, là où il y a un pont fabriqué avec une grande industrie par Ibulhasen, quatrième roi de la maison de Marin, et de là vient à passer par les plaines qui sont entre la région de Ducale et Temesne, jusqu'à ce que la mer Océane le reçoit près les murailles d'Azammor.

En temps d'hiver et prime-vère ce fleuve ne se peut passer à gué; mais ceux qui demeurent aux villages d'autour font passer les personnes et le bagage sur des claies, à travers les rivages, soutenues par des ondes enflées.

Au mois de mai on y pêche des gardons en grande quantité, de quoi se fournit la cité d'Azammor, et s'en transporte de salés sur de grandes caravelles chargées en Portugal.

Buragrag.

Buragrag sourd en l'une des montagnes procédantes d'Atlas, et passe parmi plusieurs bois et vallées; depuis ressourd entre certaines collines, s'étendant en une plaine, tant qu'il vient à s'emboucher dans la mer Océane, là où sont situées deux cités nommées Sala et Rabat, qui sont au commencement du royaume de Fez : et n'y a en icelles autre port que la bouche de ces fleuves, laquelle est difficile à l'aborder; tellement que si le nautonnier n'a bien grande expérience de la qualité de ce lieu, il est fort dangereux qu'il ne vienne à donner dans l'arène, là où sont fracassés les vaisseaux; ce qui est le rempart et défense des deux cités contre l'effort des armées chrétiennes.

Bath.

Bath est un fleuve qui prend son origine de la montagne Atlas, s'étendant devers Tramontane entre bois et montagnes, puis, ressortant entre certaines collines, se vient à étendre dans la plaine de la province d'Azgar; tellement qu'il se convertit en marais et lacs, auxquels se pêchent à force anguilles et gardons de grandeur admirable et singulière perfection. Autour d'iceux habitent plusieurs pasteurs arabes qui vivent de leur bétail et de la pêcherie; de sorte que, pour la superfluité du lait, beurre et poisson qu'ils mangent, ils sont sujets à une espèce de maladie qui se nomme morphie. Ce fleuve se peut passer à gué en toute saison, sinon quand il croît par les grandes pluies, ou lorsque les neiges viennent à se fondre. Il reçoit quelques autres petits fleuves qui descendent semblablement de la montagne d'Atlas.

Morphie, maladie.

Subu.

Subu est un fleuve qui sourd en une montagne appelée Selilgo en Chaus, province du royaume de Fez, et prend son commencement d'une très grande fontaine, en un bois touffu et épouvantable; puis dresse son cours par plusieurs vallées, entre collines et montagnes. De là s'étend par la plaine, courant près de Fez environ six milles; puis, passant par une plaine qui sépare Habat d'Azgar, va outre jusqu'à ce qu'il se mêle avec l'Océan, près d'un lieu qu'on appelle Mahmora. Il reçoit le fleuve qui passe dans Fez, lequel s'appelle, en langage de là, le fleuve des perles, avec plusieurs autres, dont les uns d'iceux descendent des montagnes de Gumera, comme Guarga et Aodor; les autres proviennent de celles qui sont au domaine de Teza, et a un long cours et beaucoup d'eau : toutefois on le peut passer à gué en plusieurs endroits, ce qu'on ne sauroit faire en temps d'hiver, sinon dans quelques petites barques et périlleuses. On y pêche du poisson en grande quantité et principalement des gardons qui se laissent pour vil prix; et quand il entre dans la mer il s'élargit, faisant une grande bouche, telle qu'y peuvent aborder plusieurs gros navires, comme les Espagnols et Portugalois l'ont essayé. On y pourroit encore bien naviguer; mais l'ignorance des peuples prochains ne le sauroit comprendre. Tant y a que, si les marchands de Fez se vouloient tant soit peu travailler à faire apporter dans leur cité les grains qui viennent par terre d'Azgar, le blé s'y ravaleroit de la moitié.

Luccus.

Luccus est un fleuve sourdant aux montagnes de Gumera, et s'étendant devers Ponant par les plaines de Habat et Azgar ; puis passe près la cité de Casar-el-Cabir, toujours continuant son cours jusqu'à ce qu'il vient à entrer dans la mer Océane, aux confins de Habat, près de Harais, cité en la région d'Azgar, le port de laquelle est en la goulette de ce fleuve, mais très difficile à aborder, mêmement à ceux qui ne l'ont aucunement fréquenté.

Mulullo.

Mulullo est un fleuve qui provient du mont Atlas, aux confins entre Tezza, cité, et Dubdu, d'où il est plus prochain ; puis se vient rendre emmi des plaines âpres et sèches qu'on appelle Terrest et Tafrata, et de là vient se joindre avec le fleuve Mulvia.

Mulvia.

Mulvia est un grand fleuve qui a sa source en la montagne Atlas, sur la région de Chaus, près la cité Gherseluin, environ vingt-cinq milles, et dressant son cours par âpres et sèches plaines, vient, en descendant, traverser des autres beaucoup pires que les premières, qui sont au milieu du désert d'Agad et Garet, puis passe outre sous la montagne de Beni-Jeznaten, et s'embouche dans la mer Océane, près la cité de Chasasa. Il se peut passer à gué en temps d'été, et près la marine s'y pêchent des poissons bons en perfection.

Za.

Za est un fleuve qui sourd par la montagne d'Atlas, courant par des plaines au désert d'Angad, là où le royaume de Fez confine avec celui de Telensin. Je ne vis jamais ce fleuve plein, combien qu'il ne laisse d'être fort profond et très abondant en poisson; mais on n'en sauroit prendre, tant pour n'avoir les filets propres à ce faire, comme parce que l'eau est trop claire, à cause de quoi il n'y fait pas bon pêcher.

Tefne.

Tefne est un fleuve plutôt petit qu'autrement, lequel, naissant en certaines montagnes aux confins de Numidie, s'étend devers Tramontane, par le désert d'Angud, jusqu'à tant qu'il vient à entrer dans la mer Méditerranée, près la cité de Telensin, environ quatorze milles. En ce fleuve ne se trouve autre chose que petits poissons.

Mnia.

Mnia est un fleuve de médiocre étendue, descendant de certaines montagnes prochaines de la cité de Tegdeut, et passe par les plaines de la cité Batha; puis, dressant son cours du côté de Tramontane, s'en vient joindre à la mer Méditerranée.

Selef.

Selef est un grand fleuve qui sourd aux montagnes de Guanseris, et, descendant par les plaines désertes (qui sont là où le royaume de Telensin confine avec celui de Tenez), passe outre, continuant son cours jusqu'à ce qu'il vient à entrer dans la mer Méditerranée, séparant Mezzagran d'avec Mustuganim. A la bouche d'icelui, quand il se jette dans la mer, se prend bons poissons et de diverses espèces.

Sefsaia.

Sefsaia est un fleuve non pas trop grand, ayant sa source au mont Atlas, et s'étendant par la plaine appelée **Metteggia**, qui est prochaine d'Alger et de l'ancienne cité nommée Temendefust, puis se vient jeter dedans la mer.

Le fleuve Majeur.

Ce fleuve provient des montagnes, lesquelles confinent avec la province de Zab et descend entre hautes montagnes, tant qu'il vient à se joindre avec la mer Méditerranée, près la cité de Buggie environ trois milles. On ne le voit point croître, sinon en temps de pluie et neige, et n'ont accoutumé ceux de Buggie d'y pêcher, parce qu'ils ont la mer à commandement.

Sufgmare.

Ce fleuve-ci prend son origine en certaines montagnes qui confinent avec un mont appelé Auras, et, s'écoulant par quelques campagnes arides, ressourd au territoire de la cité de Constantine, puis se joint avec un autre petit fleuve, dressant son cours devers Tramontane, quelquefois entre collines, puis parmi des montagnes, tant qu'à la fin il se vient rendre dans la mer Méditerranée, séparant le comtat et territoire de Chollo, cité, d'avec celui du château Gegel.

Iadog.

Ce fleuve-ci est de moyenne grandeur, et sourd en certaines montagnes prochaines de Constantine, puis descend parmi ces montagnes du côté du Levant, jusqu'à ce qu'il entre dans la mer Méditerranée, près la cité de Bona.

Guadilbarbar.

Celui-ci sourd des montagnes qui confinent avec le territoire de Urbs, cité, descendant toujours entre collines et montagnes, ayant son cours tant oblique, que ceux qui suivent la route d'entre Thunes et Bona sont contraints de le passer vingt-cinq fois sans pont ni barque. Finalement il parvient à la mer Méditerranée, là où il entre près un port appelé Tabraca, distant de la cité de Bège par l'espace de quinze milles.

Megerada.

Megerada est un très grand fleuve, lequel provient d'aucunes montagnes qui sont aux confins de la province de Zeb, et passe auprès de Tebesse, cité, s'étendant devers Tramontane, jusqu'à ce qu'il entre dans la mer Méditerranée, en un lieu appelé Gharel-Meleh, distant de Thunes environ quarante milles. En temps de pluie il se déborde merveilleusement, de sorte que les passants sont quelquefois contraints de séjourner deux et trois jours, attendant que les eaux soient basses, mêmement en un lieu là où, se jetant au large, il vient jusqu'à six milles près de Thunes, parce qu'il n'y a aucun pont ni barque; et par là l'on peut connoître de combien les Africains sont forlignés de cœur et d'esprit à comparaison des anciens, qui, par leur seul nom, souloient donner terreur à l'audace romaine.

Capis.

Ce fleuve-ci prend sa source en un désert du côté de Midi, descendant par quelques plaines aréneuses, jusqu'à ce qu'il vient s'emboucher dans la mer Méditerranée, joignant la cité nommée de son nom; et en est l'eau chaude et salée, que, pour en boire, il la faut laisser refroidir par l'espace d'une heure. Voilà les fleuves plus renommés en Barbarie.

FLEUVES DE LA NUMIDIE.

Sus.

Sus est un grand fleuve sourdant ès montagnes d'Atlas, c'est à savoir en celles qui séparent Hea de Sus, et descendant de Midi entre ces montagnes; puis vient à sortir emmi la campagne de la région susnommée, et s'étend devers Ponant jusqu'à ce qu'il se jette dans la mer Méditerranée, près d'un lieu appelé Gurtuessen. En temps d'hiver, il déborde si fort, que beaucoup de terres en demeurent fort endommagées ; mais en été on ne le voit outrepasser ses rivages.

Darha.

Darha est un fleuve lequel provient des monts d'Atlas, qui sont sur les limites d'Hascora, et descend du côté de Midi par la province de Darha ; puis, courant par le désert, se jette au large emmi des campagnes, qui produisent à force herbages en la saison de la prime-vère, au moyen de quoi plusieurs Arabes y conduisent leurs chameaux pour pâturer. En été ce fleuve demeure à sec, tellement qu'on le peut passer sans ôter les souliers des pieds; mais, l'hiver, il s'enfle de telle sorte qu'on ne le sauroit traverser, encore qu'il y eût des barques, et, durant les chaleurs, l'eau en est fort amère.

Ziz.

Le fleuve de Ziz sourd aux montagnes d'Atlas, qui sont habitées par le peuple Zanaga; puis descend devers Midi entre plusieurs montagnes, passant auprès de la cité nommée Gherseluin, et de là court outre par le territoire de Cheneg, Metgara et Reteb, d'où il vient à se jeter sur le territoire de Segelmesse, traversant les possessions d'icelle; puis entre au désert prochain du château Sugaihila; et plus outre se forme en un lac, au milieu de l'arène, sur lequel ne se trouve aucune habitation; mais quelques Arabes chasseurs ont coutume de le fréquenter, à cause qu'ils y trouvent à force gibier.

Ghir.

Ghir est un fleuve qui prend son origine aux montagnes d'Atlas, et devers la partie du Midi descend par certains déserts; puis vient à sortir par une habitation qui s'appelle Benigumi, et de là passe en un désert, au milieu duquel il se réduit en lac. Je vous ai déjà parlé, au commencement de cet œuvre, d'un fleuve que Ptolomée appelle Niger, quand je suis venu à traiter de la division d'Afrique; par quoi, sans plus répliquer, je passerai outre à la description du Nil, grand fleuve d'Égypte.

DU GRAND FLEUVE DU NIL.

Certainement je ne trouve moins digne de très grande admiration le cours et variété inusitée du Nil, que les animaux nourris en icelui sont terribles et merveilleux, comme chevaux et bœufs marins, crocodiles, qui sont très dommageables et cruels animaux, ainsi que par ci-après il vous sera récité, et ne souloient être du temps des Romains et Égyptiens de nature si dangereuse et moleste comme à présent; mais ils sont empirés depuis que les Mahométans vinrent à s'emparer de l'Égypte. Meshudi, historien africain, raconte un bel œuvre sien (là où il traite des choses merveilleuses découvertes ces ans naguère écoulés), qu'alors que Humeth, fils de Thaulon, fut lieutenant, en Égypte, de Gihsare-el-Mutavichil, pontife de Bagaded, en l'an deux cent soixante de l'hégire, une

Animaux horribles et admirables, nourris au Nil.

stature de plomb fut trouvée, en forme et grandeur proportionnée au naturel d'un crocodile, avec lettres égyptiennes, dans les fondemens d'un temple des Égyptiens Gentils, faites sous certaines constellations contre cet animal, la stature duquel il fit rompre et briser; et, dès l'heure, ces animaux commencèrent à être fort nuisibles et dangereux. Mais je ne saurois imaginer d'où cela peut procéder, que ceux qui sont depuis le Caire en bas, vers la marine, ne se montrent aucunement molestes, et les autres, qui se trouvent depuis le Caire en haut, dévorent et transgloutissent plusieurs personnes. Or, retournant à parler du Nil, il croît, comme nous avons déjà t, par l'espace de quarante jours, qui commencent au dix-septième de juin, et demeure autant de temps à retourner en son lit, parce que, ainsi qu'on dit, il pleut merveilleusement en la haute Éthiopie, à l'entrée du mois de mai, durant lequel, et partie du mois de juin, les eaux demeurent à s'écouler avant qu'elles puissent arriver en Égypte.

<small>L'origine et source du Nil incertaine.</small> Il y a plusieurs et diverses opinions touchant l'origine de ce fleuve; mais il n'y en a pas une qui ait rien de vraisemblable ou certitude : car les uns veulent dire qu'il prend son commencement aux monts de la Lune; les autres, que

sa source dérive, dessous la racine d'iceux, de grandes fontaines distantes par grand espace l'une de l'autre. Toutefois ceux qui suivent la première opinion acertainent que, tombant le Nil de ces montagnes, porte par son cours léger et impétueux entre sous terres, et ressourd au pied d'icelles, là où il forme ces fontaines; combien que l'une et l'autre opinion ne se sentent de rien moins que de vérité, car sa source jusqu'à présent a été incertaine.

Les marchands d'Éthiopie qui trafiquent avec ceux de Ducale, disent que ce fleuve du côté de Midi se jette au large et se convertit en un lac, tellement qu'on ne sauroit apercevoir de quel endroit il provient; néanmoins il fait plusieurs branches, le cours d'icelles se dressant par divers canaux et chaussées, puis s'étendant du côté de Levant et Ponant, ce qui détourne les personnes de le pouvoir côtoyer. Il y a encore plusieurs Éthiopiens demeurant en la campagne des Arabes, lesquels affirment que quelques uns d'entre eux ayant égaré aucuns de leurs chameaux au temps qu'ils entrent en amour, se sont acheminés de la partie de Midi par l'espace de mille, en les cherchant, durant lequel chemin ce fleuve s'est toujours offert à leur vue d'une même sorte, c'est à savoir en rameaux et lacs infinis, trouvant assez montagnes

sèches et désertes, là où Meshudi, historien,
Emeraudes. écrit se trouver plusieurs émeraudes, qui me semble plus vraisemblable que non d'aucuns hommes sauvages, qu'il dit être autant légers à la course que les lièvres, se paissant d'herbes au désert, comme les bêtes brutes. Si je me voulois arrêter à déduire de point à autre tout ce qu'ont écrit nos historiens touchant le fleuve du Nil, on le réputeroit pour fable, et causeroit plutôt fâcherie au lecteur que plaisir ni profit, par quoi je m'en déporterai.

DES ANIMAUX.

PROÈME.

Or, venant à parler des animaux, je ne m'offre pas à décrire le genre et espèce de tous ceux qui se trouvent en Égypte, car je me soumettrois à trop difficile charge et condition, voire quasi hors de la portée de mon esprit; au moyen de quoi je traiterai seulement de ceux que peut porter l'Europe, ou qui ont quelque différence avec les autres, décrivant la nature tant des terrestres comme aquatiques et autres, omettant, au reste, plusieurs choses déjà récitées dans Pline, lequel, à dire vrai, fut un homme excellent et de singulière doctrine : combien qu'il se laissa tomber en erreur touchant quelques choses légères de l'Afrique, non par sa faute, mais pour en avoir été mal informé, et voulant imiter les autres qui avoient écrit auparavant; toutefois l'imperfection d'une petite tache n'est pas bastante pour effacer la naïveté des beaux traits qui donnent lustre à un corps de bonne grâce et bien formé.

Pline, errant en la description d'Afrique.

De l'éléphant.

L'éléphant est un animal sauvage, mais de docile nature, et s'en trouve un grand nombre aux bois de la terre Noire de ces animaux, qui ont coutume de se mettre en bandes, s'éduisant du chemin des personnes qui passent; mais les voulant molester, ils les soulèvent en l'air avec leur grand nez, puis d'une ardente furie les ruent contre terre et les foulent aux pieds, jusques à ce qu'ils leur font rendre l'esprit. Et combien que cet animal soit grand et cruel, toutefois les chasseurs d'Éthiopie en prennent plusieurs, y procédant en cette manière.

Chasse et manière de prendre les éléphants. Dans les bois plus touffus et épais, là où ils savent que se retirent, la nuit, ces animaux, font un clos entre halliers et arbres de rames fortes et épaisses, laissant en quelque endroit une petite ouverture, et y attachant une porte qu'ils tiennent couchée contre terre en manière d'une claie, qui se peut néanmoins hausser, servant de clôture en cet endroit, auquel l'éléphant ne s'est pas plus tôt retiré pour s'agiter, qu'ils tirent incontinent la corde, le tenant enclos, et lors descendent de sur les arbres, lui faisant à coups de flèches rendre les abois, puis lui arrachent les dents pour les vendre. Mais si de fortune il peut échapper hors le sérail, il met à mort toutes personnes qu'il rencontre devant soi. En l'Indie et haute Éthiopie on use d'une autre manière de chasser, de laquelle je me tairai pour le présent.

Girafe.

Cet animal est d'une nature si étrange et sauvage, qu'à grande difficulté en peut-on avoir la vue, parce qu'il se cache dans les bois et aux lieux les plus solitaires des déserts, auxquels ne repaire autre animal, et incontinent qu'il aperçoit les personnes, se met à fuir : mais il n'est pas fort soudain à la course. Il a la tête de chameau, oreilles et pieds de bœuf. Les chasseurs ne le prennent sinon petit aux lieux mêmes où il a été nouvellement faonné.

Chameau.

Les chameaux sont animaux assez plaisants et traitables, et s'en trouve grand nombre en Afrique, mêmement ès déserts de Numidie, Libye et Barbarie.

Les Arabes les tiennent pour leurs plus grandes richesses et possessions, dont voulant par paroles exprimer l'opulence de quelque leur prince, ou grand seigneur, ils ont coutume de référer les milliers de chameaux, et non des possessions ou ducats.

Tous ceux qui, entre les Arabes, tiennent semblables animaux demeurent en liberté, parce que moyennant iceux ils peuvent vivre ès déserts, ce que ne sauroient faire rois ni princes, pour la trop grande sécheresse d'iceux.

On en trouve par toutes les parties du monde, comme en Asie, Afrique, et semblablement en Europe. Ceux qui en usent par l'Asie sont les Tartares, Courdes, Dailemes et Turcomans; et en Europe, les seigneurs turcs, pour porter leurs besognes : ce que font aussi les Arabes en Afrique avec ceux qui habitent les déserts de Libye, et encore tous les rois pour porter leurs bagages. Mais ils sont plus parfaits en Afrique qu'en Asie, parce qu'ils portent leur charge par l'espace de quarante jours sans aucunement prendre leur avoine ; mais, étant déchargés, on les laisse pâturer parmi la campagne quelque peu d'herbe, ou quelque ramée, chose que ne pourroient supporter les chameaux d'Asie, et requièrent avant que s'acheminer en quelque voyage d'être gras, et en bon point.

Chameaux d'Afrique plus parfaits que nul des autres.

On a souventefois expérimenté en cet animal la graisse de la bosse, qu'il a sur le dos, se perdre après avoir cheminé cinquante journées sous sa charge sans manger avoine, puis de la panse, et finalement celle de la cuisse, ce que venant à défaillir, il ne pouvoit alors soutenir la charge de cent livres.

En Asie les marchands leur donnent l'avoine, étant contraints pour chacun chameau de somme mener une charge d'avoine, parce qu'ils vont et retournent chargés à la caravane; par ce moyen ils les maintiennent en graisse, à cause qu'ils redoublent leur voyage. Mais les marchands africains qui s'acheminent en Éthiopie n'ont aucun égard à leur retour, parce qu'ils le font à vide, ou pour le moins chargés à la légère à comparaison de ce qu'ils ont porté; de sorte qu'étant parvenus en Éthiopie, les chameaux sont maigres et cassés en l'échine; mais ils s'en défont, les laissant pour petit prix à ceux du désert, qui après les mènent engraisser.

Les marchands qui retournent en Numidie ou Barbarie n'en retiennent pas grand nombre, car ils ne s'en servent qu'à chevaucher et porter leurs vivres, avec quelque autre chose légère. Il s'en trouve de trois espèces, dont ceux de la première s'appellent Hugiun, qui sont de haute taille, corpulents et très bons à la voiture; mais ils ne sauroient endurer le travail qu'ils n'aient quatre ans accomplis; et lors le moin- {Chameaux de trois espèces.}

dre qui soit peut porter mille livres d'Italie ; et quand on les veut charger, il ne les faut que toucher sur le cou, et les genoux incontinent, par instinct naturel, se courbent et couchent près terre ; puis, sentant la charge correspondante à leurs forces, se dressent incontinent sur pieds. Les Africains, et tous communément, ont coutume de les châtrer, ne laissant qu'un mâle pour deux femelles.

Les chameaux de la seconde espèce s'appellent el Becheti, qui ont deux bosses, dont l'une et l'autre sont propices à porter somme et à chevaucher ; mais il ne s'en trouve sinon en Asie. Ceux de la tierce sont appelés el Raguahil, qui sont de petite stature et corpulence, n'étant bons sinon à la selle, au reste fort agiles, de sorte qu'il s'en trouve plusieurs qui feront en un jour cent milles de chemin et plus, toujours suivant la route du désert par l'espace de huit et dix journées, avec peu de vivres, tellement que tous les nobles Arabes, Numides et Africains de Libye n'usent d'autres montures ; et le roi de Tombut voulant faire signifier quelque chose d'importance aux marchands de Numidie en diligence, expédie un courrier sur un de ces chameaux, lequel va de Tombut à Darha, ou Segelmesse, en terme de sept ou huit journées, qui sont environ neuf cent milles ; mais il faut aussi que ceux qui s'y acheminent pour cet effet soient bien expérimentés à suivre la route des déserts, et ne demandent moins de cinq cents ducats pour faire le voyage.

Les chameaux commencent à se mettre en amour à l'entrée de l'hiver, et lors ne s'endommagent seulement entre eux, mais molestent grandement un chacun duquel ils ont été maltraités, car ils se souviennent en ce temps-là du moindre coup qu'ils ont reçu de leurs maîtres; et, s'ils peuvent mettre la dent sur quelqu'un d'iceux, ils l'enlèvent en l'air, puis le terrassent et meurtrissent avec les pieds de devant, d'une terrible et dépiteuse sorte. Ils demeurent en amour par l'espace de quarante jours, lesquels expirés se rendent doux et traitables comme auparavant. Ils sont fort patients à soutenir la faim, parce qu'ils peuvent demeurer quinze jours sans boire, sans que pour cela ils empirent; et au contraire, si on les abreuvoit au bout de trois jours, l'eau causeroit quelque mal, parce que le but limité de boire est au terme de neuf en neuf, ou de quinze en quinze jours. Ils sont encore d'un naturel pitoyable, ayant en eux quelque sentiment humain : au moyen de quoi il advient qu'entre l'Éthiopie et Barbarie, étant forcés ceux qui les conduisent d'allonger leurs journées plus que de coutume, et voyant qu'ils ne peuvent passer outre, ne les pressent avec coups ni autrement, ains se mettent à dégoiser quelques joyeuses chansonnettes, au chant desquelles les chameaux s'évertuant, et reprenant leurs forces (induits par le plaisir qu'ils reçoivent à la note d'icelles), se remettent sur leurs erres avec plus grande vitesse que ne feroit un cheval bien talonné et éperonné, tellement qu'on ne les peut pas quasi suivre.

<small>Chameaux, au chant et son du tambourin, prenant plaisir et force.</small>

Vous assurant que j'ai vu dans le Caire un chameau baller au son du tambourin, et m'enseigna le maître par quel moyen il avoit ainsi fait le sien, qui est en cette sorte.

On choisit un jeune chameau que l'on fait entrer dans un lieu fait en forme d'une étuve, là où il le faut tenir par l'espace d'une demi-heure, étant le plancher bien échauffé et quelqu'un par dehors sonnant le tambourin; lors le chameau, non par vertu du son, mais pour la grande chaleur qui le moleste, hausse maintenant une jambe, tantôt l'autre, comme ceux qui dansent; et, étant accoutumé à cela par l'espace de dix mois ou un an, quand on le vient à mener en lieu public, il n'entend pas plus tôt frapper le tambourin, que, se souvenant des jours passés et sentant encore la chaleur du feu auquel il étoit, il se met à trépigner et hausser les pieds, de sorte qu'à le voir on le jugeroit baller. Par ce moyen l'usage se convertit en nature, qu'il entretient par long espace de temps.

Je pourrois bien raconter plusieurs autres choses singulières touchant le naturel de cet animal, mais je les délaisse à part pour ne vous causer fâcherie.

Cheval barbare.

Ces chevaux sont appelés, en Italie et par toute l'Europe, Barbares, pour autant qu'ils viennent de Barbarie, d'une espèce qui est en cette région-là. Mais ceux qui l'estiment ainsi, se mécomptent bien lourdement, à cause que les chevaux de là ne diffèrent en rien aux autres; et ceux-ci, qui sont si agiles et léger-courants, sont appelés en langue arabesque, tant en Syrie, Arabie Heureuse, Déserte et en Asie, chevaux Arabes, lesquels (comme les historiens estiment) sont provenus de la race des chevaux sauvages, qui alloient errants par les déserts de l'Arabie, et que, depuis le temps d'Ismaël en çà, les Arabes commencèrent à les dompter, de sorte qu'ils multiplièrent tellement que l'Afrique en est maintenant toute pleine. *Chevaux Arabes.*

Cette opinion me semble approcher bien fort

de la vérité, parce qu'encore à présent on voit une grande quantité de ces chevaux sauvages par les déserts de l'Afrique et Arabie, et en ai vu un petit poulain, en Numidie, de poil blanc, avec la crinière hérissée sur le cou. La plus grande expérience de la vitesse de ces chevaux à la course, qui se peut faire, est quand ils peuvent atteindre une bête sauvage nommée *lant*, ou bien une autruche; et si cela leur succède bien, ils sont alors prisés la valeur de mille ducats, ou cent chameaux : mais il s'en trouve peu de tels en Barbarie.

Les Arabes du désert et peuples de Libye, qui ont coutume d'en nourrir en grande quantité, ne les tiennent pour chevaucher longuement, encore moins pour en user en bataille; mais seulement pour donner la chasse aux bêtes sauvages, ne les repaissant d'autre chose que de lait de chameau deux fois entre le jour et la nuit; en quoi faisant, ils les maintiennent dispos, légers, et plutôt maigres qu'autrement. Il est bien vrai qu'en la saison où les herbes sont en verdeur on les laisse aller à la pâture, mais on cesse pour lors de s'en servir. Ceux que tiennent les seigneurs de Barbarie ne sont pas si prompts à la course, mais de plus belle taille et forme, parce qu'ils leur baillent de l'avoine, s'en servant aux extrémités et grands dangers, lorsqu'ils sont contraints de céder à la furie de leurs ennemis.

Cheval sauvage.

Le cheval sauvage est réputé pour une fère, d'autant qu'il ne se laisse voir sinon bien peu. Quand les Arabes du désert l'ont pris, ils le mangent et disent que la chair en est singulièrement bonne, et plus délicate quand il est jeune. Mais à bien grande difficulté se peut-il prendre avec chiens ni chevaux; ains faut tendre certains lacets sur l'eau, là où repaire cet animal, et les couvrir d'arène, sur laquelle il n'a pas plus tôt posé le pied, qu'il le sent entortillé et lacé, tellement qu'il est contraint de demeurer et se laisser prendre.

Lant ou Dant.

Cet animal est de corpulence semblable à un bœuf; mais il est de plus petite stature, et de poil blanc, ayant les ongles des pieds très-noirs, et fort légers à la course, tellement que autre animal ne s'y pourroit à lui parangonner, hormis, comme nous avons déjà dit, le cheval Barbare. On le prend en été facilement, à cause que, tant pour la chaleur que rend l'arène comme pour hâter ses pas, les ongles s'écroulent, qui lui retardent sa course ; et se prennent par même moyen les cerfs et chevreuils. Du cuir de cet animal se font aucunes targues, fortes à merveille, de sorte qu'elles ne sauroient être trépercées par un pistolet à feu ; au moyen de quoi elles se vendent chèrement.

Du bœuf sauvage.

Le bœuf sauvage est de telle corpulence que l'autre, mais de plus basse stature, et se trouve ordinairement de poil bigarré, étant fort prompt à la course, et de chair très savoureuse ; mais il ne s'en trouve autre part qu'aux déserts ou à leurs confins.

De l'âne sauvage.

On trouve par les déserts ou sur les confins d'iceux un grand nombre de ces ânes sauvages, tirant tous sur poil bigarré, et sont fort agiles, ne cédant à autre animal touchant la course, sinon au cheval Barbare ; et ont une telle coutume, qu'apercevant une personne, se mettent à hennir en ruant dépiteusement sans se bouger du lieu, jusqu'à ce qu'on peut les toucher avec la main, puis soudain gagnent le haut et se sauvent de vitesse. Les Arabes des déserts les prennent avec chausse-trapes et autres engins, et vont toujours par bandes quand ils boivent ou pâturent. La chair en est fort bonne ; toutefois, étant chaude, elle rend mauvaise odeur et sent sa sauvagine ; mais, la laissant refroidir deux jours, après qu'elle a été cuite, c'est une viande savoureuse et bonne en perfection.

Bœufs des montagnes d'Afrique.

Tous les bœufs domestiques, qui naissent ès montagnes d'Afrique, sont de si petite stature, qu'ils ressemblent des veaux de deux ans à comparaison des autres ; néanmoins les montagnards s'en servent à labourer les terres, et disent qu'ils sont fort dispos et durs au travail.

Adimmain.

Cet animal est privé et plaisant, et de la forme d'un mouton ; mais il est de la grandeur d'un âne, ayant les oreilles longues et pendantes, et le tiennent les habitants de Libye à faute de brebis, dont ils en retirent grand laitage, de quoi ils font à force beurre et fromage. La laine qu'ils portent est fort bonne, mais courte, et n'y a que les femelles qui portent les cornes, étant de si douce nature que plusieurs fois en ma jeunesse j'ai monté dessus, et m'ont porté un quart de mille très brusquement. Il ne s'en trouve en quantité, sinon ès déserts de Libye : vrai est qu'au territoire de Numidie on en y voit quelques-uns; mais on les a comme pour chose monstrueuse.

Moutons.

Ces moutons n'ont autre différence avec les autres, sinon en la queue, qui est fort large; ce que plus étant, mieux ils se connoissent être de haute graisse. Il s'en trouve d'aucuns ayant la queue du poids de dix et vingt livres; et cela advient lorsqu'ils s'engraissent d'eux-mêmes. Mais, en Égypte, il y en a plusieurs qui s'adonnent à les engraisser, les repaissant de son et d'avoine, au moyen de quoi leur queue engraisse de telle sorte qu'ils ne se sauroient mouvoir, et pour cela faut attacher la queue sur un petit char, tant qu'ils cheminent plus à l'aise. J'en ai vu une de l'un de ces animaux en Asiot, cité distante du Caire cinquante milles, et située sur le Nil, laquelle étoit du poids d'octante livres, et plusieurs m'assurèrent, à cette heure-là, d'en avoir vu peser cent cinquante. Tant y a que la graisse de ces mou-

<small>Queue de mouton pesant octante livres, et autre de cent cinquante.</small>

tons consiste en la queue seulement, et ne s'en trouve autre part qu'à Thunes et en Égypte.

Du lion.

Ces animaux sont sauvages et nuisibles à tous autres, d'autant qu'ils sont plus dispos, cruels et animés, dévorant non seulement les bêtes, mais les personnes aussi. Il s'en trouve en tels lieux qui ne craindront point d'assaillir deux cents hommes à cheval, et se ruent sur les troupeaux de brebis et d'autre bétail, qu'ils emportent aux bois dans leurs creux, là où sont leurs petits faons; et en y a tel qui de force et vitesse combattroit et tueroit six hommes à cheval, sans qu'on lui puisse faire résistance.

Ceux qui habitent aux montagnes froides sont moins cruels et fiers, ne se montrant si fort molestes envers les personnes. *Quels lions sont les plus renommés.*

Au contraire, tant plus ils participent du chaud, plus sont furieux, comme ceux qui se trouvent entre Temesna et le royaume de Fez, au désert d'Angad, près de Telensin, et entre Bonne et Thunes; car ce sont les plus redoutés lions de toute l'Afrique. Au temps d'hiver, qu'ils commencent d'entrer en amour, ils s'attachent ensemble fort cruellement, de sorte que celui se peut dire malheureux tout outre, qui se trouve devant eux, et sont ordinairement dix ou douze suivant les pas de la lionne. Il m'a été récité de plusieurs pour chose certaine, que si une femme se trouvoit seulette devant l'un de ces lions, lui découvrant et montrant sa nature, qu'il commenceroit à rugir merveilleusement, et, baissant la tête, prendroit autre route. Un chacun en peut croire ce que bon lui semblera ; tant y a que tout ce que peut empoigner un de ces lions (encore que ce fût un chameau), il ne desserrera jamais la dent pour lâcher sa prise ; et me suis trouvé par deux fois en danger de tomber dans la gueule d'iceux pour être dévoré ; mais la divine clémence, qui n'est jamais refusée à ceux qui d'une voix non feinte invoquent le nom du Seigneur, m'en a heureusement préservé.

Le lion vaincu par le seul regard de la nature d'une femme.

Du léopard.

Cet animal-ci repaire dans les bois de Barbarie, étant fort agile et cruel ; mais il ne s'adresse à l'homme pour l'endommager s'il ne l'aborde en quelque détroit, là où on ne le puisse éduire : alors se jette sur celui qu'il rencontre, et avec les griffes lui déchire le visage, emportant autant de chair qu'il en peut empoigner, et quelquefois pénètre jusqu'au cerveau, exterminant la personne. Il n'assaille pas souvent les troupeaux de brebis; mais il est ennemi mortel des chiens, lesquels il tue et dévore là où il les peut joindre.

Les montagnards de la région de Constantine ont coutume de lui donner la chasse avec les chevaux en serrant tous les passages, dont le léopard voulant escamper, et trouvant une quantité de chevaux, lesquels lui serrent le pas, court à un autre, qui, étant semblablement serré, à la fin après s'être bien travaillé en vain, ne pouvant trouver lieu pour sa défaite, est contraint demeurer en la place et rendre les abois. Mais, advenant que quelqu'un de son côté lui laisse gagner le haut, il est tenu de payer le banquet à toute l'assemblée des chasseurs, voire et excédassent-ils le nombre de trois cents.

Dabuth.

Dabuth est un gros animal, comme un loup, et quasi de même aspect, ayant les pieds et jambes en forme humaine. Les Arabes l'appellent dabuth et les Africains iesef. Il ne moleste aucunement les autres bêtes, mais il déterre les corps humains des sépultures pour les manger. C'est un simple et vil animal. Les chasseurs ayant découvert son gîte, le poursuivent sonnant d'un tambourin et chantant : à quoi cet animal prend un si grand plaisir par le retentissement de cette harmonie, qu'il ne se donne garde d'un qui lui lie les pieds par derrière avec une grosse corde, puis le traînent hors et le tuent.

<small>Bêtes sauvages arrêtées par le chant et harmonie.</small>

Du chat qui fait la civette.

Ces chats sont de leur nature sauvages, et se trouvent aux bois d'Éthiopie, là où ils se prennent petits; puis on les fait nourri dans des cages avec du lait, quelques potages de son et de chair.

On en reçoit la civette deux ou trois fois le jour, qui n'est autre chose que la sueur de cet animal, lequel on bat avec une petite baguette, le faisant sauter deçà et delà parmi la cage, jusqu'à ce qu'il vient à jeter la sueur qu'on lui ôte de dessus les bras, cuisses et queue; et voilà ce qu'on appelle civette.

Du singe.

Il y a des singes de plusieurs sortes, dont les uns s'appellent guenons, avec une longue queue, les autres babouins ou marmots, qui n'en ont point.

On en trouve une grande quantité aux bois de Mauritanie, montagnes de Bugie et Constantine. Ils ont, comme l'on peut voir, non seulement les pieds et mains, mais encore un trait approchant bien fort de la face humaine, et leur a nature donné entre autres choses un bon sens et merveilleuse astuce. Ils se nourrissent d'herbes et de grains ; et, voulant dérober les épis, s'assemblent vingt et trente, et l'un d'eux demeure hors le champ aux écoutes, de là où il n'a pas plus tôt aperçu le maître de la possession venir, qu'il jette un grand cri, au son duquel tous les autres gagnent le haut et se sauvent de vitesse, grimpant sur les arbres, et sautant d'un à l'autre.

Astuce des singes.

Les femelles portent leurs petits sur les épaules, et avec iceux sautent semblablement d'arbre en arbre, et de branche en branche. Ceux qui sont faits et appris font choses incrédibles et admirables ; mais ce sont de dépiteuses et cruelles bêtes, combien que leur courroux soit de peu de durée.

Des conils.

Il se trouve grande quantité de conils sauvages aux montagnes de Gumère et Mauritanie. Je dis qu'on estime sauvages, mais je crois fermement qu'ils soient de l'espèce des privés; ce qu'on peut facilement discerner et juger par la chair, que ne diffère en sorte que ce soit à la couleur et saveur de celle des privés.

DES POISSONS.

Ambara, poisson.

Or, pour venir maintenant à parler des poissons, Ambara en est un de grandeur et forme épouvantables, lequel ne se peut voir sinon quand il n'a plus de vie, parce que la mer le jette sur le rivage. Il a la tête autant dure comme si elle était de pierre, et s'en trouve d'aucuns qui ont vingt-cinq toises en longueur, et d'autres davantage, tellement que le nom de baleine ne lui conviendrait pas mal. Ceux qui habitent sur les rivages de l'Océan disent que ce poisson est celui qui jette l'ambre gris; mais ils ne savent si c'est du sperme ou de la fiente.

Du cheval marin.

Cet animal se trouve dans le Nil et Niger, de la grandeur d'un âne, ayant la forme de cheval; mais il n'a aucun poil sur la peau, qui est fort dure. Il peut aussi bien vivre sur terre comme dedans l'eau, de là où il ne sort sinon la nuit, et est malin et dangereux pour les barquettes qui vont sur le Niger, parce que, joignant l'échine contre icelles, les renverse et enfondre, et lors bon pour ceux qui savent nager.

Bœuf marin.

Cet autre animal-ci ressemble à un bœuf, mais de si petite stature qu'on le prendrait pour un veau de six mois, et se trouve dans les fleuves du Nil et Niger, là où les pêcheurs en prennent aucuns qui vivent longuement sur terre, ayant la peau fort dure. J'en vis un au Caire, qu'on menoit avec une chaîne qui lui pendoit au cou, et me dit celui qui le faisoit conduire, l'avoir pris dans le Nil, auprès de la cité d'Asna, distante du Caire devers Midi par l'espace de quatre cents milles.

De la tortue.

Cet animal devoit être compris au nombre des terrestres, parce qu'il prend sa nourriture aux déserts, et s'en trouve plusieurs en celui de Libye qui sont de la grandeur d'un tonneau.

Bichri, géographe africain. Bichri récite, au livre des régions et chemins d'Afrique, comme se retrouvant en ce désert un bon homme lassé du long chemin, aperçut la nuit auprès de soi une grosse pierre fort haute, sur laquelle il se délibéra de dormir, de peur que quelque animal ne lui méfît, et ainsi le fit comme il l'avoit proposé. Mais, le matin, il se trouva surpris d'une grande merveille quand il se vit éloigné de trois milles du lieu auquel il s'étoit couché, et connut ce qu'il estimoit une pierre être une tortue, laquelle a coutume ne déplacer de tout le jour d'un lieu, et la nuit s'en va pâturant; mais elle chemine si lentement qu'on ne s'en peut quasi apercevoir. A dire vrai, je n'en y vis jamais de telle grandeur ne si merveilleuse, sinon aucunes qui pouvoient être de la grosseur d'un barrau. On dit que la chair de ces tortues guérit de la lèpre, si elle n'est encharnée de plus de sept ans, et en faut manger sept jours continuels.

Crocodile.

Il y a dans le fleuve Niger grande quantité de crocodiles, mais encore plus en celui du Nil. Ils sont fort malins et nuisibles, ayant en longueur douze coudées et davantage, et contient autant la queue comme tout le reste du corps; mais on n'en voit guère de cette grandeur, car communément ils n'excèdent quatre

<small>Ramarre, est une bête semblable au lézard, sinon qu'elle est trois fois plus grosse et plus verte.</small> pieds, et est semblable au ramarre, n'étant pas plus haut d'une coudée et demie. La queue est noulée, et a la peau si dure, qu'une arbalète bien grosse ne la sauroit enfoncer. Il s'en trouve d'aucuns qui ne mangent autre chose que poisson ; d'autres qui semblablement engloutissent des personnes, pour lesquelles décevoir ils se tiennent à l'écart près des rivages qui sont fréquentés, et lorsqu'ils aperçoivent quelqu'un auprès d'eux, soit homme ou bête, ils s'élancent la queue hors de l'eau, là où ils dévorent ce qu'ils peuvent attirer, et en mangeant ils ne remuent sinon les parties du palais de dessus, parce que les mâchoires de dessous sont jointes avec l'os de l'estomac. Toutefois ils ne sont pas tous de cette nature ; car, si ainsi étoit, tous les rivages du Niger ou du Nil seroient inhabitables.

<small>Aventure de l'auteur et d'un vieillard.</small> Je me retrouvai une fois à naviguer sur le Nil, avec plusieurs autres, dans une barque jusqu'en la haute Égypte, distante du Caire environ quatre cents milles ; et quand nous fûmes à moitié chemin, « une nuit que la lune se « montroit un peu brune pour être couverte « de nues, et que nous naviguions en temps « calme, avec un vent favorable, tous les « mariniers s'étoient mis à dormir ; ce que « voyant, je me retirai à l'écart avec une chan-

« delle pour étudier ; en quoi faisant, je m'en-
« tendis appeler par un honorable vieillard,
« homme de très bonne vie et conversation,
« lequel veilloit après certaines oraisons, et me
« dit : Ho tel, éveille quelqu'un de ceux qui
« dorment pour me venir aider à tirer dans
« notre barque une grande bûche de bois, qui
« nous viendra bien à propos pour faire demain
« la cuisine ; et lors me présentai pour y aller,
« craignant discommoder personne à telle
« heure, qui étoit sur le point de la minuit ;
« mais, voyant cela, il me dit qu'il essayeroit
« avant s'il la pourroit deroquer tout seul, et
« sans aide ; et ainsi que notre vaisseau fut,
« selon son avis, à droit pour enlever ce bois, il
« commença à étendre le bras pour le prendre ;
« mais incontinent saillit impétueusement hors
« de l'eau une longue queue, laquelle le cei-
« gnit et tira dans le fleuve. Lors je jetai un
« si grand cri, qu'au son tous ceux de la bar-
« que éveillés en sursaut, on cala voile, et
« nous arrêtâmes là, où plusieurs se jetèrent
« dans le fleuve pour retrouver notre vieillard,
« jusqu'à perdre terre et attacher notre barque
« au rivage ; mais nous nous travaillâmes en
« vain, car il ne fut onques puis vu, au moyen
« de quoi tous ceux de ma compagnie affirmè-
« rent que ce avoit été un crocodile. »

Or, faisant voile, reprimes nos erres; mais nous n'eûmes pas long-temps navigué, que nous en vîmes plusieurs ensemble sur certaines petites îles au milieu du Nil, qui étoient étendus au soleil, les gueules bées, dans lesquelles aucuns oisillons de blanc panage et grandeur d'une grive entroient dedans; là où ayant séjourné quelque espace de temps, s'en retournoient, dressant leur vol ailleurs. Dont, étant curieux d'entendre la raison de cela, je m'en enquis, et me fut dit qu'entre les dents du crocodile demeurent quelques filets de chair ou poisson pendants, lesquels, venant à se putréfier, se convertissent en vers, qui les molestent aucunement; et, étant aperçus remuer par ces petits oiseaux volants, viennent à entrer dans la gueule pour les manger; ce qu'ayant fait, le crocodile ingrat tâche à les engloutir; mais, se sentant piqué au palais d'une dure et poignante épine, que l'oiseau a sur le sommet de la tête, il est contraint de desserrer, donnant lieu à la fuite de l'oiseau; et, advenant que j'en puisse recouvrer un, je raconterai cette histoire plus sûrement et à la vérité.

Œufs du crocodile.
Les crocodiles font leurs œufs en terre, qu'ils couvrent de l'arène; puis, quand leurs petits sont éclos, ils s'en retournent dans le fleuve. Il s'en trouve bien d'aucuns qui, fuyant l'eau,

viennent au désert, et ceux de telle nature sont venimeux : ce que ne sont les autres qui fréquentent le fleuve, de la chair desquels plusieurs habitants d'Égypte ont coutume de manger, à cause qu'ils la trouvent savoureuse, et la graisse d'iceux est en grande estime dans le Caire; car (comme l'on dit) elle est fort singulière à solider les plaies vieilles et encharnées. Or, le crocodile se prend en cette manière :

Les pêcheurs ont une grosse et longue corde de cent toises, le bout de laquelle ils attachent étroitement à un gros arbre ou colonne plantée sur le rivage du fleuve expressément pour cet effet; puis, à l'autre extrémité d'icelle, lient un hameçon de fer étant de la longueur d'une coudée et gros comme le doigt d'un homme, et à icelui accrochent une chèvre ou mouton; et, au bêler de cette bête, le crocodile se jette hors de l'eau et l'engloutit soudainement avec l'hameçon, lequel traversant ses entrailles, il demeure fermement accroché, de sorte que le crocodile ne s'en sauroit défaire; au moyen de quoi, s'étendant en secouant le câble, puis se débattant deçà et delà, à la fin destitué de forces, se laisse tomber étendu comme s'il étoit exterminé; alors les pêcheurs lui font rendre les abois en lui perçant, avec certaines pertuisanes, la gueule, les bras, les cuisses et le ventre, là où il a la peau fort tendre; mais autre part une haquebute ne la sauroit outrer, comme celle de l'échine, qui est fort épaisse et dure. J'ai vu plus de trois cents hures de ces animaux appendus aux murailles de la cité de Cana, les gueules béantes, qui étoient si larges et amples qu'elles eussent pu donner entrée à une vache entière; et, outre ce, elles ont les dents fort pointues.

Tous les pêcheurs d'Égypte ont coutume (après avoir pris un crocodile) de séparer la tête du corps, et l'appendre aux murailles comme font les chasseurs des fères et bêtes sauvages.

Du dragon.

On trouve en la montagne d'Atlas, dans certaines cavernes, plusieurs dragons très gros et fort pesants, tant qu'à grand'peine se sauroient-ils mouvoir, parce qu'ils sont gros par le corps et fort menus aux deux extrémités, comme devers la tête et la queue. Ce sont animaux très venimeux; et si quelqu'un en étoit touché, sa chair deviendroit incontinent fragile et s'amolliroit comme savon, sans pouvoir trouver aucun remède à sa vie en sorte que ce soit.

De l'hydre.

Hydre est un court serpent, menu devers la queue et la tête, qui est fort fréquent aux déserts de Libye et d'un âpre et mortel venin, contre lequel ne se trouve autre remède, sinon tailler la partie du membre, là où il est épars, avant qu'il vienne à discourir par tout le corps.

Dubb.

Dubb est un animal conversant aux déserts, soustrayant au lézard, étant de la longueur d'une coudée, et large de quatre doigts. Il ne boit jamais d'eau, et si on l'en vouloit efforcer l'en y mettant dans la bouche, il expireroit incontinent. Il fait les œufs comme la tortue, sans avoir aucun venin; et ai vu des Arabes en prendre aux déserts, là où je me suis voulu semblablement ingérer d'en meurtrir ; mais il ne rend guère de sang. Quand on en veut manger, il le faut faire rôtir, et puis dépouiller de sa peau; car, étant ainsi accoutré, c'est une viande assez délicate, du goût de la grenouille et de même saveur. Il est aussi soudain que le lézard; et s'il se vient à cacher dans un trou, encore que quelque partie de la queue reste dehors, il n'y a force qui lui puisse faire quitter ce lieu; mais les chasseurs agrandissent le trou avec ferrements, le contraignant par ce moyen de se laisser prendre. Trois jours après qu'on l'a tué, si on l'approche du feu (cas nouveau et étrange), on le verra mouvoir tout ainsi que si à l'heure même on lui faisoit rendre les abois.

<small>Merveille du Dubb.</small>

Guaral.

Guaral est un animal qui ressemble à celui duquel nous venons de parler, hormis qu'il est venimeux à la tête et à la queue, lesquelles deux parties les Arabes lui taillent pour manger le reste. C'est un difforme animal et de déplaisante couleur, de sorte qu'elle m'ôta tout appétit de pouvoir jamais goûter de sa chair.

Caméléon.

Caméléon est de la grandeur d'un ramarre, mais bossu, maigre et difforme, ayant la queue longue, et chemine avec un pas lent et tardif comme la taupe. Il n'a autre nourriture que de l'air et des rayons du soleil, au lever duquel il se retourne devers Orient béant; et, en faisant son cours, cet animal se tourne toujours de ce côté-là, prenant couleur selon la variété des lieux où il se trouve; car s'il se met sur le noir, il recevra couleur noire; si sur le vert, verte; et ainsi de toutes autres couleurs, comme je l'ai moi-même expérimenté; et se montre ennemi mortel de tous serpents venimeux, tellement que, s'il en rencontre quelqu'un endormi sous un arbre, il grimpe dessus, là où, choisissant un lieu qui soit directement sur la tête du serpent, fait distiller de sa bouche un fil de crachat qui a devers la pointe une petite goutte en guise d'une perle; et, s'il voit qu'il ne descende droit sur la tête de ce serpent, il se guinde si bien et dextrement, qu'il met son dessein en effet, de sorte qu'il transperce la tête et le fait expirer.

Les Africains qui en ont écrit récitent plusieurs choses de la nature et propriété de cet animal, dont il ne m'en souvient maintenant.

DES OISEAUX.

Autruche.

Pour venir aussi à parler quelque peu des oiseaux, l'autruche en est un sauvage, étant à peu près de la stature d'une oie; mais il est haut enjambé et de cou fort long, tellement qu'il s'en trouve plusieurs qui sont de la longueur de deux coudées.

Cet animal a le corps gros et long, et les ailes de gros panage qui lui retarde le vol; mais il est fort prompt à la course, débattant les ailes et démenant sa queue qui est blanche et noire comme celle de la cigogne. Sa demeurance est aux déserts, auxquels, pour la sécheresse, ne se trouve point d'eau; et là pose ses œufs dans l'arène, qui sont de dix à douze par fois, et sont de la grosseur d'un boulet d'artillerie, du poids de quinze ou seize livres; mais les petites autruches les font plus petits, étant de si courte mémoire et labile, qu'elles oublient le lieu où elles les ont posés; au moyen de quoi la femelle se met à couver les premiers qu'elle rencontré, encore que ce ne soient pas les siens; et,

Œufs d'autruche.

incontinent que les petits sont éclos, ils s'en vont, errants parmi la campagne, chercher pâture; et sont de si prompte course avant qu'avoir jeté les plumes, qu'on ne les sauroit atteindre.

Cet animal est sourd et de tant simple nature, qu'il mange tout ce qu'il trouve, jusqu'au fer; dont la chair en est visqueuse et puante, mêmement à l'endroit des cuisses; toutefois on ne laisse pour cela d'en manger en la Numidie en grande quantité, parce qu'on les y prend jeunes, et puis on les engraisse, comme je pense vous avoir auparavant récité, et ai mangé moi-même de cette chair, qui ne m'a semblé de trop mauvais goût.

<small>Estomac d'autruche.</small>

Ces autruches s'en vont en bandes parmi les déserts; de sorte que, à les voir de loin, on les prendroit pour compagnies de gens à cheval, ce qui intimide bien souvent la caravane.

De l'aigle.

Ces oiseaux sont divisés en plusieurs espèces, selon la propriété, couleur et grandeur, dont les plus grands sont appelés Nesr, en langage arabesque.

Nesr.

Nesr est le plus grand oiseau qui se trouve en Afrique, et plus haut que la grue; mais il a le bec, le cou et les jambes plus grosses. Il pénètre si haut en volant, qu'il se laisse perdre de vue; et, apercevant quelque charogne d'animal gisant sur terre, on le voit incontinent jeter dessus; mais il ne vole guère qu'il ne soit accompagné de plusieurs, et est sa vie de longue durée, tellement qu'on en a vu plusieurs n'ayant que la peau et sans aucune plume sur la tête, ne plus ne moins que s'ils eussent été pelés expressément. Il s'ensuit donc que, par la vieillesse qui les suit, les plumes leur viennent à tomber; au moyen de quoi ils se retirent dans leurs nids, comme s'ils venoient de renaître à l'heure, là où leurs faons les becquetent et leur apportent à manger. On dit que l'Italien appelle ceux de cette espèce Buettere; mais je ne l'ouïs onques mentionner en ce pays.

Age d'aigle.

La coutume de cet oiseau est de se retirer sur les rochers, à la cime des plus hautes et désertes montagnes qu'il peut choisir, entre lesquelles celles d'Atlas lui sont plus fréquentes et ordinaires; toutefois ceux qui savent les lieux et détroits en prennent quelques uns.

Du bezi, qui signifie autour.

Le bezi, que nous appelons autour, est fort fréquent en Afrique, là où il s'en trouve d'aucuns qui sont de panage blanc, lesquels se prennent en certaines montagnes des déserts de Numidie; et sont les plus chers, d'autant qu'ils sont plus parfaits, et avec iceux se prennent les grues. Il s'en trouve de plusieurs espèces, dont les uns sont bons pour prendre la caille et la perdrix; des autres on se sert pour arrêter le lièvre.

On instruit les aigles, en Afrique, à combattre les renards et les loups; lesquels celles qui sont faites et réclamées saisissent d'une grande ruse sur l'échine, avec les griffes, et sur la tête avec le bec; de sorte qu'elles se gardent fort bien de recevoir dentées, ni être en rien endommagées par ces loups; et, s'ils se jettent contre terre, l'aigle n'en fait cas, et ne lâche sa prise qu'elle ne lui ait fait rendre les abois et arraché les yeux hors de la tête.

Plusieurs historiens africains disent que le mâle de l'aigle couvre quelquefois la louve; et après, étant pleine, s'enfle si fort qu'elle crève, et en sort un dragon qui a le bec et les ailes d'oiseau, les pattes de loup et la queue de serpent, ayant la peau tachée et marquetée de couleurs diversifiées : ne pouvant hausser les paupières des yeux, il repaire dans les cavernes. Mais je ne vous veux pas acertainer que moi ni autre en ait jamais eu la vue; néanmoins le bruit est semé, par toute l'Afrique, que ce monstre y a autrefois été vu.

Chauves-souris.

Ces difformes oiseaux, ennemis de lumière, se trouvent par toutes les parties du monde; mais, entre autres lieux, on en voit en grande quantité dans des cavernes en la montagne d'Atlas, qui sont gros comme pigeons et davantage, mêmement par les ailes. Je ne les ai pas vus; mais j'en ai été acertainé par une infinité de personnes.

Papegaux.

On trouve parmi les bois d'Éthiopie ces oiseaux en grand nombre et de diverses couleurs; mais les meilleurs, et qui plus parfaitement savent former l'accent de la personne, sont de panage vert. Il s'en y trouve plusieurs grands comme pigeons, mais ils sont gris, rouges et noirs, ne se pouvant accommoder à l'imitation de la parole humaine; et, en défaut de ce, ils dégorgent une voix très douce et mignonne.

Locustes.

Quelquefois on voit de ces animaux par l'Afrique, en si grande quantité, qu'en volant par bandes, ils semblent une nuée, qui pour son épaisseur vient à obscurcir la lumière du soleil ; et, se venant à poser sur les arbres, ils rongent les fruits et feuilles, laissant à leur départ des œufs dont il en vient puis après à naître d'autres qui ne volent pas, mais ils sont pires que les premiers; car ils pénètrent jusqu'à l'extrémité intérieure de l'écorce des arbres, causant une fort grande cherté, et mêmement en Mauritanie. Mais les peuples de l'Arabie Déserte et Libye réputen tà grand heur l'arrivée de ces locustes en leurs régions, parce qu'ils en font de bonnes repues, les mangeant bouillies, et les autres desséchées au soleil, qu'ils pulvérisent puis après comme farine, et en cette manière s'en repaissent. Voilà quasi toute la qualité des animaux qui ne se trouvent ou sont bien rares en Europe, ou de ceux qui sont en quelque partie différens. Maintenant, pour donner fin à cet œuvre, ne reste à parler que d'aucunes minières, herbes et fruits, desquels y a abondance en Afrique.

DES MINIÈRES.

Du sel.

En la plus grande partie d'Afrique on ne trouve autre sel que celui que l'on tire des salines dans les cavernes, ne plus ne moins que si c'étoit jaspe ou marbre, et s'en trouve de gris, de blanc et de rouge. La Barbarie en rapporte une grande quantité, et la Numidie médiocrement, tant qu'il suffit. Mais il s'en trouve peu au pays des Noirs, mêmement en l'Éthiopie inférieure, où la livre se vend demi-ducat, au moyen de quoi les habitants de ce pays ne le tiennent dans des salières aux repas, mais, en mangeant leur pain, tiennent une pièce de sel en leur main ; et à chacun morceau qu'ils mettent dans leur bouche, ils passent la langue par dessus en la léchant, et ne font cela pour autre respect qu'afin de l'épargner et en user peu. En aucuns petits lacs et marais de Barbarie, en temps d'été, se congèle le sel qui est blanc et poli, comme aux lieux qui sont prochains de Fez.

Antimonio.

Ce métal-ci se tire, en Afrique, d'aucunes mines de plomb, d'avec lequel on le trie avec le soufre, et s'en trouve en grande quantité aux racin s de la montagne d'Atlas, devers la partie de Midi, et principalement là où Numidie confine avec le royaume de Fez, et en plusieurs autres lieux se trouvent des veines de soufre.

Euforbio.

Euforbio est la gomme d'une certaine herbe qui croît en manière de la tête d'une carde sauvage, et entre les rameaux d'icelle se forme un certain fruit gros comme citrouille et vert, étant grenelé par dessus; mais il est long d'une coudée et demie, et quelquefois davantage. Ce fruit ne croît pas sur les rameaux de la plante, mais sort de terre comme un tronc duquel en proviennent vingt-cinq ou trente autres. Quand il vient en maturité, les vilains de ce pays le piquent avec la pointe d'un couteau, qui en fait sortir une liqueur comme lait, laquelle devient visqueuse, puis la recueillent avec le couteau même, et la mettent dans des outres, là où elle s'essuit; mais il faut entendre que la plante est tout épineuse.

De la poix.

Il y a de deux sortes de poix : l'une est matérielle, et se prend sur des pierres qui sont au milieu d'aucunes fontaines, dont l'eau est merveilleusement puante, retenant l'odeur de la poix. L'autre est artificielle, et se tire du pin ou genièvre. Je l'ai vue faire en la montagne d'Atlas en cette manière : on fait un four en rondeur profonde, qui a par dessous une gueule répondant sur une fosse comme un vase; puis on prend des branches vertes de ces arbres, et après avoir été tranchées bien menu, on les jette dans ce four, duquel on étoupe la fenêtre; puis on y fait un feu tempéré, et dont, pour la chaleur d'icelui, l'humidité du bois se distille et s'écoule dans la fosse par la gueule qui est dessous le fourneau, et en cette sorte se recueille; puis on la vient à étuyer et mettre dans les outres.

DES ARBRES, HERBES ET RACINES.

Maus ou muse.

Ce fruit est fort doux et gentil, de la grandeur de petits citrons, étant produit par une petite plante, qui a les feuilles larges et longues d'une coudée. Les docteurs mahométans disent que c'est le fruit qui fut défendu à nos premiers parens par la bouche du Seigneur, et n'ayant voulu obtempérer à son saint commandement, après en avoir mangé, leurs parties honteuses se découvrirent, lesquelles voulant cacher (connoissant leur délit), prirent des feuilles de cette plante, qui sont plus propices à cela que nulles autres qu'on puisse trouver. Il en croît à foison en la cité de Sela, au royaume de Fez; mais en plus grande quantité en la région d'Égypte, et principalement à Damiette.

Casse.

Les arbres qui portent la casse ont les feuilles quasi semblables à celles du mûrier, dont les feuilles sont blanches et larges, et croissent seulement en Égypte, produisant une si grande quantité de fruits, qu'il en faut abattre une bonne partie, devant qu'ils viennent en maturité, pour soulager l'arbre, car de trop grand faix l'ébrancheroit et feroit éclater.

Terfez.

Ceci se peut plus proprement appeler racine que fruit, car il croît en l'arène aux lieux chaleureux, semblable à la trufe et plus gros, ayant l'écorce blanche; et connoît-on là où il est à la terre, qui est un peu enlevée et crevassée. Il s'en trouve de la grosseur d'une noix, et d'une orange aussi. Selon l'opinion des médecins (qui l'appellent Camha), il a propriété de rafraîchir.

Les déserts de Numidie en produisent en grande abondance, de quoi les Arabes mangent autant volontiers comme si c'étoit du sucre, et à bonne raison; car, à dire vrai, étant mis sur le brâsier, puis nettoyé et remis dans un bouillon gras, c'est une viande très singulière et délicate. Ils le mangent semblablement bouilli dedans l'eau ou du lait, et s'en trouve à foison en l'arène prochaine de la cité de Sela. Quant au palmier ou dattier, je n'en dirai pour le présent autre chose, à cause que j'en ai parlé amplement quand je suis venu à la description de Segelmesse, cité en Numidie.

Figuier d'Egypte, appelé par les habitants du pays même, giuméiz.

L'arbre et les feuilles de ce figuier ressemblent à celles des autres; mais ils sont d'une merveilleuse grosseur et hauteur, produisant le fruit non sur les branches, ni à l'extrémité d'icelles, mais au pied de l'arbre seulement, là où il n'y a point de feuilles, et retient le même goût des figues communes, étant de grosse pelure et de couleur violette.

Ettalche, arbre.

Ettalche est un grand arbre et épineux, ayant les feuilles comme le genièvre, et jette une gomme semblable au mastic, lequel est par les apothicaires africains sophistiqué avec cette gomme, parce qu'elle est de semblable couleur et odeur. Il s'en trouve au désert de la Numidie, de la Libye, et au pays des Noirs; mais les arbres qui croissent en la Numidie étant ouverts, apparoissent de telle blancheur au dedans, que les autres arbres et ceux de Libye sont violets et très noirs; mais ceux de la terre des Noirs sont très noirs, et du cœur d'iceux (que les Italiens appellent Sangu) l'on fait de très beaux et gentils ins-

Bois guérissant de la vérole. truments de musique. Le bois violet est aujourd'hui en usage entre les médecins pour guérir du mal de Naples, au moyen de quoi le bois prend son nom de l'effet.

Tauzargante, racine.

Cette racine-ci est assez odorante et se trouve aux rivages de l'Océan, du côté de Ponant. Les marchands de Mauritanie en transportent au pays des Noirs, là où elle sert en lieu de parfums délicats; mais se faut bien garder de la brûler, car elle rend assez bonne odeur d'elle-même, et vaut la charge de chameau en Mauritanie un ducat et demi; mais au pays des Noirs elle vaut cent octante ducats, et quelquefois davantage.

Addad, racine.

Cette racine-ci est amère, et a telle propriété qu'une dragme de son eau distillée peut exterminer un homme en moins d'une heure; et cela est divulgué par toute l'Afrique, voire jusques entre les simples femmes.

Surnag, racine.

Surnag est aussi une racine que produit la montagne d'Atlas du côté de Ponant, laquelle, comme l'on dit, a vertu d'exciter à luxure, et multiplier la semence à celui qui en mange en quelque électuaire. Et affirment plusieurs, que si d'aventure aucun par cas fortuit se trouvoit à pisser dessus, que tel se dresseroit et prendroit vigueur, qui par aventure auparavant regardoit tout morne contre bas. Je ne veux point aussi passer, comme plusieurs habitants du mont Atlas récitent, qu'il s'est trouvé plusieurs pastourelles gardant leurs troupeaux parmi pâtis de ces montagnes, lesquelles ont perdu leur virginité et ont été déflorées, non pour autre accident que pour avoir uriné sur cette racine. Oui, dis-je lors, et est par aventure si venimeuse, que le ventre leur en est piteusement enflé.

Voilà en somme tout ce qui s'est offert à moi de singulier et mémorable en la région d'Afrique; laquelle j'ai discourue de part à autre, observant diligemment toutes les choses qui me sembloient requérir une mémoire éternelle à la postérité : au moyen de quoi je me mis à rédiger par écrit tout ce qui se présentoit à moi de jour à autre; et ce que le temps ou l'incommodité des lieux ne m'ont permis de voir, je m'en enquérois diligemment, m'en faisant amplement informer par personnes dignes qu'on ajoutât entière foi à ce qu'ils me proposoient, pour avoir discouru tous les pays auxquels ils avoient eu l'heur de voir ce dont j'étois ignorant. Et, depuis, me retrouvant à Rome, appliquai soigneusement tout le meilleur de mon esprit (comme aussi la commodité s'y offroit) à réduire tous les membres de ce mien petit labeur épars en un corps, courant l'an de l'Incarnation de Jésus-Christ mil cinq cent vingt et six, et le dixième de mars.

FIN DE L'OEUVRE DE JEAN LÉON.

DISCOURS

SUR CE QUI EST CONTENU

DANS

LES NAVIGATIONS

DE MESSER ALOUYS DE CADEMOSTE,
GENTILHOMME VÉNITIEN.

MESSER Alouys de Cademoste, gentilhomme vé- nitien, s'est trouvé le premier à découvrir l'île de Cap-Vert, en l'an de l'Incarnation 1455, navi- guant selon la côte de la Basse-Ethiopie, sur la mer Océane, du côté de Ponant; côtoyant laquelle, il parvint jusqu'au grand ruisseau, onze degrés et demi sur la ligne de l'équinoxial. Puis colligea et réduit sommairement par écrit la Navigation de Pierre de Sintre, Portugais, lequel parvint jus- qu'à six degrés sur cette ligne, là où est le bois ou bocage Sainte-Marie; choses lesquelles ne doi- vent être en peu d'estime, et qui méritent venir entre les mains de toutes personnes studieuses qui pourront, par le moyen d'icelles, avoir ample ou- verture, et, comme l'on dit, toucher à la main le

<small>Messer Alouys de Cademoste fut le premier qui découvrit l'île de Cap-Vert.</small>

pays vers la ligne susnommée (que les anciens ont affirmé être brûlé par l'excessive ardeur du soleil, et pour cette cause être inhabitable), le connoissant florissant, doux, tempéré, et habité d'une infinité de personnes : au moyen de quoi l'ordre nous a semblé très convenable et bien à propos, de mettre ces Navigations à la suite du livre de Jean Léon, Africain, pour autant que par la lecture d'icelui le lecteur, s'étant rendu certain des royaumes des Noirs, situés sur le Niger, très opulents en or, et des caravanes des marchands, qui pour le jourd'hui s'y transportent de plusieurs lieues de la Barbarie, traversant les déserts, non sans très grand et éminent danger de la vie et merveilleux frais des voitures (à quoi les anciens ne se sont jamais hasardés), puisse, en lisant ces Navigations, connoître à vue d'œil comme l'on pourroit donner ouverture à un tel passage par mer à ces royaumes des Noirs ; ce qui seroit court, *Comme l'on* facile, très commode et hors de danger. Et comme *peut passer au royaume des* pour le jourd'hui chacune nation des Chrétiens se *Noirs.* peut transporter avec vaisseaux à l'île Saint-Thomas, charger des sucres, payant les droits au sérénissime roi de Portugal (lequel voyage se fait le long de la côte jusque sur la ligne par ci-devant mentionnée, là où est cette île), ainsi fut-il en la puissance et licite à tous de faire voile en ces royaumes des Noirs, sous la charge de payer semblablement ce qui seroit dû de la marchandise qu'on y enlèveroit pour rapporter en nos marchés; puis, ainsi qu'on seroit à mi-chemin (qui est l'île Saint-Jacques, laquelle se retrouve quinze degrés sur cette ligne), se rafraîchir, et de là suivre la route de l'Ethiopie, venant passer au fleuve de Sénéga, ou bien au grand ruisseau, qui proviennent tous deux du Niger, s'embouchant dans la mer, et s'accorder avec le roi de Tombut, ou Melli, de pouvoir aller avec les navires chargés de marchandises en ces royaumes; en quoi faisant, je ne doute aucunement qu'on n'y fût bien venu et caressé avec tous les plaisirs et courtoisies qu'il est possible d'user envers étrangers, vu mêmement que les habitants de ces royaumes sont pour le présent réduits à grande civilité, et merveilleusement désireux de ce que produit l'Europe, comme on en peut amplement être acertainé par le témoignage de Jean Léon; tellement que les marchands n'auroient occasion de se soumettre au danger des corsaires : joint aussi qu'ils ne seroient sujets à tant de fortunes et tempêtes, s'approchant du tropique de Cancer, comme sur nos mers Méditerranées. Quoi plus? la commodité se présente opportune et tant facile qu'on pourroit la souhaiter; d'autant qu'on pourroit conduire toute sorte de marchandises par le fleuve Niger, qui n'est de moindre étendue que le Nil, et navigable par l'espace de cinq cents milles et plus, traversant et côtoyant toujours royaumes et cités. Outre ce, quel gain pourroit-on rapporter y conduisant le sel, qui est de si grande requête en ce pays-là, chargeant les navires à l'une des îles de Cap-Vert, surnommée du Sel, non à autre occasion que pour les lacs qui s'y trouvent, dans lesquels il est congelé? Et, par ceci, il est à présupposer qu'il y auroit grande concurrence de marchands, pour le grand profit qui en proviendroit, mêmement que le voyage est si court, avec ce qu'on n'y emploieroit si long temps, ni si grands frais, comme à naviguer aux Indes Orientales. Et, outre l'infinité d'or pur, on en rapporteroit encore plusieurs Noirs, lesquels, étant conduits en l'île Saint-Jacques de Cap-Vert, se pourroient vendre aux Indes Occidentales. Mais étant déjà assez amplement informés les sérénissimes rois de Portugal de toutes ces choses ci-dessus récitées, et encore de plus, et n'ayant voulu permettre jusqu'à présent qu'on se soit mis à la route de ce voyage, il faut estimer qu'ils l'ont fait pour quelque convenable respect, lequel comme il n'est bien séant de le vouloir rechercher, ainsi je pense qu'il n'est licite de vouloir discourir plus outre sur plusieurs autres choses de valeur, et nécessaires à notre usage, qui se pourroient tirer de cette part d'Ethiopie, laquelle est entre le tropique de Cancer et l'équinoxial, courant par les mêmes parallèles ou égales distances de longitude que font les Indes Orientales.

PROÈME DE L'AUTEUR

SUR SES NAVIGATIONS.

Je crois que personne ne voudroit ni ne pourroit (sans contrevenir au vrai) aller au contraire que je, Alouys de Cademoste, n'aie devancé tout autre de l'illustre et renommée cité de Venise, pour fréter sur la mer Océane hors le détroit de Gibraltar, et à suivre la route de la terre des Noirs, en la basse Ethiopie; ce que je ne pourrois avoir mis à fin sans que plusieurs nouveautés et choses dignes de récit ne se soient offertes et présentées à ma vue; lesquelles, à bon droit, m'ont semblé requérir et mériter qu'on prît la peine de les rédiger par écrit, pour trouver lieu entre les singularités plus rares; tellement qu'ainsi, comme je les avois notées dans mes tablettes ou mémoriales de temps à autre, je me suis mis à les transcrire, à celle fin qu'elles puissent être fidèles témoins, à la postérité, de l'ardeur et affection grande qui m'ont accompagné, pour en avoir la connoissance, en diverses et étranges régions; lesquelles certes, à comparaison des nôtres, se pourroient appeler un autre monde. Et si elles ne sont posées en tel ordre et rang comme la matière le pourroit bien requérir, au moins ceci détournera en partie le blâme qu'on me pourroit objecter, d'autant que je n'abandonnerai la vérité : ains m'en tiendrai toujours emparé en chacune partie, et ce plutôt en moins disant que racontant aucune chose outre ce que je connoîtrai être véritable. Or, le premier auteur de faire fréter en notre temps cette partie de l'Océan, du côté de Midi, aux terres des Noirs de la Basse-Ethiopie, a été l'illustre seigneur Infant dom Henrich de Portugal, qui fut fils de dom Jean, roi de Portugal et d'Algarves, premier de ce nom ; lequel, encore que la parfaite connoissance qu'il s'étoit acquise par curieux travail d'esprit des cours célestes et mathématiques le rendent de soi assez recommandable, néanmoins en (taisant ce qui est assez évident) je dirai seulement qu'étant de cœur magnanime et admirable esprit, s'adonna totalement, et déploya toutes ses forces à batailler sous les enseignes et guidons de la croix, et à prendre la querelle en main pour notre vrai seigneur et protecteur Jésus-Christ, guerroyant les Barbares, et virilement combattant contre ceux qui se montroient ennemis de notre sainte foi. Et pour encore s'illustrer de plus insigne marque, et se rendre entre les princes de son temps le plus accompli en toutes perfections, ne se voulut jamais joindre ni coupler avec femme, mettant le frein à sa jeunesse par le moyen de louable chasteté. Etant ainsi doué cet illustre prince de toutes ces

[marginalia: Dom Henrich de Portugal, premier qui ait discouru la partie de l'Océan du côté de Midi.]

[marginalia: Gestes et chasteté de dom Henrich de Portugal.]

choses (la moindre desquelles seroit suffisante pour immortaliser un chacun, à qui l'heur permettroit d'en être remarqué), si est-ce qu'avec tout cela il augmenta encore de ceci singulièrement sa renommée, d'autant qu'il ne faisoit aucune difficulté d'exposer sa personne même aux combats et rencontres hasardeux contre les Maures; au grand dommage desquels, et par son industrie, il mit glorieusement à fin plusieurs choses mémorables : à quoi étant occupé, et y prenant le plus de son plaisir, dom Jean, son père, tirant à la mort, sur le point de rendre les derniers soupirs, en l'an 1433, l'appela (comme celui qui n'étoit ignorant de la vertu qui reluisoit en lui et l'accompagnoit, et du noble lieu où son cœur avoit pris place pour mieux aspirer à hautes entreprises et actes héroïques), lequel, avec paroles tirées d'un estomac affectionné, lui recommanda, du meilleur de son cœur, la compagnie des chevaliers portugais, le priant, tant comme il lui étoit possible, de poursuivre son très saint et louable commencement avec toutes ses forces, qu'il avoit donné heureusement à la chasse des ennemis de notre foi; ce qu'avec peu de paroles promit de garder et observer inviolablement : au moyen de quoi, après le décès de son père (soutenu et aidé par la faveur de dom Douard, son frère aîné, lequel succéda à la couronne de Portugal), guerroya fort et ferme ceux du royaume

Exhortation de dom Jean, roi de Portugal, à son fils.

de Fez, là où le sort lui étant heureusement succédé par plusieurs années, et s'efforçant de tout son pouvoir à subjuguer celui royaume, se va aviser de faire courir ses caravelles armées et artillées par toutes les côtes d'Azafi et Messa, qui sont des dépendances du royaume de Fez, lequel s'étend sur l'Océan devers le détroit de Gibraltar ; et, suivant son projet, les y envoya tous les ans : en quoi faisant, les Maures s'en sentirent fort endommagés, tellement que ce seigneur tâchant toujours de faire flotter ses vaisseaux plus outre, moyenna si bien, qu'ils vinrent à découvrir jusqu'au promontoire nommé le Cap de Non, lequel a toujours été ainsi appelé jusqu'à présent, et pour lors étoit comme borne ou terme, qui, étant par aucun outrepassé, il ne se trouvoit personne qui se pût vanter du retour. De sorte qu'on le nomma Cap de Non, comme si on eût voulu dire : Qui le passe ne retourne ; tellement que les caravelles, étant parvenues jusques à icelui, n'osoient hasarder ce passage. Mais ce seigneur, ardent au possible d'avoir la connoissance des mers et terres qui se retrouvoient par delà, ordonna que ses caravelles, avec l'aide et faveur du seigneur, se mettroient à franchir ce pas, pour autant que les caravelles de Portugal étant les meilleurs vaisseaux voiliers qu'on puisse faire fréter (avec ce qu'elles étoient bien équipées et munies de toutes choses nécessaires), il ne se pouvoit faire à croire

Le promontoire Cap de Non.

qu'elles ne pussent naviguer partout; dont merveilleusement convoiteux de découvrir et avoir la connoissance de choses inconnues (pour se rendre acertainé des générations et habitants de ces pays, avec ce qu'il avoit bonne envie de tâter au vif les Maures, et leur donner quelque entorse), fit équiper trois caravelles, et les munir de toutes choses nécessaires, et mêmement de braves hommes qu'il mit dedans, lesquels firent voile et outrepassèrent ce Cap de Non, sans pouvoir trouver habitation ni à qui parler, sinon terres aréneuses : au moyen de quoi ils se mirent au retour. Mais, voyant ce seigneur que pour lors il n'en pouvoit savoir autre chose, l'année ensuivant leur fit une autre fois reprendre cette route, avec commission de passer plus outre qu'ils n'avoient fait, par l'espace de cent cinquante milles et plus, s'ils le trouvoient bon, sous prétexte qu'en ce faisant il les feroit tous jouissants de grandes richesses et bien rémunérer; en sorte qu'induits par cette promesse, firent voile derechef en ces parties. Mais, ne trouvant autre chose qu'arène, s'en retournèrent arrière. Et, pour le faire court, étant assuré ce seigneur pour la certitude (que lui en donnoit l'expérience de son savoir) qu'enfin il viendroit à découvrir peuples et habitations, fit réitérer ce voyage, toujours en avançant, par tant de fois et années, qu'enfin il fut averti de quelques parties habitées par les Arabes qui vivent en ces déserts, et plus outre, d'une génération nommée Azanaghes, qui est de gens basanés, desquels se fera ci-après plus ample mention. Par ce moyen, et en telle sorte, furent découvertes les terres des premiers Noirs, là où depuis, par succession de temps, on eut connoissance d'autres peuples de diverses langues, coutumes et foi, comme je vous ferai entendre plus amplement à la suite de ce mien œuvre.

PREMIÈRE NAVIGATION.

Me retrouvant donc dans notre cité de Venise l'an de l'Incarnation mil quatre cent cinquante-quatre, âgé de vingt et deux ans, et ayant navigué en quelques parties de nos mers Méditerranées, faisois mon conte de retourner en Flandre (voyage que j'avois déjà fait une autre fois), tendant à fin d'en pouvoir rapporter quelque profit : car je ne me proposois autre but, sinon d'employer les ans de ma jeunesse en chose par le moyen de laquelle je pusse trouver le chemin de m'acquérir quelques biens, afin que puis après, par l'expérience que me donneroit la conversation du monde, avec les ans, je pusse parvenir à aucune perfection et atteindre à quelque degré d'honneur.

Ce qu'ayant à part moi fermement proposé, je me mis en ordre, comme j'ai dit, avec ce peu d'argent que je me sentois avoir, et m'embarquai sur nos galères vénitiennes, en compagnie du capitaine messer Marc Zen, chevalier, avec lequel je fis départ au millième susnommé, le huitième d'août, et naviguâmes trois journées, prenant terre aux lieux accoutumés, jusqu'à ce que nous arrivâmes en Espagne.

Or me retrouvai retardé par les temps qui étoient contraires au cap de Saint-Vincent, duquel par cas d'aventure n'étoit pas fort éloigné le seigneur Infant dom Henrich, qui étoit logé en un village nommé Reposera, là où (pour être sequestré de toute habitation, hors de bruit et propre à la vacation de ses études) le séjour lui étoit fort agréable; et, étant averti de notre arrivée, envoya vers les galères un sien secrétaire, que l'on nommoit Antoine Gonzales, accompagné d'un nommé Patricio di Conti, qui se disoit être Vénitien et consul de notre nation au royaume de Portugal, comme il fit apparoître, et confirma son dire par une lettre patente de la seigneurie, avec le seau pendant.

Il étoit semblablement provisionné par le seigneur Infant, lequel donna commission à ces deux-ci d'aborder nos galères avec aucunes montres de sucre de l'île de Madère, de sang-de-dragon et autres choses tirées des lieux et îles qui étoient sous la puissance de ce seigneur. Ce que fut exposé à la vue de plusieurs personnes en ma présence; et, après qu'ils se furent enquis de plusieurs choses, vinrent à nous dire comme leur seigneur avoit rendu habitables plusieurs îles nouvellement découvertes,

Dom Henrich fut le premier qui fit habiter l'île saint Thomas.

lesquelles auparavant avoient été désertes et
inhabitées; en témoignage et signe de quoi ils
montroient ces sucres, sang-de-dragon et autres
choses fort utiles et de requête, encore que cela
se pouvoit appeler peu ou rien, à comparaison
d'autres, qui, par le moyen du souverain seigneur, étoient venues à la connoissance des gens;
nous déclarant comme depuis certain temps en
çà il avoit fait naviguer des mers qui avoient
été inconnues à tous, et découvrir des terres de
diverses et étranges générations, entre lesquelles
se trouvoient des choses admirables, et que
ceux, lesquels y avoient mis le pied, en avoient
rapporté de grandes richesses : car un grand
blanc ne leur revenoit à moins de six et sept.
Outre ce, ils nous ramenèrent tant de choses au
devant touchant ceci, qu'entre les autres ils
me causèrent par leurs paroles une grande admiration, tellement que dès l'heure même un
grand désir me vint de faire un voyage en ces
parties-là : au moyen de quoi je me mis à leur
demander si leur seigneur permettoit à un chacun d'y naviguer; à quoi ils me répondirent
que oui, moyennant que celui qui y voudroit
faire voile, se soumît à l'une de ces deux condi-
tions : ou d'armer la caravelle à ses propres dépens, et y réduire la marchandise, puis au retour
payer au seigneur la quarte partie de ce qu'il

apporteroit, demeurant le reste sien ; ou bien, que le seigneur armeroit la caravelle et équiperoit de tout ce qui seroit nécessaire, sans que celui, lequel s'y voudroit transporter, fût tenu à autre chose qu'à réduire la marchandise dedans, puis au retour partir avec le seigneur par la moitié, sur lequel demeureroient les frais, en cas qu'on n'en pût rien rapporter. Mais ils nous acertainèrent qu'il étoit impossible de fournir ce voyage sans y faire de grands profits, et que le seigneur prendroit un singulier plaisir, entendant que quelqu'un de notre nation eût délibéré s'y transporter, étant assurés qu'il le favoriseroit grandement, pour autant qu'il espéroit qu'on y dût trouver à force épicerie, et qu'il connoissoit les Vénitiens pour les plus expérimentés en cette affaire que nulle autre nation.

Après que j'eus diligemment écouté toutes ces choses, je délibérai me mettre en la compagnie de ceux-ci, pour parler à leur seigneur, ce que je fis ; et me confirma tout ce que les autres avoient mis en avant, me promettant, outre ce, me faire honneur et profit en cas que je me misse en ce voyage. Or, étant acertainé de tout, et me sentant jeune et bien dispos à soutenir tout labeur et travail, désireux au possible de voir du monde, et découvrir choses qui ne vinrent jamais à la connoissance d'aucun de ma nation : joint aussi que l'espérance du gain que je pensois en rapporter, m'y aiguillonnoit merveilleusement, j'arrêtai totalement de suivre cette route. Et, après m'être diligemment informé des marchandises et choses lesquelles y étoient nécessaires, retournai à la galère, là où, ayant enchargé tous mes affaires du Ponant à un mien parent, achetai sur nos vaisseaux tout ce que je pensois m'être nécessaire à l'entreprise d'un tel voyage, pour auquel donner commencement je mis en terre, laissant les galères reprendre leurs erres.

Du séjour de messer Alouys au cap Saint-Vincent, et de son départ l'an ensuivant pour prendre la route des îles Canaries.

Le seigneur Infant montra par semblant que ma demeure au cap Saint-Vincent lui fut fort agréable, et m'entretint avec plusieurs caresses par long temps, jusqu'à ce qu'il me fit armer une caravelle neuve de nonante tonneaux, de laquelle étoit patron un nommé Vincent Dies, natif de Lagus, qui est un lieu près le cap Saint-Vincent à seize milles. Et, ainsi que nous fûmes fournis de toutes choses nécessaires, sous la conduite du seigneur, nous nous embarquâmes au cap le vingt et deuxième de mars, l'an mil quatre cent cinquante et cinq, poussé d'un vent grec et de la Tramontane en poupe, qui nous faisoit tirer droit à la volte de l'île de Madère, allant à la quarte de Garbin à droit fil, et fîmes tant par nos journées que nous vînmes surgir à Port-Saint, à l'heure de midi, qui est distant du port susnommé par l'espace de cinq cents milles.

De l'île de Port-Saint, où nous arrivâmes.

L'île de Port-Saint est de fort petite étendue, ne contenant en son circuit plus haut de quinze milles, et a été découverte depuis vingt et sept ans en çà par les caravelles du seigneur Infant susnommé, qui, l'ayant trouvée déserte et auparavant inhabitée, la peupla de portugais, sur lesquels il constitua gouverneur un sien homme qu'on appeloit Barthélemy Pollastrel. Cette île recueille assez froment et avoine pour son usage, avec ce qu'elle est fort abondante en bœufs, sangliers et conils en nombre infini.

Sang-de-dragon. On y trouve du sang-de-dragon qui provient d'aucuns arbres, c'est à savoir une gomme qu'ils jettent en certain temps de l'an, laquelle on reçoit en cette manière. On donne quelques coups de hache ou cognée au pied de l'arbre, par où, au bout de quelque temps de l'année, cette gomme distille, puis en la vient à purger, en quoi faisant elle devient sang. Ce même arbre produit un certain fruit qui vient en maturité au mois de mars, et est de couleur jaune, très bon à manger, retenant le goût de cerise. Autour de cette île se pêche une infinité de dentés, orades et autres bons poissons. Il n'y a point de port; mais il s'y trouve une très bonne baie à l'abri de tous vents, fors du Levant, Austre et Siroch, lesquels soufflant y sont fort dangereux; mais, quoi que c'en soit, la retraite y est fort bonne. L'île s'appelle Port-Saint, parce qu'elle fut découverte par les Portugais le jour de Toussaint, et pense qu'en tout le monde ne se pourroit trouver lieu produisant miel plus parfait que celui-ci, avec de la cire, mais non pas de grande valeur.

L'île Port-Saint.

Du port de l'île de Madère, et de ce qu'elle produit.

Depuis nous fîmes départ de cette île le vingt-huitième de mars, et prîmes la route de Monchric, là où nous vînmes surgir, qui est un des ports de l'île de Madère, laquelle est distante de celle de Port-Saint par l'espace de quarante milles, tellement qu'en temps serein et clair on peut découvrir l'une et l'autre. Celle-ci a été peuplée de Portugais par le seigneur Infant depuis vingt et quatre ans en çà, avant lequel temps elle n'avoit jamais été habitée, et constitua deux gouverneurs sur icelle, qui étoient du nombre de ses chevaliers, dont l'un se nommoit Tristan Tessera, qui tient la moitié de l'île de la partie de Monchric, et l'autre (qu'on appeloit Zuangonzales Zaocho) gouvernoit l'autre moitié du côté de Fonzal; et retient l'île ce nom de Madère, qui signifie l'île des bois, pour autant qu'après avoir été découverte par ceux du seigneur Infant, il n'y avoit un seul pied de terre qui ne fût tout couvert de bois et arbres fort grands, de sorte que les premiers qui voulurent faire résidence furent con-

L'île de Madère mise à feu. traints lui donner le feu, qui suivit toujours brûlant un grand pays, et embrasant si fort l'île que le gouverneur Zuangonzales, lequel y étoit pour lors, fut contraint (comme lui-même me récita) avec sa femme, ses enfants et tout le reste de sa famille (pour éviter la furie de cette flamme), se retirer dans la mer, là où il demeura deux jours et deux nuits en l'eau jusques au cou sans boire ni manger; car autrement lui et tous les siens fussent demeurés ards parmi le feu. Par ce moyen ils dépêtrèrent l'île d'une partie de ces bois, découvrant la terre pour labourer.

Cette île est habitée en quatre parties, dont l'une se nomme Monchric; l'autre, Sainte-Croix; la tierce, Fonzal, et la quarte, la Chambre-des-Lions. Et combien qu'il s'y trouve d'autres lieux habités, néanmoins ceux-ci sont les principaux, et chacun d'iceux peut armer environ huit cents hommes, entre lesquels s'en trouveront cent à cheval.

L'île a de tour cent quarante milles, n'ayant aucun port, mais très bonnes baies, avec ce que le pays est fort abondant. Et combien qu'elle soit fort montueuse (comme la Sicile), elle ne laisse pourtant d'être très fertile, tellement qu'elle produit chacune année trente mille setiers de froment vénitiens, une fois plus et l'autre moins. Le terroir souloit rapporter du commencement soixante pour un ; mais maintenant il est revenu à trente et quarante, parce que les terres vont en empirant de jour à autre, étant néanmoins arrosées de gentilles fontaines; et s'y trouvent environ huit petits fleuves qui s'écoulent parmi l'île, sur lesquels y a des scieurs qui font journellement plusieurs ouvrages en bois, et tables de toutes sortes, de quoi se fournissent en Portugal et autres lieux, et d'icelles tables s'en trouve de deux sortes fort estimées, l'une de cèdre fort odorant, et semblable au cyprès, <small>Cèdre odorant.</small>

de quoi l'on fait plusieurs belles tables larges et longues, avec des caisses et autres ouvrages ; l'autre sorte est de nasso, qui sont semblablement fort exquises et de couleur qui tire sur le rouge. Et, pour autant que cette île est arrosée de beaucoup d'eaux, le seigneur Infant susnommé y a fait planter plusieurs cannes de miel, qui ont fort bien profité, et s'y font les sucres en grande quantité, que l'on vend au quintal, et s'en fera encore à ce que je peux entendre en plus grande quantité, pour être le pays fort propre à cela, pour cause que l'air y est chaud et tempéré; tellement qu'il n'y fait froid duquel on doive faire compte, tout ainsi qu'en Sicile ou en Chypre, et s'y font plusieurs confitures blanches et bonnes en toute perfection.

Nasso, un bois ainsi appelé en ce pays.

Le terroir produit le miel et la cire, mais en petite quantité. Les vins y sont assez bons selon que porte la nouvelle habitation, et en y a telle abondance que toute l'île en est fournie, sans ce que d'abondant il se transporte encore hors d'icelle. Entre les autres vignes le seigneur Infant fit apporter du plant de Malvoisie, de Candie, lequel profita fort bien ; et, à cause que le pays est très gras et bon, les vignes rapportent quasi autant de raisins que de feuilles, étant les grappes fort grandes comme de la

Raisins de trois et quatre palmes.

longueur de deux et trois palmes, voire et en disant de quatre je ne penserois aller contre la vérité, chose autant belle à voir qu'il est possible au monde. Il s'y trouve semblablement des raisins de treilles, noirs et bons en toute perfection, et s'y font des arcs de parfaite bonté et beaux au possible, avec des bois d'arbalète et pour tendre. On y voit des paons sauvages, entre lesquels s'en trouvent de blancs. Il n'y a perdrix ni autre gibier, sinon cailles et porcs-sangliers aux montagnes, en grande quantité, et me souvient d'avoir ouï raconter à personnes de cette île dignes de foi, que du commencement il y avoit grande quantité de pigeons, et s'en y trouve encore que l'on prend avec un certain lacs, ayant un poids comme une petite masse au bout, qui les tire en bas de l'arbre, après qu'ils en ont le cou entortillé, sans qu'ils s'effrayassent aucunement, à cause que personne ne leur avoit donné la chasse : ce qui se peut croire facilement, parce que le semblable m'a été récité en une autre île nouvellement retrouvée prochaine de celle-ci, laquelle est abondante en chair, et s'y trouvent beaucoup de gens riches selon le pays, qui est comme un jardin, lequel ne produit chose qui ne soit parfaite et singulière.

Il y a des frères mineurs de l'Observance,

gens de bonne et sainte vie ; et ne veux oublier ce que m'ont dit plusieurs personnages à la vérité y avoir vu, par la bonne disposition de l'air, verjus et raisins mûrs la semaine sainte, ou bien pour l'octave de Pâques.

Des sept îles des Canaries et des coutumes des habitants.

Nous partîmes de l'île de Mégère, tirant à Austre, tant que nous parvînmes aux îles de Canarie, qui sont distantes de celle-ci par l'espace de trois cent vingt milles, et sont jusqu'au nombre de sept, dont les quatre sont habitées de Chrétiens ; c'est à savoir, Lanzarotte, Fort'-Aventure, la Gomère et le Fer ; les autres trois sont habitées par Idolâtres, comme la grand' Canarie, Ténériffe et la Palme. Le seigneur de celles qui sont habitées par les Chrétiens est nommée Ferrera, gentilhomme, chevalier naturel de la cité de Sibillie et vassal du roi d'Espagne. Le vivre des Chrétiens est de pain d'orge, chair et lait en abondance, et mêmement de chèvres qu'ils nourrissent en grande quantité. Ils n'ont vin ni froment, s'il ne leur est par d'autres apporté, et ne produit leur territoire guère de fruits, étant quasi stérile en toutes autres choses bonnes.

<small>Anes sauvages.</small> Il y a bien un grand nombre d'ânes sau-

vages, principalement en l'île du Fer, et sont ces îles distantes l'une de l'autre par l'espace de quarante à cinquante milles, lesquelles sont situées l'une après l'autre et à la file, de sorte que la première et dernière regardent au Levant et Ponant. On en retire semblablement grande quantité de cuirs de chèvres, qui sont bons et merveilleusement forts, avec du suif et de fort bons fromages. Les habitants de ces quatre îles, sujettes aux Chrétiens, sont Canariens, de langue différente, tellement qu'ils ne s'entendent guère entre eux. En ces îles ne se trouve aucune place emmuraillée, sinon les villages; mais les habitants ont des retraites aux montagnes, pour être très hautes, et auxquelles a de difficiles passages, si forts que toute la puissance des hommes ne les sauroit forcer, sinon par siége. Chacune d'icelles est de grande étendue, en sorte que la plus petite ne contient rien moins de nonante milles.

Les trois autres, habitées par les Idolâtres, contiennent plus en leur circuit, et sont mieux habitées, mêmement deux d'icelles, qui sont la Canarie (contenant environ huit ou neuf mille personnes) et Ténériffe, laquelle est la plus grande des trois, là où se peuvent trouver, comme l'on dit, de quatorze à quinze mille personnes. La Palme n'est guère peuplée, mais il la fait fort bon voir; et, pour être ces trois îles habitées de gens de défense, avec montagnes hautes, lieux dangereux et forts, les Chrétiens n'y ont pu jamais donner atteinte pour les subjuguer.

<small>Ténériffe, la plus haute île qui soit dans l'Océan.</small>

Ténériffe, qui est la plus habitée, se prend pour l'une des plus hautes îles qu'environne l'Océan, tellement qu'en temps calme et découvert elle apparoît de bien loin. Et m'ont acertainé des marins dignes de foi l'avoir découverte à pleine vue par mer de soixante à septante lieues espagnoles, qui sont environ deux cent cinquante milles d'Italie, parce qu'il

<small>Montagne ardente.</small>

s'y lève une pointe ou bien montagne au milieu d'icelle en forme de diamant et très haute, laquelle ard incessamment; chose que peuvent témoigner les Chrétiens qui ont été détenus captifs par quelque espace de temps en cette île, lesquels affirment cette pointe avoir de hauteur du pied à la cime quinze lieues portugaises, qui sont soixante milles d'Italie. Cette île est gouvernée par neuf seigneurs qui sont appelés ducs, qui n'obtiennent la seigneurie de nature, comme de père à fils; mais qui peut plus, vient à s'en emparer, faisant le plus souvent guerre entre eux et se tuant brutalement, en quoi faisant ils n'usent d'autres armes que de pierres et javelots, à la pointe desquels, au lieu de fer, ils entent une corne aiguë, et ceux qui n'en ont point sont brûlés au bout de l'hast, tellement qu'elle ne se trouve moins dure ni offensible que le fer même.

Les habitants vont toujours nus, sinon que quelques-uns s'affublent de peaux de chèvres, dont ils en mettent l'une devant et l'autre derrière; puis s'oignent le corps de suif de bouc mixtionné avec certain jus de quelques herbes qui leur sont connues pour faire endurcir la peau et les défendre contre le froid, combien qu'il ne soit fort âpre en ces régions-là, pour être situées devers le côté d'Austre*. Les habitants ne bâtissent maisons de murailles ni de paille, mais se retirent et font leur résidence dans des creux et cavernes des montagnes, là où ils se repaissent d'orge, de chair et de lait de chèvre, duquel ils ont en grande abondance, avec quelques fruits, mêmement de figues; et, pour autant que le pays est fort chaleureux, ils recueillent le grain aux mois de mars et avril. Ils n'ont aucune foi; mais aucuns d'entre eux adorent le soleil, les autres la lune, et quelques-uns les planètes, ayant plusieurs fantaisies d'idolâtrie.

Habits, coutumes, loi et religion des habitants de l'île Ténériffe.

* C'est le vent d'Autan ou de Midi.

Les femmes ne sont pas communes entre eux; mais il est licite à un chacun d'en prendre autant que bon lui semble, et n'épouseroient jamais une femme vierge qu'elle n'eût premièrement été déflorée par leur seigneur, ayant couché une nuit avec icelui : ce qu'ils réputent à très grand honneur, comme affirment les chrétiens des quatre îles, lesquels ont coutume avec quelques fustes d'aller surprendre de nuit ces Canariens idolâtres, et bien souvent enlèvent hommes et femmes, qu'ils envoient en Espagne vendre pour esclaves. Mais il advient aussi que quelquefois il y demeure des fustes prises; combien que ceux-ci ne font mourir les personnes qui sont dans icelles, estimant les faire assez endurer et punir à la rigueur, leur faisant tuer des chèvres, les écorcher et mettre en pièces, chose qu'ils tiennent pour très vile et absurde, tellement que, pour le plus grand impropère qu'ils leur puissent faire, les contraignent exercer cet office jusqu'à tant qu'ils se puissent ou fassent racheter.

Sacrifice d'homme à la solennité des fêtes.
Ils observent encore une autre coutume : que quand leurs seigneurs prennent la possession de leur domaine, il s'en trouve quelqu'un qui veut mourir pour honorer la fête; au jour de laquelle chacun se transporte sur une certaine profonde vallée, pour accompagner celui qui veut ainsi misérablement exposer sa vie à si étrange manière de mort. Et, étant là arrivés, après certaines cérémonies et quelques paroles

prononcées, ce pauvre misérable se précipite dans cette vallée, là où il se démembre et met en pièces : dont, pour reconnoissance d'un tel acte, le seigneur est tenu et obligé d'honorer grandement, et rémunérer d'amples dons les parents du défunt. On dit que cette inhumaine et brutale coutume s'y observe, et même les Chrétiens, lesquels y ont été détenus prisonniers, affirment le semblable.

Outre ce, les Canariens sont merveilleusement prompts à la course et grands sauteurs, pour être accoutumés en ces îles scabreuses et pleines de montagnes, sur lesquelles ils sautent déchaux, et s'élancent de roc à autre comme des chevreuils, faisant des sauts pour étonner quiconque seroit à les regarder; et, s'ils se montrent en cela agiles, ils ne sont pas moins dextres et puissants à ruer une pierre droit et roide, tellement qu'ils ne faudront jamais d'atteindre là où ils visent; avec ce, qu'ils ont les bras si nerveux et puissants, qu'en peu de coups de poing ils mettront un bouclier ou targue (pour épaisse qu'elle soit) en mille pièces.

Vous assurant que je vis un Chrétien canare en l'île de Madère, qui présentoit à douze hommes douze oranges, et en retenoit douze autres, s'offrant à gager contre toute personne qui eût voulu, de frapper un chacun d'iceux avec chacune de ses oranges sans jamais faillir d'atteintes, et qu'il n'y auroit pièce d'entre eux qui lui pût donner touche, encore qu'ils ne fussent éloignés sinon par l'espace de huit ou dix pas. Mais il ne se trouva personne qui se présentât en jeu, ni qui offrit gage. Car il n'y avoit celui des assistants qui ne fût assez averti qu'il feroit beaucoup plus que ce dont il se vantoit; tellement que je ne saurois avoir ces Canariens-ci en autre estime que des plus adroits et légers hommes qu'il est possible trouver en autre part du monde.

Davantage, hommes et femmes se savent peindre leur chair avec certain jus d'herbes vertes, rouges et jaunes, ayant telles couleurs pour une très belle devise, et par icelles savent exprimer leurs particulières affections, tout ainsi que nous autres par la variété des couleurs que nous portons en nos habillements. Et me suis retrouvé en deux de ces îles, en celle de Gomère et du Fer, qui sont habitées par Chrétiens; et abordai encore à celle de la Palme; mais je ne démontai pas pour suivre mon voyage.

De Cap-Blanc d'Ethiopie, de l'île d'Argin et autres adjacentes.

Nous reprîmes nos erres au partir de cette île, suivant toujours la route de l'Éthiopie devers Austre ; de sorte que, en peu de jours, nous parvînmes à Cap-Blanc, distant de l'île de Canarie par l'espace de huit cent soixante milles. Et faut noter qu'au départ de ces îles pour venir vers ce cap, on vient rasant la côte d'Afrique, laquelle, ainsi que l'on navigue à Austre, demeure à main gauche ; combien qu'on se jette au large en perdant terre, parce que les îles Canaries sont bien avant en mer sur le Ponant, et l'une plus que l'autre.

Ainsi l'on va naviguant loin de terre, jusqu'à ce que l'on ait avancé les deux tiers du chemin, qui est depuis ces îles jusqu'au Cap-Blanc. Puis on vient se joindre du côté de la main gauche, à la côte, jusqu'à vue de terre, pour ne devancer ce cap sans le remarquer, parce que, outre icelui, on ne sauroit découvrir terre de long-temps, d'autant que la côte y vient faire pointe, là où se forme un golfe que l'on nomme la Fournaise d'Argin, qui prend ce nom d'une île, laquelle est située en icelui, ainsi nommée par les habitants d'Argin ; et se jette en terre ce golfe par l'espace de plus de cinquante milles.

Il y a, outre ce, trois îlettes auxquelles les Portugais ont imposé ces noms : l'île Blanche, pour être aréneuse; l'île des Garzes, à cause que les Portugais, qui y abordèrent premièrement, la trouvèrent tant pleine d'œufs de ces oiseaux marins, qu'ils en chargèrent deux esquifs des caravelles. La tierce nommèrent l'île des Cœurs; et sont toutes de petite étendue, aréneuses et inhabitées, étant toutes arides et sans eaux, fors celle d'Argin, en laquelle il s'en y trouve.

Discours de l'Éthiopie et du désert qui est entre icelle et la Barbarie, et pour quelle occasion il a retenu le nom de Cap-Blanc.

Au départir de la Barbarie, hors le détroit de Gibraltar, tirant à main gauche par cette côte, qui est de la Barbarie vers l'Éthiopie, on ne trouve aucune habitation des Barbares jusqu'au cap de Cantin; et d'icelui (suivant cette côte à la volte de Cap-Blanc) les terres aréneuses prennent leur commencement, qui est le désert, lequel confine devers Tramontane avec les montagnes, qui enserrent notre Barbarie deçà de Thunes et de tous ces lieux de la côte, lequel désert est par iceux Barbares appelé Sarra; et du côté de Midi se termine avec les Noirs d'Éthiopie, étant de si grande étendue qu'on ne le pourroit traverser en cinquante ou soixante journées de cheval, en d'aucuns endroits plus, et en d'autres moins; et s'en vient faire borne à la mer Océane, sur la côte qui est tout aréneuse, blanche, aride, basse et toute plaine, en laquelle on ne sauroit discerner un lieu plus haut que l'autre jusqu'au Cap-Blanc, lequel fut ainsi appelé par les Portugais qui le découvrirent premièrement, après l'avoir vu ainsi blanchir et aréneux, sans aucune apparence d'arbres ou herbe, et est de très belle assiette, à cause qu'il retient la forme d'un triangle; c'est à savoir en face; et il fait trois pointes, distantes l'une de l'autre par l'espace d'un mille.

Des poissons qui se trouvent du long de cette côte, et dés bancs d'arène qui sont au golfe d'Argin.

En toute cette côte se trouve grande pêcherie et incomparable de divers et bons poissons, semblables aux nôtres que nous avons à Venise, et encore d'autres espèces. Il y a peu d'eau dans ce golfe, en tous endroits auxquels se trouvent plusieurs bancs, les aucuns d'arène et les autres de pierres, et là ont grande concurrence les eaux de la mer. Au moyen de quoi on n'y oseroit naviguer, sinon de jour, avec la sonde en main, selon le cours des eaux; et n'y a pas long-temps que, pour ces causes, deux navires s'y brisèrent.

Le cap de Cantin et le Cap-Blanc sont situés à l'object l'un de l'autre, du côté de Grec et Garbin.

Du lieu de Hoden, des marchandises et coutumes d'icelui.

Derrière Cap-Blanc se trouve un lieu nommé Hoden, qui est avant en terre par l'espace de six journées de chameau, sans être aucunement emmuraillé; mais c'est la retraite des Aravanes, là où arrivent les caravanes qui viennent de Tombut et d'autres lieux des Noirs, lesquelles se veulent transporter en nos Barbaries de par-deçà.

Les habitants de ce lieu-ci vivent d'orge et dattes, dont ils sont fournis en grande quantité, lesquelles naissent en d'aucuns lieux, mais non pas à suffisance, et usent du lait de chameau et d'autres animaux, pour autant qu'ils n'ont point de vin. Ils nourrissent des vaches et chèvres, mais en petit nombre; parce que la terre est aride, et sont leurs bœufs et vaches de petite corpulence à comparaison des nôtres. Ceux-ci observent les préceptes de Mahomet, qui les rendent ennemis des Chrétiens, et ne demeurent jamais en un lieu, mais vont errants par les déserts çà et là, se transportant aux terres des Noirs, et viennent encore en notre Barbarie.

Ils sont en grand nombre, nourrissant quantité de chameaux, avec lesquels ils portent argent, cuivre des Barbares et autres choses, à Tombut et aux terres des Noirs, où ils chargent de l'or et mellegette[*] qu'ils apportent par-deçà. Ce sont gens bruns, usant de certaines capettes blanches sur la chair, avec un bord rouge aux extrémités; comme aussi s'accoutrent les femmes, qui ne portent aucunes chemises. Les hommes portent en tête un linge à la mauresque, allant toujours déchaux. En ces lieux aréneux se trouve grande quantité de lions, léopards et autruches, des œufs desquelles je me suis souvent repu pour les trouver fort bons et à mon goût.

[*] Mellegette est une sorte de ferrement que l'on met aux garnitures des chevaux, principalement à ceux qui viennent d'Allemagne.

De l'ordonnance faite par le seigneur Infant en l'île d'Argin, sur le fait des marchandises; du fleuve de Sénéga, et des coutumes des Azanaghes.

Le seigneur Infant a fait en cette île d'Argin une ordonnance pour dix ans, que personne ne peut entrer dans le golfe pour démener marchandises avec les Arabes, fors ceux qui ont congé durant ledit terme, lesquels font leur résidence en cette île, là où ils tiennent facteurs qui vendent et achètent d'iceux Arabes, lesquels abordent là, faisant marchandises de diverses choses, comme de draps, toiles, argent, alchifels, qui sont capettes, tapis et autres choses; mais le froment surtout y est de requête, à cause qu'ils sont toujours affamés; et se donnent toutes ces choses en contre-échange des Noirs que les Arabes amènent de leurs terres mêmes avec de l'or : tellement que ce seigneur Infant fit édifier un château en cette île pour établir cet apport à perpétuité; et, pour cette raison, les caravelles de Portugal font le voyage tous les ans.

Ces Arabes ont encore grand nombre de chevaux barbares, lesquels ils exposent en vente en la terre des Noirs, là où il les vendent aux seigneurs, qui donnent en troc des esclaves, à quinze têtes contre cheval, selon qu'ils sont estimés et jugés être bons. Ils y portent semblablement des ouvrages mauresques de soie, qui se font en Grenade et dans Thunes de Barbarie, avec argent et plusieurs autres choses pour lesquelles on leur retourne grand nombre de têtes et quelque somme d'or, qu'on transporte en ce lieu d'Hoden, là où toutes ces choses se divisent, dont une partie va aux montagnes de Barcha et de là arrive en Sicile, partie à Thunes; et par toute la côte de Barbarie le reste se conduit en ce lieu d'Argin, là où il se vend aux Portugais, tellement qu'on tire de ce lieu tous les ans sept à huit cents têtes pour mener en Portugal, duquel royaume les caravelles (avant que ce trafic fût mis sus) souloient chacun au aborder à ce golfe armées, tantôt trois, mainnenant quatre, se jetoient sur aucuns villages de pêcheurs, et couroient encore le plat pays; si qu'elles enlevoient de ces Arabes tant mâles que femelles, qui se vendoient en Portugal, et faisoient le semblable par toute l'autre côte qui tient à ce Cap-Blanc et plus avant, jusqu'au fleuve de Sénéga, qui est très grand, séparant une génération nommée Azanaghes d'avec le premier royaume des Noirs, et sont ces Azanaghes basanés, mais tirant plus sur le brun, et font leur résidence en certain lieu de cette côte, qui est par-delà Cap-Blanc, errant la plupart d'entre eux par le désert qui confine avec les susnommés Arabes de Hoden.

Ceux-ci vivent semblablement de dattes, orge et lait de chameau; mais, pour être plus prochains de la première terre des Noirs, ils pratiquent avec eux : au moyen de quoi ils en retirent du millet et quelques autres légumages, et d'iceux ils soutiennent leur vie; car ils sont gens de petite dépense, supportant fort bien la faim, parce qu'avec une écuellée de bouillie de farine d'orge ils se maintiennent le long de la journée frais, et font cela pour le défaut qu'ils ont des vivres.

Les Portugais, comme nous avons dit, enlevoient de ceux-ci et les vendoient pour les meilleurs esclaves de toute la terre des Noirs. Mais, depuis certain temps en çà, tout a été réduit à paix et au trafic de marchandise, tellement que le seigneur Infant ne permet plus qu'on y fasse courses, ni aucun dommage, pour autant qu'il est toujours en cette espérance, qu'avec la familière et amiable conversation des Chrétiens, ils se pourront finalement réduire à notre foi, d'autant qu'ils ne sont pas encore trop bien confirmés en la loi et doctrine mahométane, fors de ce qu'ils en ont ouï réciter. Et ont ces Azanaghes une étrange façon de faire: portant un linge dont ils s'entortillent la tête, laissant pendre un bout d'icelui sur le visage, avec lequel ils se couvrent la bouche et partie du nez, disant que la bouche est une vilaine chose par laquelle sortent continuellement ventosités et mauvaises odeurs ; au moyen de quoi on la doit tenir cachée, comme ils disent, sans aucunement la montrer; tellement qu'ils viennent à la comparer à la moins honnête des parties honteuses, dont par leurs raisons ces deux parties (pour être les plus ordes qui soient sur la personne) se doivent tenir couvertes; de sorte qu'ils ne découvrent jamais la bouche, sinon à heure de manger et non autrement.

Ils n'ont aucuns seigneurs entre eux, fors ceux qui excèdent les autres en richesses, qui sont les plus honorés, et auxquels l'on porte plus grande obéissance qu'aux autres, pauvres gens, menteurs, larrons plus que tous les hommes, et traîtres de même. Ils sont de commune stature et maigres, portant leurs cheveux crêpés par-dessus les épaules, quasi à la mode des Allemands; mais ils sont noirs, et les oignent tous les jours de poix, qui leur fait rendre une puante odeur qu'ils estiment toutefois pour une grande gentillesse.

Habits et façon de faire des Azanaghes.

Quelle chose ils pensoient être nos navires, les ayant premièrement découverts.

Il faut entendre que ces Azanaghes n'ont eu connoissance d'autres Chrétiens que des Portugais, lesquels maintinrent la guerre à l'encontre d'iceux, par l'espace de treize ou quatorze ans, pendant lequel ils détinrent plusieurs captifs (comme j'ai auparavant récité) qu'ils vendirent pour esclaves; vous assurant que, lorsqu'ils découvrirent premièrement les voiles ou navires flotter sur la mer (chose que leurs prédécesseurs ni eux n'avoient jamais vue), ils pensoient que ce fussent grands oiseaux, avec des ailes blanches, qui volassent, venant de quelque étrange contrée; puis, voyant les voiles calées, aucuns d'entre eux prenoient les vaisseaux pour quelque grand poisson, les voyant de loin. Les autres vouloient affirmer que ce fussent fantômes, lesquels erroient de nuit, qui leur causoient une merveilleuse peur; et avoient cette opinion, pour autant que le soir ils se trouvoient souventefois assaillis en un lieu, et, la nuit même, étoient surpris encore à l'aube du jour, cent milles plus outre, selon la côte, ou quelquefois plus en arrière, selon que l'avoient ordonné ceux qui étoient dans les caravelles, et comme ils se trouvoient avoir le vent à souhait; si que ces Azanaghes ne se pouvoient persuader que ce fussent humaines créatures; car, disoient-ils, s'il étoit ainsi, comme pourroient-elles expédier si grand espace de chemin en une nuit, que nous ne saurions faire en trois jours? Mais ils en parloient comme personnes du tout ignorantes de l'art de naviguer; tellement qu'ils pensoient fermement les vaisseaux être quelques fantômes. Et de ceci m'ont assuré plusieurs Azanaghes qui étoient esclaves en Portugal, et les Portugais mêmes, qui, de ce temps-là, fréquentoient ces mers avec caravelles. Et de là peut-on conjecturer combien ils étoient nouveaux en nos faits, concevant telle opinion.

D'un lieu appelé Tegazza, duquel on tire grande quantité de sel, là où il se porte; par quel moyen et comment on en fait marchandise.

Au-dessus de Hoden, six journées en terre ferme, y a un lieu qui s'appelle Tegazza, qui signifie en notre langue, charriement d'or, là où se tire du sel en grande quantité, comme pierre, que les Arabes et Azanaghes divisent en plusieurs parties, lesquelles ils portent à grandes caravanes à Tombut, et de là à Melli, <small>Sel de pierre.</small>

empire des Noirs, où il n'est pas plus tôt arrivé, qu'il est enlevé en moins de huit jours, au prix de deux à trois cents mitigaux la charge; et vaut le mitigal, un ducat ou environ; puis, avec leur or, font retour en leurs marches.

Tout le pourpris de cet empire est fort chaleureux, et les herbages fort contraires aux animaux quadrupèdes; tellement que, de quatre cents de ceux qui vont avec les caravanes, les vingt et cinq n'en feront retour; et, en ce pays, ne s'en y peut nourrir, car elles viennent toutes à mourir. Et encore plusieurs Arabes et Azanaghes y prennent des maladies, qui les y font le plus souvent demeurer sans plus faire retour, et sont causés ces inconvénients par l'extrême chaleur.

Ils disent qu'il y a de Tegazza à Tombut environ quarante journées de cheval, et trente de Tombut à Melli; et m'étant enquis de ceux-ci à quoi emploient ce sel les marchands de Melli, il me fut répondu qu'il s'en use en leurs pays quelque quantité, pour autant que la proximité qu'ils ont avec l'Équinoxial (là où continuellement la nuit égale le jour), il y a de grandes chaleurs en certain temps de l'an, au moyen de quoi le sang vient à se corrompre et putréfier; tellement que, si ce n'étoit ce sel, ils en prendroient la mort. Mais ils y pourvoient par un tel remède : ils prennent une petite pièce de ce sel qu'ils détrempent avec un peu d'eau dans une écuelle, de laquelle ils usent et boivent tous les jours, chose qui les contregarde et guérit. *Remède contre les maladies provenant d'extrême chaleur.*

Le reste du sel transportent en pièces de telle forme et grandeur, qu'un homme les puisse porter avec un engin et habillement sur la tête un long voyage. Mais, premièrement, il est apporté à Melli sur des chameaux en deux grandes pièces, tirées de la mine, qui semblent propres à faire la charge des chameaux, un chacun desquels en porte deux pièces; puis, étant parvenus à Melli, ces Nègres le rompent en plusieurs parties pour le porter sur la tête, de sorte que chacune personne en peut porter une pièce; ce qu'ils font, par long espace de chemin, avec un tel amas de gens à pied, qu'ils ressemblent à un exercite; et ceux qui le portent ont une fourchette en la main, laquelle ils fichent en terre quand ils se trouvent lassés, appuyant le sel sur icelle; et en cette manière le conduisent jusque sur une certaine eau, laquelle ils n'ont su rapporter si elle est douce ou salée, pour savoir si c'est fleuve ou mer. Mais je pense que ce soit un fleuve; car, si c'étoit mer, pour être en un climat si chaud, on n'auroit que faire de porter du sel, que ces *Le moyen que ces Nègres ont à conduire le sel et distribuer l'or avec*

Noirs ne sauroient charroyer autrement, parce qu'ils n'ont chameaux ni autres animaux pour le conduire, sinon en cette manière, à cause qu'ils n'y pourroient vivre, pour l'insupportable et excessive chaleur. Je vous laisse donc à penser quelle multitude de personnes est requise à porter ce sel, et combien est grand le nombre de ceux qui en usent.

une autre génération de Nègres.

Or, ainsi qu'il est arrivé sur cette eau, ils font en cette manière : tous ceux à qui appartient le sel en font des montagnes de rang, dont chacun marque la sienne ; puis tous ceux de la caravane se retirent arrière une demi-journée, pour donner lieu à une autre génération des Noirs, qui ne se veulent laisser voir ni parler ; et viennent avec grandes barques, comme s'ils sortoient d'une île, puis prennent terre ; et, ayant vu le sel, mettent une quantité d'or à l'encontre de chacune montagne, se retirant et laissant l'or et le sel ; puis, étant partis, les autres retournent, prenant l'or, si la quantité est raisonnable ; sinon ils le laissent avec le sel, vers lequel retournant les autres Noirs de l'or, ils prennent la montagne de sel qu'ils trouvent sans or, et en laissent davantage aux autres montagnes, si bon leur semble, ou bien laissent le sel ; et, en cette sorte, troquent cette marchandise les uns avec les autres, sans se voir ni parler, par une longue et ancienne coutume, laquelle, combien qu'elle semble fort étrange et difficile à croire, si est-ce que je vous assure en avoir été informé, à la vérité, par plusieurs marchands, tant Arabes qu'Azanaghes; voire et de personnes qui étoient tant suffisantes, qu'on se pouvoit sûrement reposer sur leurs paroles.

De la stature et forme d'aucuns qui ne se veulent, en sorte que ce soit, exposer en vue, et en quel lieu se transporte l'or qu'on retire d'iceux.

Je m'enquêtai encore des marchands susnommés comme il se pouvoit faire que l'empereur de Melli, si grand et puissant seigneur, comme ils le disoient être, ne s'étoit mis en diligence à trouver tous les moyens pour savoir par force ou par amour quelle manière de gens sont ceux-ci, qui ne veulent permettre qu'on les voie ni qu'on leur parle; à quoi ils me firent réponse, qu'il n'y avoit pas long-temps qu'un empereur se résolut totalement de faire prendre et venir entre ses mains quelqu'un d'iceux; et ayant pris conseil sur cette matière, et comme il y devoit procéder, fut arrêté qu'aucuns de ses gens, un jour avant que la caravane dût retourner arrière cette demi-journée ci-dessus mentionnée, feroient des fosses auprès du lieu où seroient les montagnes de sel, dans lesquelles ils se tiendroient en aguet jusqu'à ce que ces Noirs viendroient pour mettre l'or auprès du sel, et lors ils devoient mettre la main sur iceux pour les mener à Melli. Ce qui fut fait et bien exécuté de point à autre, non autrement qu'il avoit été devisé; tellement qu'on en retint quatre, et les autres se mirent en fuite, gagnant le haut; mais on donna liberté encore à trois de ces quatre, d'autant que l'un seulement pouvoit suffire pour satisfaire au vouloir de l'empereur, et pour aussi ne donner à ces Noirs si grande occasion de fâcherie. Néanmoins on ne sut jamais tirer une seule parole de celui-ci (encore qu'on lui usât de divers langages), ni le faire manger; de sorte que, quatre jours passés, il fut contraint de rendre l'esprit.

Qui fait estimer aux Noirs de Melli, par l'expérience que leur en donna celui-ci (ne voulant parler en sorte quelconque), qu'ils doivent être muets. Les autres pensent qu'ayant la forme d'homme, il ne peut être qu'ils ne sachent former l'accent humain; mais que par dédain que celui-ci conçut, étant irrité (pour avoir vu user d'un autre traitement envers ses compagnons, que non pas en son endroit), il

ne voulut aucunement répondre à ce qu'on
lui demandoit, et, par sa mort, apporta aux
Noirs de Melli une merveilleuse fâcherie, d'autant que ce qu'ils en avoient fait n'avoit pu
apporter contentement, ni satisfaire à la volonté curieuse de leur seigneur, vers lequel
ayant fait retour, lui racontèrent par le menu
comme le tout s'étoit passé; de quoi il demeura
passionné au possible; et leur ayant demandé
quelle étoit la stature d'iceux et corpulence,
répondirent que c'étoient gens très noirs, bien
formés de corps, les excédant d'une palme en
hauteur, et ont, dirent-ils, la lèvre de dessus
petite, de telle proportion que sont les nôtres;
mais celle de dessous, large presque d'une
palme, grosse et rouge, semblant jeter par dedans comme du sang. Au moyen de quoi, par
cette difformité, ils avoient les gencives découvertes, et les dents, qu'ils disoient être plus
grandes que les leurs, deux desquelles de chacun côté excédoient les autres en forme et
grandeur; et les yeux noirs qui leur rendoient
un regard fier et dépiteux, avec ce que de
leurs gencives distilloit sang, tout ainsi comme
des lèvres. Et de fait, pour tel respect, tous les
empereurs se sont déportés de plus poursuivre
telle entreprise, sans qu'ils se soient voulu enquérir plus outre; pour autant que par la prise

et mort de ce Noir, les autres s'en sentirent tant offensés, que, par l'espace de trois ans, ils désistèrent de plus venir enlever ce sel, avec l'or, à la manière accoutumée. Et croient, ces Noirs de Melli, que les lèvres des autres Noirs commencèrent à se corrompre et putréfier, à cause de leurs pays, qui sont si extrêmement chaleureux et plus que ne sont ceux où habitent les autres; de sorte qu'ayant supporté telle infirmité et mort par l'espace de trois ans, pour n'avoir autre moyen à se médiciner, enfin, ayant enduré jusqu'à l'extrémité, furent contraints de reprendre et renouveler leur ancienne coutume pour retourner quérir du sel, sans lequel (comme l'on peut conjecturer par ceci) ils ne pourroient vivre longuement. Car on juge de leur mal par l'expérience qu'on eut de celui-ci, avec ce que l'empereur n'a pas grand pensement s'ils veulent parler ou non, moyennant que le profit de l'or lui en revienne.

C'est tout ce que j'ai pu entendre quant à ceci; de quoi étant acertainé par tant de personnes, je ne saurois penser qu'il ne soit ainsi, et le pouvons tous croire : ce que de ma part je veux faire, pour avoir aussi vu et su quelque chose du monde qui ne me semble moins étrange que celle-ci.

L'or qui se porte à Melli, par tel moyen, est

divisé en trois parties : la première se transporte avec la caravane, tenant le chemin de Melli, à un lieu nommé Cochia, qui est la route qu'il faut tenir pour aller au Caire et en Syrie; la seconde et tierce partie viennent avec une caravane de Melli à Tombut, où il se part; et, de là, une partie est portée à Tret, d'où elle se charroie vers Thunes de Barbarie, par toute la côte de dessus, et l'autre partie va à Hoden, que nous avons ci-dessus mentionné; puis, de là, s'épand vers Oran et One (lieux encore de la Barbarie dans le détroit de Gibraltar), Fez, Maroc, Arzile, Azafi et Messa, qui sont de la Barbarie hors le détroit. Et s'enlève de ce lieu par les marchands italiens, avec diverses autres marchandises qu'ils donnent en contre-échange. Mais, pour revenir sur mes brisées, cet or est tout le meilleur qui se puisse tirer des pays susnommés et terres des Azanaghes ou Basanés.

Pour ce que de celui qui se transporte à Hoden (comme nous avons dit), on en conduit sur les rivières de la mer, que l'on vend puis aux Portugais, lesquels résident journellement en l'île d'Argin, pour le trafic des marchandises en troc d'autres choses.

Quelle monnoie se dépend entre les Azanaghes, et de leurs coutumes.

En ce pays des Basanés ne se bat aucune monnoie, encore moins en savent-ils user, et ne s'en trouve en aucun des autres lieux susnommés; mais tout leur fait et trafic, est à donner en contre-échange chose pour autre, ou deux pour une, et par telle manière se maintiennent. Il est bien vrai qu'en plat pays, comme il m'a été dit, ces Azanaghes, et encore les Arabes, en aucuns lieux ont coutume d'employer quelques porcelettes blanches, de celles qu'on apporte à Venise du Levant, desquelles ils donnent un certain nombre, selon la valeur des choses qu'ils veulent acheter. Vous avisant qu'ils vendent l'or au poids du mitigal, comme c'en est la coutume en Barbarie. Ceux qui font résidence en ce désert ne tiennent foi ni loi, et n'ont aucuns seigneurs naturels, fors ceux qui possèdent les plus grandes richesses et ont plus vu du monde, et ainsi en use-t-on en plusieurs lieux. Les femmes de ce pays sont basanées, lesquelles ont coutume de porter certaines petites gonnelles qui sont apportées de la terre des Noirs, avec aucunes de ces capettes, desquelles nous avons ci-dessus

Porcelettes blanches pour monnoie.

parlé, que l'on nomme alcheseli, sans qu'elles vêtent aucunes chemises. Et celle qui a les plus longues tétasses est estimée et tenue pour la plus parfaite et accomplie en toute beauté, tellement que pour la grande envie qui les point d'être tenues pour telles, et afin qu'elles emportent cet honneur de les avoir plus grandes et plaisantes, elles ne sont pas plus tôt parvenues à dix-sept ou dix-huit ans (auquel âge l'estomac commence à poindre et se hausser), qu'elles s'étreignent d'une corde à travers le corps, qui ceint les tétins si étroitement qu'ils s'en viennent à rompre par le milieu, tellement qu'elles les déracinent; et, pour les tirer incessamment, les font croître et allonger si fort, qu'à aucunes ils pendent et viennent battre sur le nombril, étant estimés les plus longs comme pour une chose très rare et singulière. Ce peuple use de chevaux maures, mais il ne s'en trouve pas guère en ces parties, d'autant que le pays est stérile; au moyen de quoi on ne les y sauroit maintenir : même les habitants n'y sont de longue durée, pour les grandes chaleurs qui leur avancent leurs jours. Les parties de ce désert sont fort chaleureuses, et d'autant plus sèches et arides, qui y fait manquer l'eau, dont il n'y en a que bien peu : au moyen de quoi la stérilité y est grande, et n'y pleut

<small>Les femmes ayant plus longues tétasses sont estimées les plus belles.</small>

sinon en trois mois de l'année, qui sont août, septembre et octobre. Il me souvient encore d'y avoir vu une grande quantité de locustes volants de la longueur d'un doigt, lesquelles sont de la forme de celles qu'on voit sauter parmi les prés : vrai est qu'elles sont plus grosses, jaunes et rouges; et se montrent en l'air en certain temps, en si grand nombre, que par l'épaisseur d'icelui la clarté du soleil en est obscurcie, et se voit tout le contour par l'espace de dix à douze milles, tant que la vue de l'homme se peut étendre, couvert de cette vermine, autant l'air comme la terre, qui est une chose merveilleuse à regarder, tant qu'il ne demeure chose aucune, là où elles se posent, que tout ne soit détruit; de sorte que ces peuples prennent cela pour le plus grand malheur qui sauroit venir entre eux ; car si cela advenoit chacune année, il seroit impossible de résider en ces pays-là, qui par ce moyen demeureroient inhabitables. Mais ces animaux ne s'y transportent sinon une fois en trois ou quatre années. Et du temps que j'y passai, il y en avoit une infinité sur la marine.

Du grand fleuve appelé le ruisseau de Sénéga, anciennement nommé Niger, et comme il fut retrouvé.

Depuis que nous eûmes outrepassé le Cap-Blanc, nous naviguâmes à vue toujours d'icelui, tant que par nos journées nous parvînmes au fleuve qu'on nomme le ruisseau de Sénéga, qui est le premier et plus grand de toute la terre des Noirs, et entrâmes par cette côte, là où ce fleuve sépare les Noirs d'avec les Basanés qu'on nomme Azanaghes, divisant semblablement la terre sèche et aride (qui est le désert susnommé) d'avec le pays fertile qui est celui des Noirs. Et cinq ans avant que je me misse à la route de ce voyage, ce fleuve fut découvert par trois caravelles du seigneur Infant, qui entrèrent dans icelui et traitèrent paix avec ces Noirs, parmi lesquels ils commencèrent à démener le train de marchandise : en quoi faisant d'année à autre, plusieurs navires s'y sont transportés de mon temps. Ce fleuve est grand et large en bouche de plus d'un mille, étant assez profond, et fait encore une autre bouche un peu plus avant, avec une île au milieu. Par ainsi il s'embouche dans la mer en deux endroits, à chacun desquels il fait plusieurs bans d'arène, et levées, qui se jettent au large dans la mer par l'espace d'un mille, et en ce lieu monte la marée et cale de six en six heures, dont le montant se jette avant dans le fleuve par plus de soixante milles, selon que j'en ai été informé par les Portugais qui ont navigué dans icelui longuement. Et qui y veut entrer, faut qu'il voyse selon l'ordre des eaux, pour cause de ces levées, qui sont à la bouche d'icelui fleuve, depuis lequel jusqu'à Cap-Blanc on compte trois cent octante milles, étant la côte tout aréneuse, jusqu'auprès de cette bouche environ vingt milles, et s'appelle la côte d'Anterote, laquelle est du domaine des Azanaghes basanés. Et me semble fort étrange et admirable, que de là le fleuve tous les peuples sont très noirs, grands, gros, de belle taille, bien formés, le pays verdoyant, peuplé d'arbres et fertile; et deçà les habitants se voient maigres, essuis, de petite stature, et le pays sec et stérile. Ce fleuve, comme plusieurs sont d'opinion, est une branche de Gion, qui prend son origine au paradis terrestre, et fut nommé Niger par les anciens, lequel Gion arrosant toute l'Ethiopie et s'approchant près de la mer Océane, devers Ponant, là où il s'embouche, jette plusieurs autres branches et fleuves, outre celui-ci de Sénéga. L'autre bras qu'il jette encore est le Nil, qui passe par l'Égypte et se joint avec notre mer Méditerranée. Telle est l'opinion de ceux qui se sont avec travail délectés à chercher le monde et s'enquérir des merveilles d'icelui.

Du royaume de Sénéga et de ses confins.

Le pays de ces Noirs sur le fleuve de Sénéga est le premier royaume des Noirs de la Basse-Éthiopie, et les peuples qui habitent aux rivages d'icelui s'appellent Gilofes. Toute la côte, et cette région dont nous avons ci-dessus fait mention, consiste tout en plat pays jusqu'à ce fleuve, et par delà encore ; tant qu'on parvient à Cap-Vert, qui est pays relevé et le plus haut qui soit en toute la côte ; c'est à savoir quatre cents milles plus outre qu'icelui cap. Et, selon ce que j'ai pu entendre, ce royaume de Sénéga confine, du côté de Levant, avec un pays nommé Tuchusor ; devers Midi, avec le royaume de Gambra ; de la partie de Ponant, avec la mer Océane ; et du côté de Tramontane, se joint avec le fleuve susnommé qui sépare les Basanés d'avec ces premiers Noirs.

Peuples de Gilofes.

En quelle manière l'on procède à la création des rois de Sénéga, et comment ils se maintiennent en leur état.

Du temps que j'arrivai en ces parties-là, le roi de Sénéga se nommoit Zucholin, qui pouvoit avoir atteint la vingt-deuxième année de son âge; et ne peut-on parvenir à la succession de ce royaume comme par droit héréditaire. Mais en icelui se trouvent plusieurs seigneurs, lesquels, quelquefois aiguillonnés par jalousie de leurs domaines, se rangent trois ou quatre ensemble, et créent un roi selon leur fantaisie, l'élisant de noble race; entre les mains duquel le gouvernement demeure tant qu'il plait à ces seigneurs l'y maintenir, et selon le bon traitement qu'il use en leur endroit; mais le plus souvent ils l'expulsent et chassent par force. Combien qu'il s'en trouve d'aucuns, qui, après avoir été constitués rois, augmentent tellement leurs forces et se rendent si puissants, qu'ils ont le moyen d'eux défendre contre tous ceux qui se déclarent autres que leurs amis. Tant y a que le domaine n'est pas stable ni assuré, comme est celui du soudan du Caire. Mais celui qui en est jouissant demeure toujours suspens d'être meurtri ou expulsé de son royaume. Le semblable n'est aux nôtres de chrétienté, parce qu'il est habité de pauvres personnes et sauvages; sans qu'il y ait aucune cité fermée, sinon villages garnis de maisons de paille, pour autant qu'ils n'ont pas l'art de les fabriquer en maçonnerie, à cause que la chaux leur défaut, et ne sauroient faire la brique. Il est semblablement de petite étendue; car, selon la côte, il ne s'avance pas plus haut de deux cents milles, et peut contenir en largeur autant d'espace, comme j'en ai été informé.

Le roi n'a pas certain revenu des daces et gabelles; mais les seigneurs, pour se maintenir en grâce, lui font présent par chacun an de quelques chevaux qui sont fort de requête, pour autant que le nombre en est petit; et s'y trouve quelque bétail, comme vaches, chèvres, avec des légumages, millets et autres choses semblables. Ce roi se maintient encore de pillage qu'il fait de plusieurs esclaves sur le pays, comme sur ses voisins, desquels il se sert en plusieurs manières, et surtout à faire cultiver ses possessions, avec ce qu'il en vend un grand nombre aux Azanaghes et marchands arabes qui arrivent sur ses marches avec chevaux et autres choses. Il en délivre encore aux chrétiens depuis qu'ils ont commencé à contracter marchandise en ces pays. Et lui est permis de tenir tant de femmes que bon lui semble; comme aussi le peuvent faire les seigneurs et gens ignobles ayant suffisamment le moyen de les nourrir. Par ainsi ce roi en a toujours de trente en sus; combien qu'il tient plus de compte des unes que des autres, selon la noblesse de leur race et tige desquelles elles sont provenues, et la grandeur des seigneurs leurs pères. Telle est la manière de faire de laquelle il use à l'endroit de ses femmes, desquelles il tient dix ou douze en certains lieux et villages siens, et semblable nombre en quelque autre lieu, là où chacune est logée dans une maison à part, et sequestrée des autres, ayant certain nombre de chambrières qui sont ordonnées pour leur service, et quelque quantité d'esclaves pour cultiver les terres et possessions qui leur sont par ce seigneur assignées, afin que par les usufruits d'icelles elles puissent honorablement maintenir leur état.

Elles ont, outre ce, certaine quantité de bétail, comme vaches et chèvres pour leur usage, qui sont gouvernées par les esclaves; et ainsi sèment, recueillent et vivent. Et, lorsque le roi se veut transporter en aucun de ses villages, il ne lui faut nuls vivandiers; car il ne fait point porter de vivres après soi, ni chose aucune, pour autant que ces femmes, qui demeurent aux lieux où il s'achemine, le défraient avec toute sa suite. Donc chacune d'icelles, tous les matins, à soleil levant, dresse trois ou quatre mets ou services, les uns de chair et les autres de poisson, avec quelques autres apprêts de viandes mauresques, selon leur mode, qu'elles envoient par leurs esclaves présenter à la dépense du roi ; tellement qu'il s'y trouve, en moins d'une heure, plus de quarante ou cinquante services. Et, lorsqu'il vient au seigneur appétit de manger, il trouve ses viandes tout appareillées, sans en avoir autre pensement; puis retient ce qui revient à son goût, délaissant le reste à ceux qui lui ont fait compagnie. Mais il ne leur compartit les viandes en si grande abondance, qu'ils ne n'emportent toujours l'appétit se levant du repas.

En cette manière va le roi d'un lieu à autre, couchant tantôt avec l'une, maintenant avec l'autre de ses femmes, tellement qu'elles lui conçoivent un grand nombre d'enfants. Car incontinent qu'il connoît l'une d'icelles être enceinte, il la laisse sans plus la toucher ni avoir sa compagnie, coutume qui est semblablement observée par tous les autres seigneurs du pays.

De la foi de ces premiers Noirs.

La foi mahométane est observée par ces premiers Noirs, mais non pas si étroitement comme des Maures blancs, et mêmement par le populaire. Les seigneurs tiennent l'opinion des Mahométans, parce qu'ils ont auprès d'eux de ces

Azanaghes ou bien Arabes (dont aucuns se voient acheminer en ces pays), et leur donnent des préceptes, leur mettant au devant qu'il seroit mal séant d'avoir la jouissance de grandes seigneuries sans avoir semblablement la connoissance des lois et commandements du Seigneur, et ne différer en rien à la mode de vivre du peuple infime qui n'a aucune loi. Tellement que, pour n'avoir iceux seigneurs autre conversation ni pratique que celle des Azanaghes ou Arabes, ont été réduits à la foi mahométane; mais ils y procèdent plus froidement depuis qu'ils sont venus à prendre connoissance et familiarité avec les Chrétiens.

De la manière des habits et coutumes des Noirs.

Ces peuples-ci vont quasi continuellement sans se couvrir d'aucune sorte d'habillements, fors qu'ils portent un cuir de chèvre façonné en forme d'un haut-de-chausses avec lequel ils se couvrent les parties secrètes. Mais les seigneurs et gens d'autorité vêtent des chemises de coton, parce que ce pays en produit une grande quantité, que les femmes filent, et duquel elles font des draps de la largeur d'une palme, mesure qu'elles ne peuvent excéder, à cause qu'elles ne savent faire les peignes pour les titre; tellement qu'il faut coudre quatre ou cinq pièces de ces draps ensemble, quand on veut faire quelque ouvrage de largeur. Leurs chemises viennent jusqu'à demi-cuisse, et les manches larges, qui ne passent la moitié du bras. On y use, outre ce, de certaines chausses de ce même drap, qui leur montent jusqu'à la ceinture et battent jusqu'à la cheville du pied, d'une largeur démesurée, dont il y en a de telles qui contiennent en fond trente, trente-cinq, et bien souvent jusqu'à quarante palmes, lesquelles, ayant ceintes à travers le corps, sont fort repliées pour leur ample largeur et longueur; si qu'elles viennent prendre la forme d'un sac en devant et d'un autre par derrière, traînant jusqu'à terre en forme d'une queue, qui est une chose la plus contrefaite et ridicule du monde, parce qu'ils portent un habillement long, avec cette queue, de quoi ils se contentent si bien qu'ils nous demandoient s'il étoit possible que nous eussions vu chose plus plaisante, ni plus belle façon d'habits qu'étoit celle-là, qu'ils réputent pour la mieux séante qu'on puisse porter.

Les femmes vont toutes découvertes depuis la ceinture en sus, tant mariées qu'autrement; et de la ceinture en bas s'affublent d'un petit linceul de ces draps de coton, ceint à la traverse, lequel leur va jusqu'à mi-jambe; et vont tous pieds nus, tant hommes que femmes, tenant la tête nue, sinon que de leurs cheveux ils font quelques tresses assez mignonnement agencées et liées en diverses manières; mais naturellement ils ne portent leurs cheveux plus longs que d'une palme. Les hommes de ces pays s'adonnent tous à l'exercice de plusieurs labeurs féminins, comme à filer, faire la buée et autres choses.

L'air y est toujours chaleureux, et plus on s'avance en là, tant plus grande chaleur vient-on à sentir; tellement que les froidures sont plus grandes au mois d'avril en nos régions qu'au mois de janvier en ces marches-là : dont les hommes et femmes sont fort nets de leurs personnes, à cause qu'elles se lavent trois ou quatre fois le jour. Mais on y mange fort salement, sans garder un seul point de civilité, et au maniement des choses, qui ne leur sont expérimentées, on les trouve fort simples et peu rusés; mais ils ne se montrent moins experts en ce qu'ils ont pratiqué que nous autres. Ce sont gens de grandes paroles, et n'ont jamais fait qu'ils n'aient toujours quelque chose à répliquer : au reste, menteurs au possible, et grands trompeurs; autrement fort charitables, parce qu'ils ne laisseront passer aucun étranger sans lui donner à boire et manger pour un repas en leur maison, ou bien le logent pour une nuit sans en demander aucune récompense.

Des guerres qui surviennent entre eux, et de leurs armes.

Souventefois ces seigneurs des Noirs se guerroient entre eux, et le plus du temps encore vont assaillir leurs voisins ; mais ils démènent leur fait de guerre à pied, pour autant qu'ils ont peu de chevaux qui ne sauroient vivre pour la trop véhémente chaleur, comme j'ai déjà dit auparavant. Ils ne portent aucun harnois d'endossure, pour n'en avoir d'aucune sorte, avec ce qu'ils ne pourroient supporter le travail à cause de la grande chaleur. Au moyen de quoi ils n'usent seulement que de targues et rondelles, lesquelles sont couvertes de cuir d'un animal qu'ils appellent Danta, parce qu'il est fort dur à outrer. Pour armes offensibles ils portent zagayes, qui sont en façon de dards légers, lesquelles ont une palme de fer, environnée de petits crampons ou poinçons posés menu et fort subtilement en diverses manières, tellement qu'au retirer d'où il est entré, il déchire toute la chair, qui rend cette arme très-dangereuse. Ils portent outre ce deux gannes mauresques, qui sont en forme de cimeterres turquesques, forgées de fer simplement, sans aucun acier; car ils n'ont sinon du fer qui leur est apporté du royaume des Noirs, lequel se trouve plus outre, et d'icelui font battre leurs armes. Mais ils n'ont point d'acier, comme j'ai déjà dit; et s'il y en a dans les minières, ils ne le savent trier ni discerner d'avec le fer; joint aussi qu'ils n'ont pas le moyen de le tirer. Ils s'aident encore d'une autre sorte d'armes de hast, qui est comme une javeline. Au reste, ils n'usent d'autres armes. Leurs guerres sont très mortelles, à cause qu'ils ont le corps désarmé; joint aussi qu'ils ne tirent coups à l'ennemi qui ne portent et touchent, tellement qu'il s'en y tue assez.

Ce sont gens hardis et brutaux, qui à tout hasard se lairroient plutôt ôter la vie que démarcher un seul pas en arrière, ni montrer le moindre signe de couardise, encore qu'ils le pussent faire; et ne s'intimident en rien, combien qu'ils voient tomber mort leur compagnon par terre; ains comme faits à cela, et rejetant toute crainte de mort, ne s'en étonnent nullement. Ils n'ont aucuns navires, et n'en avoient jamais eu la vue, sinon depuis qu'ils ont pris connoissance avec les Portugais. Vrai est que ceux qui habitent sur ce fleuve, et aucuns de ceux qui font résidence sur la marine, ont aucunes almadies d'une pièce, dans lesquelles peuvent entrer de trois à quatre hommes aux plus grandes, et avec icelles vont quelquefois pêcher; puis traversent le fleuve de rive en autre, et sont ceux-ci les plus parfaits à la nage qui se pourroient trouver en toutes les autres parties du monde, par l'expérience que j'en ai vu faire à aucuns d'iceux.

Du pays de Budomel et du seigneur d'icelui.

Je passai le fleuve de Sénéga avec ma caravelle, sur laquelle naviguant je parvins au pays de Budomel, qui est distant d'icelui fleuve par l'espace de huit cents milles selon la côte, qui est toute basse et sans montagne depuis ce fleuve jusqu'à Budomel, lequel nom est titre de seigneur, et non pas celui du pays même; car on l'appelle terre de Budomel, comme pays d'un tel seigneur ou comte, pour auquel parler je pris terre là. Joint aussi que j'avois été informé par aucuns Portugais, lesquels avoient eu affaire avec lui, que c'étoit un seigneur fort plein de courtoisie et homme de bien, et duquel on se pouvoit fier, et payoit raisonnablement la marchandise qu'il prenoit. Au moyen de quoi, ayant dans mon vaisseau quelques chevaux d'Espagne qui étoient de requête au pays des Noirs, avec autres choses, comme draps de laine, ouvrages de soie mauresques et autre marchandise, je me délibérai de prouver mon aventure avec ce seigneur. Et ainsi fis encore voile plus outre à un lieu en la côte de ce pays qu'on appelle la Palme de Budomel, qui est une baie et non un port; là où, étant abordé, je fis entendre à ce seigneur comme j'étois arrivé sur ses terres, avec quelques pièces de chevaux et autres choses pour l'en accommoder et servir s'il en avoit besoin. Ce qu'ayant entendu, se mit à la route de la marine accompagné de quinze chevaux et cent cinquante fantes; puis m'envoya dire si c'étoit mon plaisir de prendre terre et l'aller visiter, m'assurant qu'il s'efforceroit de me faire tout l'honneur et bon traitement de tout ce qu'il se pourroit aviser. Par quoi étant assez acertainé de sa prud'homie, je ne fis faute de m'y acheminer, et me reçut fort humainement et avec grandes caresses, après lesquelles, et quelques propos tenus entre nous familièrement, je lui présentai mes chevaux et tout ce qu'il voulut avoir de moi; ne me défiant aucunement de la bonté qui l'accompagnoit: et me pria de me vouloir transporter jusqu'en sa maison, distante de la marine par l'espace de vingt-cinq milles, là où il me satisferoit de ce qui me seroit dû raisonnablement, pourvu qu'il me fût agréable d'attendre quelques jours, au bout desquels il me promettoit donner quelques esclaves; pour cela qu'il avoit reçu de moi, qui étoient sept chevaux harnachés et autres choses qui me pouvoient revenir à trois cents ducats; et pour ces causes je me mis en sa compagnie. Mais, avant que nous fissions départ, il me donna d'entrée une fille âgée de douze à treize ans, qu'il estimoit merveilleusement belle, parce qu'elle étoit fort noire, et me dit qu'elle me serviroit en la chambre; laquelle ayant accepté, l'envoyai dans ma caravelle; vous assurant que je me mis en chemin tant pour recevoir mon paiement comme pour être curieux de voir et entendre quelques nouveautés.

Du seigneur de Budomel, lequel commit messer Alouys sous la garde d'un sien neveu nommé Bisboror, et combien les Noirs de ces marines sont experts à la nage.

Or, avant notre départ, ce seigneur me fournit de monture et de ce que me faisoit besoin; puis, étant parvenus à quatre milles près de sa demeurance, il m'enchargea à un sien neveu nommé Bisboror, seigneur d'un petit village où nous étions arrivés, lequel me reçut en sa maison, où je séjournai par l'espace de vingt-huit jours, pendant lesquels il me fit toujours honneur et bonne compagnie, et fus plusieurs fois visiter le seigneur de Budomel; mais son neveu ne m'abandonnoit jamais. Tellement que j'eus le moyen de voir quelque chose de la manière de vivre qu'on tient en ce pays, de quoi je ferai mention ci-dessous; et tant plus grande commodité eus-je de voir, d'autant que je fus contraint de retourner par terre jusqu'au fleuve de Sénéga, à cause qu'il survint un si mauvais temps en cette côte, qu'il fut force, me voulant embarquer, de faire aborder mon bateau à ce fleuve, et m'en aller par terre, où, entre autres choses singulières, j'en vis une qui ne mérite d'être celée : laquelle fut que, voulant envoyer une lettre à ceux de ma caravelle pour leur faire entendre qu'ils me vinssent prendre à ce fleuve, auquel je m'acheminois par terre, je demandai entre ces Noirs s'il se pourroit trouver quelque bon nageur qui entreprît de porter cette lettre à mes gens qui étoient à l'ancre trois milles dans la mer, à quoi me fut soudainement répondu que oui.

Mais, pour autant que le vent était grand et assez impétueux, ce me sembloit être une chose impossible et qu'un homme en pût venir à fin; et mêmement qu'auprès de terre, à la portée d'un arc, y avoit des bancs d'arène et d'autres encore plus outre en mer, entre lesquels y avoit si grande concurrence d'eau et y battoient si fort les ondes, qu'il me sembloit par trop difficile qu'un homme en nageant y pût résister, qu'il ne fût porté au plaisir des flots, qui heurtoient si fort contre ces bancs, qu'on eût estimé pour folie ou présomption à tout homme qui se fût voulu vanter et entreprendre de les passer et rompre. Combien que deux Noirs se vinrent offrir pour se hasarder à cela, au prix de deux mavulgis pour homme, qui valent deux gros, tellement que pour si vil prix chacun d'eux ne craignit point s'exposer à tel hasard et rendre ma lettre dans ma caravelle, pour laquelle aborder ils se mirent dans la mer, où étant, je ne saurois vous raconter le grand danger et fâcherie en quoi ils furent réduits à l'endroit de ces bancs d'arène; car quelquefois ils demeuroient long-temps sans être aperçus, qui me fit bien souvent penser qu'ils fussent noyés. Et de fait, ne pouvant l'un d'eux résister à cette impétuosité et fureur marine, ne trouva rien plus sûr que de se mettre au retour. Mais l'autre, constamment supportant le travail, et d'un grand courage et force rompant et repoussant les ondes (qui ne fut sans combattre ces flots sur les bancs par plus d'une grosse heure), enfin passa et porta les lettres dans ma caravelle, de laquelle il fit retour avec la réponse, chose qui me sembla par trop étrange et merveilleuse, et qui me fait avoir ces Noirs en estime des meilleurs et plus parfaits à la nage qui soient au monde.

De la maison du seigneur de Budomel et de ses femmes.

En tout ce que je pus voir et entendre de ce seigneur Budomel, je connus que ceux qui ont titre de seigneur ne tiennent villes ni châteaux, comme il me semble avoir dit auparavant, et même le roi de ce pays n'a sinon villages dont les maisons ne sont d'autre chose que de paille. Ce Budomel-ci étoit seigneur d'une partie de ce royaume, qui est peu de chose; car ces seigneurs ne sont pas appelés seigneurs pour être opulents, ni pour posséder de grands trésors, parce qu'ils leur défaillent et n'y court aucune monnoie. Mais quant aux cérémonies et suite de gens, ils se peuvent à bon droit appeler seigneurs, d'autant qu'ils sont accompagnés, honorés, plus prisés et estimés de leurs sujets que ne sont ceux de par deçà.

Et à celle fin que je vous fasse entendre

comment est logé ce seigneur Budomel, ce n'est dans maisons muraillées, ni somptueux palais; mais, selon leur façon de faire, il y a quelques villages députés et ordonnés pour l'habitation des seigneurs, de leurs femmes et de toute leur famille, parce qu'ils ne s'acasent jamais en un même lieu. En ce village, auquel je séjournai (qui était sa maison), se peuvent trouver environ quarante ou cinquante maisons de paille, touchant l'une l'autre en un rond, qui est environné de palis et claies de gros arbres, fors une bouche ou deux pour l'entrée, et chacune de ces maisons a une cour fermée de palis semblablement, de sorte qu'on va ainsi d'une à autre et de maison en maison.

En ce lieu Budomel tenoit neuf femmes, comme il en a par tous les autres lieux plus ou moins, selon que bon lui semble, et chacune d'icelles tient cinq ou six chambrières noires pour son service, avec lesquelles il est permis à ce seigneur de coucher aussi privément comme avec ses femmes mêmes, qui pour cela n'estiment leur être fait injure, à cause que la coutume le permet ainsi; et par ce moyen il change souvent pâture. Car j'ai observé expressément ces Noirs être adonnés à luxure, et mêmement la première et principale requête que me fit demander ce seigneur avec grande instance, fut qu'ayant entendu comme nous autres Chrétiens avons connoissance de plusieurs choses, me prioit fort, si par aventure je savois en quelle manière un homme pourroit contenter et satisfaire à l'appétit vénéréique de plusieurs femmes, que je lui enseignasse, et qu'il me feroit récompense qui suivroit de près mon mérite.

Ce sont gens fort enclins à jalousie, tellement qu'ils ne veulent permettre en sorte que ce soit que l'on fréquente aucunement là où sont leurs femmes, si bien qu'ils ne se fieroient de leurs enfants mêmes. Le seigneur Budomel tient ordinairement deux cents noirs en sa maison, qui n'abandonnent jamais sa personne ; mais avec tel ordre, que quand l'un va, l'autre demeure. Et outre ceux-ci, il n'a faute de gens qui lui font la cour, le venant visiter de divers lieux.

A l'entrée de sa maison, avant qu'on parvienne jusqu'au lieu là où il demeure et se repose, il faut passer sept grandes cours toutes fermées, dout au milieu de chacune y a un grand arbre, afin que ceux soient à couvert et ombre qui demeurent en l'attendant. Outre ce, en icelles sa famille est compartie selon les degrés et dignités des personnes ; car, en la première demeure la basse famille, et plus avant ceux qui sont davantage révérés ; si que plus on s'approche de la résidence de ce seigneur, et plus va en croissant la dignité de ceux qui y sont parqués ; et ainsi de degré à autre, tant qu'enfin on parvient à la demeurance et maison d'icelui seigneur, duquel bien peu s'osent hasarder d'approcher, fors les Chrétiens qu'on y laisse passer franchement, et les Azanaghes, lesquelles deux seules nations ont plus grande faveur à l'entrée que nulle autre.

Cérémonies desquelles Budomel veut qu'on use lorsqu'il donne audience, et de la manière qu'il observe faisant ses prières.

La gravité et hautesse de laquelle usoit ce seigneur-ci étoit grande, parce qu'il ne se laissoit voir sinon une heure du matin et bien peu devers le soir, demeurant tout le reste du jour en la première cour, près la porte de la première habitation, là où il n'étoit permis d'entrer sinon à personnes de grande réputation et autorité. Il requiert outre ce de grandes cérémonies à donner audience ; car, lorsque quelqu'un va devant sa majesté pour lui parler, quelque grand seigneur que ce soit, voire son parent même, met dès l'entrée de la cour deux genoux en terre, inclinant le chef jusqu'en bas, et avec les deux mains prend de la poudre qu'il sème sur sa tête et jette derrière soi, étant tout nu, parce que la coutume est de le saluer avec telles solennités, sans que personne ose prendre la hardiesse de s'exposer en sa présence sans se dépouiller premièrement, fors leurs haut-de-chausses faits de cuir, qu'ils portent, et demeurent assez en cette sorte, jetant la poussière par-dessus eux, sans que puis il leur soit permis de se lever; mais, toujours ainsi à genoux, cheminent jusqu'à ce qu'ils soient vers le seigneur, là où ils s'arrêtent à deux pas près, parlant et récitant ce pourquoi ils se sont présentés devant son excellence, ne cessant de jeter la poudre par-dessus eux, la tête courbée en signe de grande humilité. Combien que le seigneur ne daigne les regarder sinon bien peu, avec ce qu'il ne laisse pour cela de tenir propos à d'autres personnes. Et lorsque son vassal a mis fin à ses paroles, avec un visage arrogant et grave aspect, lui fait réponse succincte et en deux paroles, en quoi montrant plus grande gravité, d'autant mieux se rend-il craintif et obéi, tellement que si Dieu même descendoit du ciel, je ne pense pas qu'il fût possible de lui porter si grand honneur et révérence que celui-ci est redouté et révéré de ces Noirs, lesquels se rendent ainsi sujets (selon mon jugement) pour la grande crainte qu'ils ont de leurs seigneurs, pour autant qu'iceux irrités par la moindre faute qu'ils sauroient commettre en leur endroit, il leur fait saisir leurs femmes et enfants pour les exposer en vente. Si qu'ils me semblent en ces trois choses être seigneurs out outre, tenant grande cour et suite de gens, à se montrer peu souvent, et se rendre révérés et obéis de leurs sujets.

Mais ce seigneur Budomel usoit d'une si grande familiarité envers moi, qu'il me permettoit entrer dans la mosquée, là où ils font oraison, et en laquelle, devers le soir (ayant fait appeler les Azanaghes ou Arabes, qu'il tient ordinairement en sa maison quasi comme prêtres, lesquels sont ceux qui l'instruisent en la loi mahométane), il entroit dans une cour avec aucuns Noirs des principaux dans la mosquée, là présentant ses oraisons en cette manière.

Il se tenoit debout et regardant vers le ciel, marchant deux pas en avant, proférant quelques paroles tout bas, puis s'étendoit de son long en terre, qu'il baisoit, en quoi il étoit imité par les Azanaghes et autres; et derechef se relevant, commençoit à faire les mêmes cérémonies jusqu'à dix ou douze fois, si qu'il demeuroit en prières par l'espace d'une demi-

Manière de Budomel pour faire oraison.

heure; auxquelles ayant mis fin, me demandoit qu'il m'en sembloit. Et pour autant qu'il se délectoit merveilleusement d'ouïr réciter les choses qui concernoient notre foi, il me prioit souventefois l'en y vouloir réciter : ce que je faisois jusqu'à m'enhardir et aventurer d'exalter la nôtre, en déprimant la sienne, qui lui étoit enseignée avec ces belles cérémonies par gens ignorants de la vérité, et, en présence de ses Arabes, je réprouvois la loi mahométane comme pernicieuse et fausse, par plusieurs raisons, et montrant la nôtre être vraie et sainte, tant que je provoquois et irritois grandement ces révérends maîtres de la loi; de quoi ce seigneur ne s'en faisoit que rire et moquer, disant qu'il n'eût su estimer que notre loi ne fût bonne, vu qu'il ne pouvoit être autrement que Dieu, lequel nous avoit colloqués entre tant et si grandes richesses et singularités, et qui nous avoit semblablement doués d'un si grand et admirable esprit, ne nous eût par même moyen délaissé une bonne loi. Combien que pour cela il ne tenoit la sienne pour mauvaise, mais plutôt qu'il estimoit les Noirs par bonnes raisons devoir mieux être sauvés que nous autres Chrétiens, d'autant que Dieu est juste, lequel nous avoit mis entre tant de délices et biens, et n'avoit quasi rien laissé aux

Noirs à comparaison des grands biens et commodités dont nous avons la jouissance. Au moyen de quoi nous ayant donné notre paradis en ce bas être, ils espèrent obtenir les béatitudes célestes; et avec telles et autres semblables raisons il donnoit à connoître le bon jugement qui l'accompagnoit. Mais tant y a que les Chrétiens lui étoient fort agréables; m'assurant qu'il se fût facilement réduit à notre foi, si la peur de perdre son domaine ne l'en eût détourné; car son neveu, en la maison duquel j'étois logé, me le dit par plusieurs fois, et lui-même se délectoit merveilleusement d'ouïr toucher quelques points de notre religion, disant que c'étoit une chose sainte et religieuse d'ouïr la parole du Seigneur.

De la façon de vivre et manger de Budomel.

Ce seigneur-ci tient un même ordre de manger que fait le roi de Sénéga, comme j'ai dit ci-dessus, que ses femmes lui envoyoient un certain nombre de services par jour : coutume qui est par tous les seigneurs des Noirs et hommes de réputation observée; et mangent brutalement couchés sur terre, sans observer le moindre point de civilité, avec ce que personne ne mange avec les seigneurs, fors les Maures qui leur enseignent la loi, et un ou deux Noirs des plus apparents. Le populaire mange, étant dix et douze de compagnie, ayant au milieu d'eux une chaudière pleine de viande dans laquelle ils mettent tous la main, et mangent peu par fois, mais ils y retournent et recommencent souvent jusqu'à cinq ou six fois le jour.

De ce que produit le royaume de Sénéga; comme l'on procède à cultiver la terre, et par quel moyen s'y fait le vin.

En ce royaume de Sénéga, ni par delà en aucune terre, ne croit froment, seigle, orge, avoine ni vin, pour autant que le pays y est chaud en toute extrémité, avec ce qu'il n'y tombe goutte de pluie par neuf mois de l'an, qui est depuis octobre jusqu'à la fin de juin. Ce qui empêche la terre de produire froment, comme ces peuples l'ont expérimenté en y semant de celui qu'ils avoient acheté de nous autres Chrétiens. Car le froment demande une terre tempérée, qui soit aussi souvent arrosée de pluie, ce que ne se peut faire en ce pays-là. Mais en défaut de ce, ils ont des millets de diverses sortes, gros et menus, avec fèves et autres légumages les plus gros et plus beaux du monde. La fève y est grosse comme une

Fèves des Noirs.

avelane privée, tout martelé de diverses couleurs, tant qu'on le jugeroit être peint, qui le rend fort plaisant à voir. La fève est large et vivement rouge; il y en a aussi de blanches et fort belles.

On y sème au mois de juin pour y recueillir en septembre, parce qu'en ce temps les pluies sont grandes; au moyen de quoi les fleuves viennent à déborder. Les terres se labourent, sèment et sont dépouillées de leurs fruits dans le terme de trois mois. Mais il y a de mauvais laboureurs et gens qui ne se veulent travailler à jeter les semences, sinon ce qu'ils pensent être suffisant pour leur vivre de toute l'année, et encore bien étroitement, n'étant pas fort curieux d'avoir des blés pour vendre. Leur manière de labourer est que quatre ou cinq d'entre eux se rangent dans le champ avec certaines palettes, jetant la terre en avant, au contraire des nôtres qui la tirent à eux avec la marre, et n'entrent plus profond que de quatre doigts dans la terre, laquelle, pour être forte et grasse, fait germer et produit tout ce qu'on y sème. Ils usent d'eau à boire, de lait ou de vin de palme, qui est une *Vin de palme.* liqueur distillant d'un arbre semblable à celui qui porte la datte, non pas le même, et en ont en grande quantité, desquels on tire cette liqueur (que ces Noirs appellent Miguol) en cette sorte. Ils ouvrent l'arbre au pied en deux ou trois lieux, par lesquels il jette une eau grise, comme l'égout de lait, mettant au-dessous des bouteilles, dans lesquelles ils le reçoivent, mais en petite quantité, qui est par tout le jour environ deux bouteilles, étant fort savoureux à boire et enivre comme le vin de vigne, qui ne le tempère avec de l'eau. Le premier jour qu'on le recueille, il a autant de douceur que vin qui soit au monde, laquelle il va perdant de jour à autre, tellement qu'il devient puissant, étant meilleur à boire au tiers jour et le quart qu'il n'est au premier. J'en ai bu par plusieurs jours, tandis que je séjournai sur terre, et me sembloit de meilleur goût et plus friand que les nôtres. Il n'y en a pas tant que chacun en puisse avoir en abondance, mais raisonnablement, et principalement les plus apparens, combien que les arbres soient communs, car ils ne les tiennent pas ainsi enclos comme nous faisons les fruitiers de nos jardins, ou ainsi que les vignes. Mais ils sont tous à l'usage de chacun, avec liberté d'en prendre et s'en aider.

Le terroir leur produit des fruits de diverses sortes et de semblable espèce à aucuns des nôtres, et de différents aussi qui sont bons, et en mangent étant à l'abandon, mais sauvages, d'autant qu'ils ne sont pas cultivés comme les nôtres. Que si cela y étoit, et qu'on y tînt la main comme nous faisons de par deçà, je ne doute point qu'ils ne les rendissent à une grande perfection et bonté, parce que la qualité de l'air et du terroir y est bonne, et n'y contredit aucunement.

Tout le pays est en campagne fort propice à produire, là où il y a bon pâtis avec une infinité de beaux arbres et hauts, mais à nous inconnus. Il y a semblablement des lacs d'eau douce de petite étendue, mais très profonds, dans lesquels se pêchent bons poissons en grande quantité, d'autre espèce que les nôtres, et s'y trouvent plusieurs serpents aquatiques, qui se nomment Calcatrici.

Outre ce, il y a une sorte d'huile de laquelle ils assaisonnent leurs viandes : toutefois je n'ai pu savoir de quoi elle se fait; mais elle a trois singularités, odeur de violettes, saveur approchant de la nôtre d'olive, et couleur qui tient comme safran, combien que plus naïve et parfaite. On y trouve aussi une espèce d'arbres, qui produisent petites fèves rouges, avec œil noir, en grande quantité.

Calcatrici, serpents aquatiques.
Huile merveilleuse.

Des animaux qui se trouvent en ce royaume.

En ce pays se trouvent plusieurs animaux de diverse sorte, et mêmement de grands et petits serpents, dont les uns sont venimeux, les autres non, entre lesquels il y en a de longs de deux pas et plus, qui n'ont ailes ni pieds; mais ils sont gros, si bien qu'on dit en y avoir vu qui ont transglouti une chèvre entière sans la démembrer; et est la commune opinion qu'elles se réduisent en aucunes parties du pays par bandes, où il y a un grand nombre de fourmis blanches, lesquelles de leur nature font des maisons à ces serpents avec la terre qu'elles portent en leur bouche, et dressent ces bâtiments comme villes à cent et cent cinquante pour place, de sorte qu'étant réduits à leur perfection, ils ressemblent les fours dans lesquels on fait cuire le pain par deçà.

Noirs, grands charmeurs. Ces Noirs sont très grands charmeurs de toutes choses, et mêmement de ces serpents. Et me souviens d'avoir ouï raconter à un Genevois, homme digne de foi, lequel « s'étant « retrouvé, un an avant que moi, en ces pays « de Budomel, et dormant une nuit en la mai- « son de Bisboror, son neveu (là où j'étois « logé), entendit environ la minuit autour de la

« maison plusieurs sifflements qui lui rompi-
« rent son sommeil : au moyen de quoi il en-
« tendit Bisboror qui, se levant, appeloit deux
« Noirs, voulant monter sur un chameau pour
« départir; dont le Genevois lui demandant où
« il vouloit s'acheminer à telle heure, lui ré-
« pondit qu'à un sien affaire, et qu'il seroit in-
« continent de retour. Ce qu'il fit après avoir
« séjourné quelque espace de temps. Et, étant
« arrivé, le Genevois s'enquit derechef en
« quelle part il avoit été. N'avez-vous pas en-
« tendu, dit-il, bonne pièce y a, aucuns siffle-
« ments autour de la maison; c'étoient serpents
« qui eussent tué beaucoup de mon bétail, si je
« ne me fusse levé pour faire un certain charme,
« duquel nous usons de par deçà, par lequel
« je les ai contraints de retourner arrière. »
Ce que causa une grande admiration au Genevois, auquel Bisboror dit que ce n'étoit
chose de laquelle on se dût tant étonner,
parce que son oncle Budomel savoit d'autres
choses plus admirables, lequel voulant faire
du venin pour envenimer ses armes, après
avoir fait un cercle dans lequel par charme
contraignoit tous les serpents du contour y venir, et d'iceux prenoit celui qui lui sembloit
plus infecté et rempli de venin, qu'il tuoit de
ses propres mains, laissant aller les autres;

puis tiroit du sang de celui qu'il avoit retenu, lequel il tempéroit avec une certaine semence d'arbre (que j'ai vue et tenue); puis, après en avoir fait une mixtion, envenimoit ses armes, lesquelles faisant la moindre ouverture qu'on pourroit dire, pour si peu de sang qui en sortoit, en moins d'un quart d'heure la personne blessée venoit à expirer. Et me dit ce Genevois que Bisboror l'en y voulut montrer la preuve du charme, mais qu'il ne prit envie d'en plus savoir.

Ce qui me fait avoir ces Noirs en réputation des plus grands charmeurs et enchanteurs qu'on puisse trouver, et peut bien être vrai de ce charme des serpents. Car en nos pays même, comme je me suis laissé dire, s'en trouvent qui savent faire le semblable.

Des animaux qui se trouvent au royaume de Sénéga, des éléphants et autres choses notables.

Il n'y a autres animaux domestiques en ce royaume de Sénéga, sinon bœufs, vaches et chèvres; mais on n'y sauroit trouver une brebis, à cause que cet animal n'y pourroit vivre pour l'extrême chaleur qui lui est contraire, d'autant qu'il ne peut vivre sinon en une terre d'un air tempéré et supportera encore plutôt la froidure que non pas la chaleur. Et pourtant le souverain Créateur de toutes choses a accommodé çà bas chacun selon qu'il voyoit lui être nécessaire, pour autant que nous autres, qui sommes en régions froides, ne pourrions supporter cette âpreté et véhémence sans les laines, et eux qui habitent ès pays chaleureux, là où ils n'ont besoin de lainage, le Seigneur par sa divine providence leur a donné le coton.

La providence divine n'a rien délaissé désert et impourvu.

Les bœufs et vaches de ce pays, et même de toutes les terres des Noirs, sont de plus petite corpulence que les nôtres ; ce que je pense encore procéder de la chaleur. Et à grande dificulté y pourroit-on trouver une vache de poil roux, mais trop bien de noires, blanches, ou bien tachées de l'une et l'autre couleur. Il s'y trouve des lions, lionnes et léopards, en grande quantité, avec des loups, chevreuils et lièvres. Il y a semblablement des éléphants sauvages, parce qu'on n'a coutume de les apprivoiser comme aux autres parties de la terre. Ils vont par bandes, ainsi que font par deçà les porcs parmi les bois. Quant à la description de leur stature, je m'en déporte à cause qu'un chacun sait (comme je pense) que ce sont animaux de grande corpulence, et bas enjambés. Joint aussi que les dents, lesquelles en sont apportées en nos parties, peuvent témoigner de quelle corpulence ils peuvent être, et n'en ont qu'une de chacun côté, comme les mires d'un sanglier; mais elles procèdent de la mâchoire de dessous, sans autre différence sinon que la pointe de celles du sanglier regarde en haut, et celle de ces animaux se tourne contre bas; vous avisant qu'ils ont une jointure au genou, lequel ils plient en cheminant comme tout autre animal. Je dis ceci, pour autant que j'avois ouï dire, avant que d'avoir fait voile en ces parties, que cet animal ne se pouvoit agenouiller, et qu'il dormoit debout. Ce que j'ai trouvé tout au contraire, parce qu'il se couche en terre, et se relève comme tout autre animal, ayant les dents longues, qui ne s'écroulent ni ne tombent jamais, sinon par la mort; et n'offensera en sorte que ce soit l'homme que premièrement il ne soit irrité. Mais se voulant ruer dessus, il lui donne de sa trompe (qu'il a en forme de nez très longue, qu'il retire et allonge comme il lui plaît) si lourde décharge, qu'il le jette quelquefois plus loin qu'une arbalète ne sauroit porter, et ne se trouve personne si prompte à la course que l'éléphant n'atteigne en pleine campagne, sans aller autrement que le pas, parce qu'il arpente merveilleusement à cause de sa grandeur. C'est

un animal fort dangereux, mêmement quand
il a faonné, plus qu'en autre temps, et ne
fait plus haut de trois ou quatre petits par fois.
Il mange des feuilles d'arbres, fruits et rameaux
qu'il rompt d'en bas de sa trompe, avec laquelle
il porte ce qu'il veut manger dans sa bouche,
à cause qu'elle est en canal fort large. C'est
tout ce de quoi j'ai pu être informé, quant aux
animaux desquels je n'ai eu aucune connoissance, sinon des susnommés.

Des oiseaux de ce pays; de la diversité des papegais, et de l'industrie grande de laquelle ils usent à faire leurs nids.

Il se trouve en ces parties plusieurs oiseaux
de diverses sortes, et mêmement de papegais
en grande quantité, lesquels vont errants par
tout le pays. Au moyen de quoi les Noirs ne
s'en contentent pas fort, à cause qu'ils gâtent
leurs millets et légumages aux champs; et en y
a, comme ils disent, de plusieurs espèces; mais
je n'en y vis sinon de deux sortes, dont les uns
étoient comme les papegais qu'on apporte
d'Alexandrie, combien que plus petits; les
autres, plus grands, ayant le cou, la tête, le
bec, les serres, griffes et le corps jaune et
vert. J'en eus une grande quantité de ces

deux espèces, et spécialement des petits venant du nid, d'entre lesquels plusieurs se laissèrent mourir, et portai le reste en Espagne. Mais la caravelle qui étoit venue avec moi en emporta de cent cinquante en sus, qui se donnèrent pour demi-ducat la pièce. Ils ont une grande ruse et industrie à façonner leurs nids, lesquels ils font tout ronds comme une balle enflée de vent, en cette manière. Ils vont sur des palmiers ou autres arbres qui ont les branches foibles et menues tant qu'il est possible, et à l'extrémité du rameau lient un jonc qu'ils laissent pendre en bas la longueur de deux palmes, au bout duquel ils fabriquent leur nid d'une merveilleuse sorte; si qu'étant parfait et achevé, il semble une balle qui soit accrochée et suspendue à ce jonc, en laquelle y a un trou seulement qui sert d'entrée. Et y procèdent en cette manière, pour crainte qu'ils ont que leurs petits ne viennent à être dévorés par les serpents, lesquels ne peuvent aller sur le rameau qui est trop foible pour si pesante charge, tellement que par ce moyen ils sont assurés dedans leurs nids. Il y a semblablement grande quantité d'aucuns grands oiseaux en ce pays, que nous appelons poules de Pharaon, lesquelles on apporte de Levant, et encore de certaines oies qui sont semblables aux nôtres, mais de divers pennage, avec plusieurs autres oiseaux grands et petits, et différents aux nôtres.

Du marché que font les Noirs, et des marchandises qui ont cours en icelui.

Pour autant qu'il m'étoit nécessaire demeurer plusieurs jours en terre, je me délibérai d'aller à un marché et foire qui se faisoit près du lieu où j'étois logé, en une prairie en laquelle il se tenoit le lundi et le vendredi, auxquels jours je m'y acheminai par deux ou trois fois. Là s'assembloient hommes et femmes de tout le contour de cinq et six milles loin, car ceux qui en étoient plus éloignés se transportoient à d'autres, qu'on a aussi coutume de tenir autre part. Et en iceux peut-on bien comprendre la grande pauvreté en laquelle ces gens sont détenus par les choses qu'ils y portent vendre, qui sont coton, mais en petite quantité, filets et draps de coton, légumages, huiles, millets, conques de bois, nattes de palme et de toutes autres besognes qui leur sont particulières, desquelles se chargent autant bien les femmes que les hommes, qui avec ce vendent de leurs armes, ensemble quelque petite quantité d'or, laissant le tout pour autre chose en échange et non pour deniers, parce qu'ils n'en usent point, ni d'aucune espèce de monnoie de quelque sorte que ce soit. Mais ils troquent une chose pour autre, ou deux pour une, ou trois pour deux. Ces Noirs, tant hommes que femmes, accouroient tous pour me voir comme par une grande merveille, leur semblant grand'chose d'avoir la vue d'un chrétien, dont ils n'avoient oncque ouï parler, et ne s'étonnoient moins de ma blancheur que de mes habits, qui leur causoient une grande admiration, à cause qu'ils étoient à l'espagnole; comme une jupe de damas noir avec un petit manteau par dessus qui étoit de laine; lequel regardant et la jupe, ne se pouvoient assez émerveiller, car ils n'ont point de laine en ces parties. Si que les uns me manioient les mains et les bras, qu'ils frottoient, ayant mis de leur salive par dessus pour voir si ma blancheur procédoit de fard ou teinture, ou bien si c'étoit chair. Ce qu'ayant connu, demeuroient tous étonnés. Je m'étois transporté en ce marché pour avoir la vue de quelque nouveauté, et encore si je pourrois rencontrer quelqu'un qui apportât vendre quelque somme d'or; mais je le trouvai mal fourni de toutes choses, comme j'ai dit par ci-devant.

Par quel moyen sont gouvernés les chevaux, comme ils se vendent, et de certains charmes et enchantements qu'on use lorsqu'on les achète.

Les chevaux sont fort de requête en ce pays des Noirs, parce qu'à grande difficulté les Arabes et Azanaghes les mènent par la terre des Barbares; joint aussi qu'ils n'y peuvent vivre, à cause de la véhémente chaleur; avec ce qu'ils s'engraissent si fort, que la plus grande partie d'iceux meurt d'une maladie qui leur retient l'urine, et crèvent. Ils les font repaître de feuilles de ces arbres qui portent les fèves, lesquelles sont demeurées dans le champ, après qu'on les a recueillies; puis les hachent menu, et font sécher comme foin; et en cette sorte les donnent à manger aux chevaux en faute d'avoine, et du millet semblablement avec lequel ils les engraissent fort. Ils vendent le cheval harnaché de neuf à quatorze têtes d'esclaves noirs, selon qu'il se trouve bon et de belle taille. Mais advenant que quelque seigneur en veuille acheter, il fera venir aucuns qu'on appelle enchanteurs de chevaux, lesquels font un grand feu de certains rameaux d'herbes à leur mode, rendant grande fumée, et sur icelui tiennent le cheval par la bride, proférant quelques paroles ; puis le font oindre d'un onguent fort délicat, le tenant enclos par l'espace de dix-huit ou vingt jours, tant que personne n'en peut avoir la vue ; et lui attachent au cou des brevets pliés en quadrature et couverts de cuir rouge, croyant fermement que par telles rêveries ils sont plus assurés en bataille.

De la coutume des femmes de ce pays, de ce qui cause grande admiration aux hommes, et de quels instruments ils savent sonner.

Les femmes de ce pays sont fort familières et joyeuses, lesquelles chantent et dansent volontiers, et mêmement les jeunes. Mais elles ne ballent sinon la nuit à la clarté de la lune, étant leur manière de baller fort différente à la nôtre. Il y a plusieurs choses qui apportent grande admiration aux hommes, et entre autres le trait de l'arbalète les rend tout étonnés, et encore plus l'épouvantable son de l'artillerie, comme je m'en aperçus par d'aucuns Noirs qui vinrent en notre navire, dans laquelle je fis donner le feu à une pièce, dont ils reçurent une merveilleuse frayeur, qui les rendit voire plus ébahis quand je leur dis que d'un coup elle pouvoit mettre par terre et tuer plus de cent hommes : de quoi s'emerveillant au possible, ne se pouvoient autrement persuader que ce ne fût une chose diabolique. Le son de la cornemuse, de laquelle je fis jouer à l'un de nos mariniers, qui leur causoit semblablement une grande admiration, et la voyant couverte à la devise avec quelques houppes et franges sur le sommet, pensoient pour le sûr que ce fût quelque animal vivant qui rendit une telle diversité de voix; ce qui leur causoit plaisir et admiration par un même moyen.

Mais connoissant leur simple jugement, je leur donnai à entendre que c'étoit un instrument : ce que je leur persuadai après leur avoir mis entre les mains icelle cornemuse désenflée; au moyen de quoi ils vinrent à connoître que c'étoit une chose artificielle et faite à la main, disant icelle être une chose céleste que Dieu avoit façonnée de ses propres mains, d'autant qu'elle rendoit si douce harmonie, et par telle diversité de tons, affirmant que de leur vie ils n'avoient eu la connoissance de chose tant harmonieuse. Davantage ils s'ébahissoient fort de l'artifice ingénieux de nos navires et de tous les apparats d'icelui, comme des arbres, voiles, antennes et cordages; et pensoient que les yeux qui se font en proue de la navire, fussent yeux naturels, par lesquels la navire voyoit pour se conduire sur la mer, estimant que nous fussions enchanteurs et quasi comparables aux diables, en tant que ceux qui alloient sur terre, à grande difficulté se pouvoient transporter de lieu à autre, et que nous autres étions bien si hasardeux que de nous exposer au péril des ondes impétueuses de la mer, qu'ils avoient ouï dire être si merveilleuse et grand'chose, et partant aussi vue que nous pouvions si long-temps demeurer sans voir terre, et sachant quelle route nous devions prendre, cela ne se pouvoit faire sans avoir quelque intelligence avec les diables. Or ce qui leur causoit cette opinion tant obstinée, étoit qu'ils n'avoient nulle connoissance de l'art de naviguer, de la carte ni de la calamité.

Ils s'étonnoient aussi grandement de voir brûler une chandelle de nuit sur un chandelier, pour autant qu'en ce pays ils n'ont l'industrie d'avoir autre clarté que celle du feu de charbon, ce qui leur faisoit trouver la chandelle une chose entre les plus belles et merveilleuses dont ils eussent jamais eu la connoissance, à cause que c'étoient les premières qu'ils eussent vues en leur vie. Et pour autant que ce pays est fort abondant en miel, avec lequel on trouve la cire tout ensemble, ils le sucent et jettent là cette cire; mais ayant acheté un bournal* de l'un

* C'est un rayon de miel

d'entre eux, je leur montrai en quelle manière il falloit trier la cire d'avec le miel; puis leur demandai s'ils savoient que c'étoit ce qui s'ôtoit d'avec le miel, lesquels me répondirent que c'étoit une chose de nulle valeur. Mais je leur fis faire en leur présence des chandelles que je fis allumer; ce que voyant, furent surpris d'une grande admiration, disant que le plus du savoir consistoit en nous autres Chrétiens. En ce pays on n'use sinon de deux sortes d'instruments à son : les uns sont appelés tabacches mauresques, que nous disons tambours; les autres sont en manière de violes d'archet, mais avec deux cordes seulement qu'ils touchent avec les doigts; ce que je trouve fort lourd et de peu d'esprit.

<small>ou couteau de cire, ayant grand nombre de trous, dedans lesquels les mouches font le miel.</small>

De deux caravelles que je rencontrai, dans l'une desquelles étoit messer Antoniottin, gentilhomme genevois, avec lequel je me mis à la route de Cap-Vert.

Vous avez pu entendre, aux chapitres précédens, pour quelle occasion je fus contraint de séjourner au pays du seigneur de Budomel; qui fut en partie pour voir, acheter, trafiquer et avoir la connoissance de plusieurs choses, desquelles étant acertainé et après avoir eu ma dépêche avec certaine quantité de têtes de Noirs, je délibérai d'aller plus outre, et en passant Cap-Vert, découvrir nouvelles régions et chercher ma fortune, pour autant que avant mon départ de Portugal j'avois ouï dire au seigneur Infant (comme celui qui étoit averti des pays des Noirs), en autres choses, qu'un peu par delà ce premier royaume de Sénéga se trouvoit un autre royaume appelé Gambre, auquel (par le rapport des Noirs qui étoient amenés en Espagne) se trouvoit une grande somme d'or; au moyen de quoi les Chrétiens qui s'y voudroient transporter ne pouvoient faillir de se faire riches. Ce qui m'incita grandement, avec le désir que j'avois de voir plusieurs pays, de poursuivre mes erres, dont je m'embarquai dans ma caravelle, après avoir pris congé du seigneur Budomel; et cinglant en mer pour laisser cette côte, je vis surgir un matin deux voiles à vue de nous, lesquelles nous ayant découverts, étant assez assurés de notre côté que ce ne pouvoient être autres que Chrétiens, vînmes à parlementer; dont ayant entendu qu'en l'un des deux vaisseaux étoit Antoniottin Usedemer, gentilhomme Genevois, et dans l'autre aucuns écuyers d'icelui seigneur Infant, lesquels d'accord s'étoient accompagnés pour passer Cap-Vert et se ranger sous fortune pour découvrir choses inconnues, me retrouvant semblablement de même vouloir, me mis en leur flotte, et tous d'accord prîmes la route d'icelui cap, toujours suivant la côte à la volte d'Austre et à vue de terre. Au moyen de quoi le jour ensuivant, avec le vent à souhait, vînmes à découvrir Cap-Vert, lequel est distant du lieu d'où je fis départ par l'espace de trente milles italiens.

Pour quelle occasion ce cap est appelé Cap-Vert, de trois îles découvertes, et de la côte d'icelui cap.

Ce Cap-Vert est ainsi appelé, pour autant que ceux qui vinrent à le découvrir premièrement (qui furent les Portugais, environ un an avant que je me trouvasse en ces parties), le trouvant tout verdoyant de grands arbres, qui demeurent en verdeur tout le long de l'année, qui fut la cause pour laquelle il fut appelé Cap-Vert; comme Cap-Blanc, duquel nous avons parlé auparavant, pour avoir été trouvé blanc et aréneux.

Ce Cap-Vert est fort beau et haut, ayant à la cime deux petites montagnes, et se jette bien avant dans la mer, avec ce que sur le dos, et au contour d'icelui, y a plusieurs bourgades de paysans noirs et maisons de paille tout au plus près de la marine, à vue de ceux qui les côtoient, et dépendent encore iceux Noirs de ce royaume de Sénéga susnommé. Au-dessus du cap y a aucunes grèves d'arène qui fendent la mer environ un demi-mille, et par delà icelui vînmes à découvrir trois îles inhabitées, bien peu distantes de terre et couvertes d'arbres grands et verdoyants.

Or abordâmes en l'une d'icelles, nous mettant à l'ancre, à cause qu'elle nous sembloit de plus grande étendue et plus fructifère que les autres, joint aussi que nous y pensions trouver quelques fontaines; et ayant pris terre, nous ne pûmes trouver sinon un lieu auquel il sembloit surgir quelque peu d'eau, de laquelle nous ne nous pûmes aider. Mais nous y trouvâmes une grande quantité de nids et œufs de divers oiseaux à nous inconnus. Nous y séjournâmes tout le jour à pêcher dentés, orades vieilles et très grandes, du poids de douze à quinze livres l'une, qui fut au mois de juin. Le jour ensuivant nous fîmes voile, et reprenant nos erres, naviguâmes toujours à vue de terre, notant qu'outre ce cap se jette un golfe dans icelui, étant la côte basse, très peuplée de fort beaux et grands arbres verdoyants, qui ne perdent jamais une feuille le long de l'année, à cause qu'elles ne sèchent comme elles font de par deçà, mais viennent iceux arbres à les jeter l'une après l'autre, et s'en vont jusque sur la plage, à la portée d'une arbalète, de sorte qu'ils semblent boire dans la mer, qui est un très bel objet à regarder, et selon mon avis (qui ai frété en plusieurs lieux du Ponant et du Levant) je ne vis de ma vie la plus belle côte que celle-ci me sembla être, laquelle est tout arrosée de plusieurs fleuves et petites rivières de peu de compte, à cause que les navires n'y sauroient emboucher.

Des Barbacins et Serères noirs, de leur gouvernement, coutumes, de la qualité et guerres du pays.

Au-delà de ce petit golfe toute la côte est habitée de deux générations, l'une nommée Barbacins, et l'autre Serères, toutes deux noires, mais hors de la puissance et domaine du roi de Sénéga et de tout autre seigneur. Il est bien vrai qu'ils en honorent quelqu'un plus que l'autre, selon la qualité et condition des personnes; et pense que la cause, laquelle les fait vivre hors la puissance d'aucun seigneur, est de peur que leurs femmes et enfants ne leur soient enlevés, puis vendus pour esclaves, et réduits en servitude : ce qu'ont accoutumé de faire tous les rois et grands seigneurs des lieux des autres Noirs.

Ceux-ci sont grands idolâtres, sans aucune loi, et fort cruels, usant de l'arc plus que nulle autre nation, avec les flèches envenimées; si bien que la personne ne peut éviter un accès de soudaine mort pour le moindre sang qui sort de la plaie qu'elle en reçoit.

Le pays d'iceux (qui sont gens noirs et de belle corpulence) est tout en bois, lacs et marécages, qui les tient en grande sûreté et inexpugnables, à cause qu'on n'y sauroit avoir entrée, sinon par quelques détroits; au moyen de quoi ils ne craignent quelque seigneur que ce soit de leurs voisins : et est advenu souventefois qu'aucuns rois de Sénéga leur voulurent jadis faire guerre pour les subjuguer; mais ils ont été toujours vaillamment repoussés, tant par les flèches envenimées, desquelles ils usent, comme par la difficulté de leur pays.

Du ruisseau des Barbacins et d'un truchement, lequel fut mis en terre pour s'informer du pays.

Naviguant donc selon cette côte à plein vent et tirant à la volte de Austre, vînmes à découvrir la bouche d'un fleuve qui pouvoit être de la largeur d'un trait d'arc, mais de petit fond, lequel nous appelâmes le ruisseau des Barbacins, et est ainsi noté sur la carte de naviguer de ce pays, étant icelui fleuve distant du cap par l'espace de soixante milles. Nous naviguâmes selon cette côte et auparavant toujours de jour, demeurant à l'ancre, à soleil couchant, à dix ou douze pas d'eau distant de terre par l'espace de quatre ou cinq milles, et à soleil levant faisions voile tenant à toutes heures un homme en la gabic et deux en proue de la caravelle, pour voir si la marine battoit en aucun lieu pour découvrir quelques écueils, et, flottant, parvînmes à la bouche d'un autre grand fleuve, qui y à voir ne sembloit être moindre que celui de Sénéga ; et parce que nous le trouvions fort beau, le pays plaisant et bien peuplé d'arbres sur la marine, nous jetâmes l'ancre, faisant compte d'envoyer en terre l'un de nos truchements ; car en chacun de nos vaisseaux il en avoit un Noir, que nous avions amenés de Portugal, lesquels furent vendus par ces seigneurs de Sénéga aux Portugais qui abordèrent premièrement en ces marches pour venir découvrir ces pays des Noirs.

Ces esclaves s'étoient faits chrétiens et entendoient fort bien la langue espagnole, au moyen de quoi nous les avions pris sous telle condition que nous devions rendre à leurs maîtres, pour les gages de chacun d'iceux, un esclave qu'ils choisiroient à leur vouloir, et donnant ces truchements quatre esclaves à leurs maitres, s'affranchiroient de leur servitude.

Or, après que nous eûmes jeté le sort pour savoir qui mettroit son truchement à terre, il tomba sur le gentilhomme Genevois, lequel, après avoir armé son esquif, fit mettre en terre son truchement, ayant expressément ordonné que le vaisseau se tînt toujours éloigné de terre, sinon alors qu'on mettroit à bord le truchement, auquel fut enchargé s'informer de la qualité du pays, et sous le gouvernement de quel seigneur il étoit : avec ce qu'il trouvât moyen de savoir s'il seroit possible trouver de l'or, ou quelque autre chose qui nous fût duisible. Pourquoi diligemment exécuter, après s'être mis en terre, et que l'esquif se fut un peu jeté au large, plusieurs Noirs du pays le vinrent incontinent aborder, lesquels ayant vu les navires côtoyer en s'approchant, s'étoient embûchés avec des arcs, flèches et autres armes, pour surprendre d'aguet quelques-uns des nôtres qui voudroient prendre terre. Or, après qu'ils furent parvenus à lui, commencèrent à lui tenir quelques propos, desquels nous ne pûmes avoir l'intelligence; mais tant y a qu'ils commencèrent à charger dessus si lourdement avec gomies (qui sont courtes épées turquesques), qu'ils le laissèrent mort et étendu en la place. Ce qui ne nous apporta peu d'étonnement, et, par cet acte inhumain, les jugeâmes être gens pleins de cruauté, s'étant montrés tels envers un de leur génération même; étant bien assurés qu'ils ne se montreroient moins inhumains, et n'useroient de meilleur traitement en notre endroit qu'ils avoient fait envers notre truchement : si que nous fîmes voile, reprenant nos erres du côté d'Austre, naviguant toujours à vue de la côte, laquelle plus nous allions en avant, plus nous sembloit belle et mieux peuplée d'arbres verdoyants, et partout découvrions le pays plat et bas. Finalement, nous parvînmes à la bouche d'un fleuve, laquelle trouvâmes fort ample, et non moins que de quatre milles au plus étroit, là où nous pouvions entrer sûrement avec nos navires; tellement qu'il fut arrêté entre nous d'y séjourner ce soir pour entendre si ce pays étoit celui de Gambre.

De trois Almadies qui furent de notre route, dont ceux qui étoient dedans ne voulurent tenir propos avec nous, et de la façon d'icelles.

Lorsque nous fûmes arrivés à ce fleuve, il nous sembla de prime face être de la largeur de six à huit milles, qui nous faisoit estimer d'être arrivés au pays de Gambre, que nous avions tant souhaité, et cherché avec si grande curiosité, ne pouvant être, comme nous présumions, que ne vinssions à découvrir quelque bonne terre sur icelui, là où facilement nous pourrions tomber en aucun bon rencontre ou aventure, pour trouver quelque somme d'or ou autre chose exquise et précieuse; dont aiguillonnés par cette espérance, le jour ensuivant, avec un temps calme, nous envoyâmes notre petite caravelle en avant, bien équipée d'hommes et armes, auxquels nous enchargeâmes (à cause que pour être le vaisseau petit) de naviguer le plus avant qu'ils pourroient; et, trouvant des bancs sur la bouche du fleuve, qu'ils sondassent le fond, pour savoir s'il y auroit assez d'eau pour y faire flotter nos vaisseaux, pour puis après se retirant arrière, nous faire quelque signe. Ce qui fut accompli comme nous leur en avions enchargé; car ayant trouvé quatre pas d'eau, vinrent surgir selon et à tel endroit que nous l'avions ordonné. Mais puis après on fut encore d'avis que notre barque et la leur (combien qu'elle fût bien petite) allassent de compagnie plus outre que la bouche, sous telle condition qu'ils retournassent à la navire, si d'aventure les Noirs venoient pour les assaillir, sans vouloir aucunement contester avec eux; pour autant que nous étions là venus pour traiter bonne paix avec les habitants du pays, et acquérir leur bonne grâce, pour laquelle obtenir il y falloit procéder par amitié, et non violemment ni par force.

Or, après que nos barques eurent passé plus outre, nos gens commencèrent à sonder le fond avec la sonde en plusieurs lieux, là où ne trouvant partout moins de seize pas d'eau, s'avancèrent plus outre l'espace de deux milles; au moyen de quoi voyant les rivages du fleuve très plaisants, et bien peuplés d'arbres verdoyants, et le fleuve faire encore plusieurs détours plus en sus, ne trouvèrent bon de naviguer davantage. Mais sur ce point voulant retourner en arrière, voici sortir de la bouche d'un petit fleuve, qui se joignoit avec cet autre, trois almadies, qui à notre mode s'appelleroient chalans, lesquelles sont toutes d'une pièce, de grands arbres cavés, et faites en manière de ces tonnes qu'on mène derrière les bateaux; lesquelles almadies étant par ceux de nos barques découvertes, craignant qu'elles ne vinssent pour les outrager; joint aussi qu'ils avoient été avertis par les autres Noirs que ceux de ces pays étoient archers, lesquels décochoient flèches envenimées, combien qu'ils se sentissent assez bastants pour leur faire tête; néanmoins, pour obéir à ce qu'on leur avoit commandé, et pour n'émouvoir quelque plus grand scandale, commencèrent à ramer, cinglant le plus tôt qu'ils purent vers notre navire, à laquelle, pour quelque diligence qu'ils y sussent faire, ne purent si tôt parvenir qu'ils n'eussent les almadies aux épaules, à moins de la longueur d'un trait d'arc, pour autant qu'elles sont très légères. Et incontinent que les nôtres furent dans les caravelles, nous commençâmes faire signe à ces Noirs de s'approcher; mais, s'étant arrêtés, n'en firent aucun semblant, pouvant être dans ces almadies environ vingt-cinq ou trente Noirs; lesquels, après s'être amusés quelque temps à regarder chose qui par eux et leurs aïeux n'avoit jamais été vue (c'est à savoir navires d'hommes blancs), sans vouloir proférer une seule parole pour chose qu'on leur sût dire, s'en allèrent à leurs affaires. Au moyen de quoi la journée se passa sans autre chose faire.

Du pays de Gambre; de l'habit des Noirs; du combat qu'ils eurent avec les Portugais, auquel furent occis plusieurs de ces Noirs, lesquels par leur maigre réponse donnèrent occasion aux Portugais du retour.

Le matin ensuivant, en temps calme, environ heure de tierce, avec deux navires, dans lesquelles nous étions demeurés arrière, fîmes voile pour suivre la route, et aller retrouver la flotte; et puis après s'emboucher dans le fleuve, sous espérance que nous trouverions au plat pays les personnes plus humaines que celles que nous avions dans ces almadies. Et ainsi l'ayant abordée, et cinglant en compagnie, vînmes surgir à la bouche de ce fleuve, dans lequel nous commençâmes à engolfer. En quoi faisant la petite caravelle devançoit la flotte des navires qui la suivoient l'une après l'autre, tant que nous eûmes passé le banc, par delà lequel nous n'eûmes pas plutôt navigué quatre milles, que nous découvrîmes quatre almadies (je ne sais de quel lieu sorties), lesquelles nous suivoient fort roidement. Ce qu'apercevant, nous tournâmes sur icelles; mais doutant leurs traits envenimés, comme nous en avions été avertis, nous couvrîmes les navires le mieux qu'il nous fut possible, puis nous rangeâmes en ordre, encore que nous fussions en mauvais équipage d'armes. Et les ayant abordées en peu de temps, à cause que la mer étoit calme, elles me vinrent donner en proue, pour autant que j'étois le premier qui fût mis au milieu, nous divisant en deux parties ; puis comptâmes les almadies, qui étoient jusqu'au nombre de quinze, de telle grandeur que sont grandes barques; lesquelles ayant laissé la vogue, les avirons haussés, se mirent à nous regarder comme chose merveilleuse.

Et, ayant nombré les gens qui étoient dans icelles, trouvâmes qu'ils étoient cent trente ou cent cinquante au plus, qui nous sembloient de belle taille et bien formés, mais très noirs, tous vêtus de chemisolles blanches de coton, portant en tête quelques chapeaux blancs à la mode des Allemands, fors que de chaque côté il y avoit un bord ou aile, avec une plume blanche au milieu du chapeau; voulant par cela donner à entendre qu'ils étoient gens de guerre. En proue de chacune d'icelles almadies se voyoit un Noir avec une rondelle au bras, qui nous sembloit être de cuir; et ainsi ne se mouvant en rien, ni semblablement ne se trouvant personne des nôtres qui fît aucun semblant de les irriter ni offenser; enfin, apercevant deux de nos navires qui suivoient à la queue, s'adressèrent à icelles, lesquelles ayant abordé sans autre salutation, mettant bas les rames, saisirent leurs arcs, desquels commencèrent à décocher fort dru. Ce que voyant ceux qui étoient dans nos navires, déchargèrent quatre canons, qui de leur épouvantable son engendrèrent telle crainte et frayeur aux cœurs de ces Noirs, tous nouveaux à ouïr un tel tintamarre, que comme gens éperdus quittèrent et abandonnèrent leurs arcs, regardant çà et là, et non moins remplis de froide peur que surpris de merveilleux ébahissement, regardoient les boulets des artilleries donner dans l'eau, et tomber tout auprès d'eux.

Mais après qu'ils eurent demeuré par quelque temps sans voir autre chose, reprirent leurs arcs, et nous firent une nouvelle charge, s'approchant de nos navires à un jet de pierre, sur lesquelles ils décochèrent une infinité de flèches, montrant par semblant une très grande hardiesse, lorsque les mariniers commencèrent avec leurs arbalètes à les escarmoucher; et celui qui donna la première atteinte fut le fils de ce gentilhomme Genevois, lequel asséna d'un matelas un Noir si rudement, qu'il lui enfonça l'estomac, dont il tomba mort soudainement dans l'almadie. Ce que voyant les autres, prirent ce trait, lequel ils regardèrent comme par grande merveille de voir une telle manière d'armes : combien que cela ne leur apportât tant de terreur, qu'ils laissassent à faire pleuvoir le trait fort épais sur nos navires, et ceux des caravelles n'en faisoient pas moins de leur part envers iceux, desquels fut renversé en peu de temps une grande quantité, et de nous autres (comme ce fut le bon vouloir du ciel, qui de tout dispose) ne s'en trouva aucun de blessé. Quoi voyant les Noirs, et leurs almadies prêtes à périr et être enfoncées, tous d'un accord se mirent à donner en poupe de notre petite caravelle, sur laquelle ils firent une âpre décharge et violente, pour autant qu'elle étoit mal fournie de gens et pirement armée : de sorte que, voyant le danger auquel elle étoit, fis avancer mon navire sur icelle, que nous primes au milieu de nos deux plus grands navires, canonnant et décochant si brusquement sur ces Noirs, que nous les contraignîmes de se jeter au large; et nous, après avoir accouplé les trois caravelles ensemble, jetant une ancrée, sur laquelle demeurèrent toutes trois par bonace; et depuis nous efforçâmes de parlementer avec ces Noirs, faisant de sorte par le moyen de nos truchements, qui les appeloient et faisoient signe, que l'une de ces almadies s'approcha de nous à un trait d'arc, et aux Noirs d'icelle nous fimes demander pour quelle occasion ils s'étoient jetés sur nous pour nous molester en cette sorte, vu que étions gens de paix, étrangers et marchands, qui tout ainsi que nous avions eu bonne amitié avec ceux de Sénéga, que par même moyen n'étions moins désireux de traiter un bon accord s'il leur étoit agréable; car nous étions venus de régions lointaines pour faire quelques honorables présents à leur roi et seigneur, de la part du roi de Portugal, lequel étoit merveilleusement curieux d'avoir leur alliance et amitié : au moyen de quoi nous les supplions bien fort nous vouloir dire en quel pays nous étions abordés, qui en étoit seigneur, et comme se nommoit ce fleuve; et qu'ils vinssent amiablement prendre de nos besognes en troque des leurs, autant que bon leur sembleroit, peu ou point, les assurant que volontiers nous soumettrions à leur bon vouloir et discrétion.

Or, leur réponse fut, que par le passé ils avoient bien eu quelque connoissance de nous autres et de notre alliance avec les Noirs de Sénéga, lesquels, pour s'être oubliés de tant que de prendre notre accointance, ne pouvoient être que lâches et méchants, pour autant qu'ils savoient assez que nous autres ne vivions d'autre chose que de chair humaine, n'achetant les Noirs que pour les dévorer. Ce que considéré, ils se passoient bien d'avoir notre amitié, laquelle fuyant de tout leur pouvoir, s'efforceroient tant que leur possible se pourroit étendre de nous faire à tous perdre la vie, pour puis après de tout ce qui seroit nôtre faire un présent à leur seigneur, lequel, comme ils disoient, étoit à trois journées de là, et que ce pays étoit celui de Gambre, nous nommant ce gros fleuve d'un nom que je n'ai pu retenir. Or, en ces entrefaites, le vent s'étant élevé, ne doutant rien de leur mauvais vouloir, fîmes voile sur eux. Ce qu'apercevant, cinglèrent à la rade, où ils prirent terre, et fin le combat. Depuis consultâmes entre nous autres à qui appartenoit le gouvernement des navires, délibérant de passer plus outre sur ce fleuve l'espace de cent milles pour le moins, s'il étoit de tant navigable, espérant trouver quelque autre plus courtoise génération; mais les mariniers, à qui le désir poignoit de retourner en leurs maisons, sans plus se vouloir hasarder à tant de périls et dangers, commencèrent tous à s'écrier d'un commun consentement, disant qu'ils n'y consentiroient jamais, et que ce qu'ils avoient fait en ce voyage devoit suffire : tellement que nous autres, voyant leur fantaisie être telle, ne sûmes faire autre chose sinon que adhérer à leur vouloir, pour éviter plus grand scandale, parce que ce sont gens fort mutins et obstinés. Au moyen de quoi le jour ensuivant partîmes de là pour nous mettre au retour, faisant voile à la volte de Cap-Vert pour reprendre la route d'Espagne.

Combien haute se voyoit la Tramontane; des six étoiles du pôle antarctique; de la longueur des jours au deuxième de juillet ; de la qualité du pays, et manière de semer ; et comme le soleil se lève en ces lieux sans être précédé de l'aurore.

Pendant que nous séjournâmes sur la bouche de ce fleuve, nous ne pûmes voir la Tramontane sinon une fois, laquelle nous sembloit être fort basse sur la mer, si qu'on eût jugé n'en être distante la longueur d'une lance: au moyen de quoi il la falloit voir en temps calme et serein.

Nous eûmes encore la vue de six étoiles basses sur la mer, grandes, claires et étincelantes, lesquelles choisissant par le signe de la boussole, nous nous trouvions à l'endroit d'icelles du coté d'Austre, et étoient posées en cette manière * **** * * , lesquelles nous prîmes pour le chariot d'Austre; mais nous ne pûmes apercevoir l'étoile principale, ce qui ne se pouvoit aussi faire sans perdre la Tramontane.

En ce lieu-là nous trouvâmes la nuit d'onze heures et demie, au premier ou second jour de juillet. Ce pays est toujours chaud en tout temps de l'année, fors quelques changements qui s'y font, que les habitants appellent hiver ; car, depuis le commencement de juillet jusqu'à la fin d'octobre, il ne se passe quâsi jour qu'il ne pleuve sur le midi en cette manière. Il s'y lève quelques vapeurs ou nues continuellement de terre, entre Grec et Levant, ou entre Levant et Siroch, avec grands tonnerres, foudres et éclairs, qui causent de grandes pluies.

En ce temps les Noirs commencent à semer en la même sorte qu'on fait au royaume de Sénéga, vivant de lait, miel et légumages ; et m'a été dit qu'en ce pays, par la grande chaleur de l'air, la pluie qui y tombe est chaude ; et que l'aurore ou aube du jour n'y apparoît aucunement avant soleil levant, comme en nos régions. Mais là l'obscurité de la nuit ne disparoît pas plus tôt, que le soleil se montre en un instant : non pas qu'il rende clarté par l'espace de demi-heure, ains se montre tout trouble. Et ne pense que la cause de ce lever du soleil si matin, contre l'ordre de nos climats, puisse procéder d'autre chose que pour être ces régions trop bassès et sans montagnes ; et de cette opinion se trouvèrent tous ceux de ma compagnie.

SECONDE NAVIGATION.

Qui furent les premiers à découvrir les iles de Cap-Vert, deux desquelles furent nommées Bonne-Vue et Saint-Jacques.

Selon ce que j'ai pu voir de ce pays de Gambre en ce mien premier voyage, on ne sauroit dire que bien peu ou rien de la qualité d'icelui ; car, comme je vous ai fait entendre, les habitants de la marine sont rudes, et de sauvage nature : au moyen de quoi ils ne nous voulurent jamais donner loisir de prendre terre pour parlementer avec eux seulement, ni traiter d'aucune chose. Joint aussi que nous ne pûmes passer plus outre, à cause que nos mariniers ne s'y voulurent accorder ; tellement que nous fûmes contraints de faire retour en Espagne. Mais, l'année d'après, ce gentilhomme Genevois et moi fîmes armer deux caravelles, et mettre en équipage, pour naviguer et discourir ce grand fleuve, duquel nous avons ci-dessus fait mention. Ce qu'étant venu à la connoissance du seigneur Infant susnommé

Gens marins sont barbares de nature.

(sans la permission duquel nous ne pouvions reprendre cette route), et comme nous avions derechef entrepris ce voyage, il en reçut contentement fort grand; si qu'il prit envie de faire aussi armer une caravelle pour expédier en notre flotte. Puis ayant fait provision de tout ce qui nous étoit besoin, nous embarquâmes en un lieu nommé Lagus, qui est auprès du cap Saint-Vincent, au commencement du mois de juillet, et avec un vent à souhait, tenant la route des Canaries, là où nous arrivâmes en peu de jours. Mais, parce que le temps nous favorisoit toujours, on fut d'avis que nous suivissions nos erres sans prendre terre : de sorte que, cinglant toujours à la volte d'Austre, continuant notre voyage, et avec le cours des eaux qui s'écouloient en bas à Garbin, nous exploitâmes fort, tant que finalement nous parvînmes à Cap-Blanc : lequel ayant doublé, nous nous jetâmes au large en mer; là où de nuit fûmes surpris d'un mauvais temps de Garbin, avec un vent impétueux et contraire, dont, pour ne retourner arrière, fûmes contraints tirer à la volte de Ponant pour parer, et nous tenir côtiers : ce que nous fîmes par l'espace de deux nuits et trois jours, au bout desquels nous découvrîmes terre; si que tous les matelots se prirent à crier terre, terre :

qui nous fit grandement émerveiller, pensant que nous en fussions encore bien éloignés; car nous n'étions pas encore avertis qu'il y eût là aucune terre.

Dont, pour en être mieux acertainés, fîmes monter deux hommes en la gabie, lesquels découvrirent deux grandes îles : de quoi nous rendîmes grâces au Seigneur, qui tenoit la main à notre conduite pour nous faire avoir la vue de choses inconnues, à cause que nous savions bien ces îles avoir été ignorées par les Espagnols, lesquelles estimant être habitées (pour toujours prendre la connoissance de choses diverses, et pour tomber en quelque bon rencontre), nous prîmes la route de l'une d'icelles, que nous abordâmes en peu d'heures; mais, nous semblant de grande étendue, la rasâmes quelque temps à vue de terre, tant que nous vinmes surgir en un lieu où nous pensions trouver fort bon séjour, et là demeurâmes à l'ancre jusqu'à ce que le temps se fût rendu calme. Étant ainsi ancrés, nous jetâmes l'esquif dehors, que nous équipâmes d'armes et de tous points pour lui faire prendre terre, afin de savoir s'il y avoit aucunes gens ou habitation. Ce que fut fait, et chercha-t-on assez sans trouver aucun signal ni brisées par lesquelles on pût comprendre que cette île fût habitée. Mais le jour ensuivant, pour m'en rendre du tout résolu, fis mettre en terre dix hommes bien en ordre, et armés d'arbalètes, auxquels j'enchargeai de monter en cette île, du côté qu'elle étoit montueuse et haute, pour voir s'ils pourroient découvrir d'autres iles, ou s'ils trouveroient quelque autre chose. Mais, ayant pris ce chemin, ils ne purent rien voir, sinon qu'elle étoit inhabitée, combien que fort peuplée de pigeons, qui se laissoient prendre à la main, parce qu'ils ne savoient ce c'étoit des hommes; au moyen de quoi ils en tuèrent une grande quantité avec bâtons, qu'ils portèrent dans les caravelles.

Pigeons se laissant prendre à la main.

Toutefois, après qu'ils furent parvenus à la sommité d'icelle, ils découvrirent trois îles, à l'une desquelles nous ne prîmes garde, parce qu'elle étoit sous le vent de la partie de Tramontane, et les autres deux étoient de l'autre côté d'Austre en notre chemin, toutes à vue l'une de l'autre. Il leur sembla aussi de voir, bien avant dans la mer, quelque chose retenant forme d'îles devers Ponant; mais on n'en eût su juger au vrai pour la longue distance, qui m'ôta le vouloir de m'y transporter, tant pour ne perdre temps et suivre mon voyage, comme parce que je les estimois inhabitées et sauvages, non plus ni moins que les autres.

Mais depuis, au rapport de ces quatre que j'avois découvertes, d'autres s'y transportèrent, y trouvant des îles tant grandes que petites inhabitées, auxquelles ne se trouvoit autre chose que pigeons, oiseaux étranges et divers, avec grande pêcherie.

Mais, pour retourner à la matière, nous laissâmes cette île, et reprenant nos erres en vînmes à découvrir deux autres, et en côtoyant l'une, qui nous sembloit fort peuplée d'arbres, allâmes surgir à la bouche d'un fleuve qui provenoit de cette île, l'eau duquel pensant être fort bonne, quelques-uns des miens firent prendre terre et se transportèrent au premier lieu sur le rivage d'icelui fleuve, là où ils trouvèrent certains petits lacs de sel beau et blanc, duquel ils apportèrent dans nos vaisseaux en grande quantité, et primes de cette eau, qui nous sembla fort bonne. En ce lieu-là nous trouvâmes grand nombre de tortues, et en mîmes quelques-unes dans les caravelles, dont le dessus étoit plus grand qu'une targue, et d'icelles les mariniers tuèrent grande quantité, qu'ils apprêtèrent en diverses manières, disant qu'ils en avoient autrefois mangé au golfe d'Argin, là où il s'en trouve semblablement, mais non pas si grandes ; vous assurant que la curiosité d'avoir l'expérience de plusieurs choses

Tortues d'inusitée grandeur et singulière bonté.

me fit venir envie d'en manger, et ne me semblèrent moins bonnes que la chair d'un veau, tant elles étoient savoureuses et odorantes, qui nous en fit saler en grande quantité, lesquelles nous servirent en partie de bonne munition durant notre voyage.

Nous pêchâmes encore à la bouche du fleuve, et dans icelui même, là où nous trouvâmes du poisson en si grande abondance, que ce seroit une chose incroyable à l'ouïr réciter; et s'en y trouva de tels dont nous n'avions jamais eu la connoissance, au reste très bons et de bonne grandeur. Le fleuve est de belle étendue, de sorte qu'une nef de cent cinquante tonneaux y pourroit facilement emboucher, ayant un trait d'arc en largeur. Nous y séjournâmes deux jours pour nous récréer et rafraîchir. Vous avisant que nous nommâmes la première île où nous prîmes terre Bonne-Vue, pour être la première que nous découvrîmes en ces parties, et à l'autre, qui nous sembloit de plus grande étendue que toutes les autres, imposâmes le nom de Saint-Jacques, pour autant que nous y vînmes surgir à tel jour : au moyen de quoi elle a retenu le nom de l'île Saint-Jacques.

D'un lieu nommé les deux Palmes, et d'une île qui retient le nom Saint-André; du roi Forósangole, et du seigneur Battimansa.

Après toutes ces choses, nous fîmes départ de ces quatre îles, cinglant à la volte de Cap-Vert, tellement qu'en peu de jours, moyennant l'aide du Seigneur, nous doublâmes terre à Spédégar, en un lieu qui se nomme les deux Palmes, lequel est entre Cap-Vert et le fleuve de Sénéga. Mais, pour avoir connoissance de cette terre, nous passâmes outre, côtoyant le cap que nous avions passé le matin précédent, avec un tel vent en poupe, que nous parvînmes une autre fois au fleuve de Gambra, dans lequel nous engolfâmes incontinent sans aucun contredit des Noirs, ni de leurs almadies, naviguant toujours en sondant icelui fleuve, sur lequel aucunes almadies de ces Noirs rasoient les rivages, sans oser venir aux approches. Or, en ces entrefaites, vînmes à découvrir une île dans ledit fleuve, par l'espace de deux milles, près de laquelle étant demeurés à l'ancre par un dimanche, l'un de nos mariniers trépassa, qui avoit jà par long-temps été vexé par un grand accès de fièvre. Et combien que sa mort nous apportât une marrisson extrême, néanmoins considérant le vouloir de Dieu être tel, supportâmes l'inconvénient patiemment, lui donnant sépulture en cette île, laquelle (pour autant que son nom étoit André) nous nommâmes l'île Saint-André, ainsi appelée jusques à maintenant. Or de là ayant fait départ, et naviguant en sus, selon le fleuve, ces almadies nous suivoient de loin ; dont faisant signe à ceux qui les guidoient, et étant appelés par nos truchements, leur montrions quelques tafetas noirs et autres choses, les assurant qu'ils nous pouvoient aborder sûrement, avec ce que nous leur ferions part de ce que nous avions, et qu'ils n'eussent doute de rien, car nous étions gens traitables et humains. Ce qui les enhardit, et peu à peu se venoient accostant, rejetant la défiance qu'ils avoient eue de nous, tant qu'à la fin ils vinrent en ma caravelle, dont l'un d'iceux, qui entendoit mon truchement, entra dans la nef et s'émerveilla grandement de notre mode de naviguer et des voiles, parce qu'eux n'ont autre usage d'aller sur eau sinon avec les rames, qui les faisoit estimer qu'on n'eût su naviguer autrement. Et, outre ce que toutes ces choses lui causoient une admiration fort grande, il ne se trouvoit moins ébahi de voir hommes blancs, et de notre habit semblablement qu'ils trouvoient fort étrange et fort différent à celui

L'île Saint-André, d'où ainsi nommée.

duquel ils usent, avec ce qu'ils vont nus, au moins la plus grande partie, et s'il s'en y trouve quelqu'un vêtu, c'est d'une chemise de coton blanche seulement. Nous reçûmes ce Noir bien amiablement et avec grandes caresses, nous en quérant de plusieurs choses de petite importance, et petit à petit lui sûmes si bien ouvrir son estomac et sonder sa pensée, qu'il nous acertaina ce pays être celui de Gambre, et que leur principal seigneur étoit Forosangole, lequel faisoit sa résidence loin du fleuve devers Midi et Siroch (selon ce qu'il nous montroit) l'espace de dix journées, et étoit vassal de l'empereur de Melli, qui est le grand empereur des Noirs; mais que néanmoins il y avoit plusieurs autres seigneurs, de moindre autorité et puissance, qui faisoient leur résidence auprès du fleuve, tant d'un côté que d'autre. Et, si nous le trouvions bon, qu'il nous adresseroit vers l'un d'iceux, qui s'appeloit Battimansa, envers lequel il moyenneroit par toutes voies de prendre amitié avec nous, d'autant que nous lui semblions gens de bien et de bonne sorte. Nous trouvâmes bon ce gracieux offre d'un tel homme, et le fîmes naviguer avec nous et lui tînmes bonne compagnie, tant que, montant toujours selon le fleuve, nous parvînmes au lieu de la résidence de Battimansa, qui, selon notre jugement, pouvoit être éloigné de la bouche d'icelui fleuve par l'espace de soixante milles et plus.

Du présent qui fut fait à Battimansa; des marchandises qu'enlevèrent les Portugais en troque; de la mode de naviguer des Noirs de ce pays, et de leurs rames.

Il faut noter que, naviguant sur ce fleuve, qui en reçoit plusieurs autres, nous allions encontre Levant, et le lieu auquel nous demeurâmes à l'ancre étoit beaucoup plus étroit que la bouche, là où, selon notre jugement, n'y avoit plus outre d'un mille de largeur. Or, après être arrivés en ce lieu, nous fûmes tous d'avis d'envoyer un de nos truchements avec ce Noir par devers le seigneur Battimansa : ce que nous fîmes, avec une alzimbe ouvrée de soie à la mauresque, que nous appelons une chemise, laquelle étoit assez belle et faite en la terre des Maures, enchargeant à notre homme de lui dire comme nous étions venus par le commandement de notre seigneur le roi de Portugal, chrétien, pour traiter avec lui bonne paix et amitié, et pour savoir s'il auroit des choses de ses pays; et qu'il ne faudroit de lui en envoyer chacun an. Le truchement se mit en compagnie de ce Noir, lequel le mena la part où étoit le seigneur, à qui ils firent tel rapport de nous, qu'il y envoya incontinent certains Noirs, lesquels ne prirent seulement amitié avec nous, mais reçurent encore plusieurs choses en troque contre quelques esclaves Noirs, et certaine quantité d'or : combien que ce fût peu de chose à comparaison de ce que nous y pensions trouver, car le bruit excédoit la vérité, mais cela semble grand'chose à eux, pour être pauvres : au moyen de quoi ils ont cet or en plus grande estime (selonque j'en pus connoître) que nous autres, en tant qu'ils le tiennent comme chose fort précieuse, encore qu'ils nous le laissassent à bon compte au respect des choses de peu de valeur qu'ils prenoient de nous en échange. Nous demeurâmes là onze jours, pendant lesquels plusieurs Noirs habitants de çà et de là le fleuve se transportoient dans nos caravelles, les uns pour voir choses nouvelles, les autres pour nous vendre anneaux d'or et quelques petites besognes desquelles ils usent entre eux, comme chemisoles, filets et draps de coton, tissus à leur mode, les uns blancs, les autres bigarrés de vert, blanc, et bleu et d'autres encore de rouge, blanc et bleu, fort bien faits. Ils apportoient aussi plusieurs magots et marmots, grands et petits, de diverses sortes, desquels s'en trouve en ce pays une grande quantité : au moyen de quoi ils les troquoient contre chose de petite valeur, comme pour dix marquets la pièce, qui sont environ six blancs de notre monnoie. Ils nous apportoient semblablement de civette et des peaux de chats, qui la font, nous laissant l'once de la civette pour une autre chose en troque, qui ne pouvoit monter à la valeur de quarante ou cinquante marquets; non qu'ils la vendissent au poids, mais je le dis par jugement.

Les autres nous apportoient des fruits de diverses sortes, et, entre autres, y avoit une quantité de petites dattes, et sauvages, qui n'étoient pas de grand goût, ni trop appétissantes. Mais ils en mangeoient fort savoureusement; et plusieurs de nos mariniers mêmes faisoient le semblable, les trouvant, comme ils disoient, d'un autre goût que les nôtres : combien que je n'en voulus jamais tâter, de peur qu'elles ne me causassent quelque flux, ou autre corruption. Tant y a qu'il ne se passoit jour que n'eussions nouvelles gens en nos caravelles, et de divers langages, qui ne cessoient jamais de courir çà et là, dans ce fleuve, avec leurs almadies, femmes et hommes, en la manière même que l'on fait de par deçà, où il y a port et passage sur les fleuves. Mais tout leur naviguer est à rames, avec lesquelles ils voguent tous debout, tant d'un côté que d'autre, ayant toujours quelqu'un de surcroît, qui vogue par derrière, tantôt de çà, tantôt de là, pour dresser l'almadie, et n'appuient la rame sur chose que ce soit, mais la tiennent avec les mains, étant faite de cette sorte. Ils ont un bois comme une demi-lance, de la longueur de sept pieds et demi, et au bout d'icelui est cloué ou attaché un ais à la mode d'un tranchoir rond, et ainsi voguent à force de bras dans ces almadies, rasant la côte de la mer, ayant plusieurs bouches de fleuves là où ils se retirent, qui les fait naviguer sûrement. Mais ordinairement ils ne s'écartent guère du pays, parce qu'ils ne sont assurés d'une terre à autre, car ceux qu'on peut surprendre sont vendus pour esclaves. Finalement, les onze jours révolus, nous délibérâmes de déplacer, et descendre à la bouche de ce fleuve, pour autant que plusieurs des nôtres se sentoient atteints d'une fièvre chaude, véhémente et continue : ce qui nous fit avancer notre départ.

De la foi, manière de vivre, et façon des habits d'iceux.

Selon que nous avons vu, et pour le récit qu'on nous fit pendant que nous séjournâmes là, ces peuples idolâtrent en plusieurs sortes, ajoutant foi aux charmes et enchantements, et à plusieurs autres œuvres diaboliques, qu'ils imitent et mettent en effet. Mais ils reconnoissent tous un Dieu, toutefois qu'il y en a encore plusieurs de la secte mahométane. Ce sont gens qui pratiquent en divers pays sans demeurer jamais à la maison, parce que les paysans ne savent rien faire. Quant à leur manière de vivre, ils se gouvernent à l'imitation des Noirs du royaume de Sénéga, et usent de mêmes viandes, fors qu'ils ont plus de sorte de riz, qui ne naissent au royaume de ces premiers Noirs; et avec ce mangent chair de chien, ce que je n'ouïs jamais dire avoir été fait par autres. Leur habit est de chemisoles de coton : chose qui n'est observée par les Noirs de Sénéga, qui vont quasi tout nus : mais la plus grande partie de ceux-ci vont vêtus, parce qu'ils sont abondants en coton. Les femmes ne se parent aussi autrement, sinon qu'elles se se délectent, étant petites et de jeune âge, de se tracer aucuns ouvrages avec la pointe d'une aiguille, sur l'estomac, sur les bras et sur le cou, qui ressemblent à ceux de soie, qu'on souloit faire sur les mouchoirs, et sont faits avec le feu, qui les fait demeurer à jamais.

La région est fort chaude, et tant plus on s'avance envers Austre, et plus semblent les pays être chaleureux : et mêmement sur cette rivière sentions une chaleur plus véhémente que vers la marine, pour être couverte et rafraîchie par la grande quantité d'arbres, dont elle est peuplée, qui croissent par tout le pays. Pour représenter la grandeur desquels, ainsi que nous épuisions de l'eau en une fontaine auprès le rivage du fleuve, il y avoit un arbre de merveilleuse grosseur et hauteur, laquelle néanmoins ne revenoit pas à la proportion de la grosseur, qui ceignoit (ce que connûmes par le mesurer) dix-sept brasses autour du pied, lequel étoit en plusieurs lieux percé et cavé; et les rameaux, qui pendoient en bas, étoient fort larges, de sorte qu'il venoit à rendre un grand ombrage. Toutefois il s'en y trouve de plus merveilleuse hauteur et grosseur, tellement que ceci vous peut acertainer, et porter témoignage de la bonté du terroir, et donner à connoître la fertilité du pays, pour être arrosé de plusieurs eaux.

.

Des éléphants qui se trouvent en ce pays ; par quel moyen on leur donne la chasse; de la longueur de leurs dents, et forme du pied d'iceux.

Il se trouve en ce pays une grande quantité d'éléphants, et entre autres j'en ai vu trois *Éléphants sauvages.*

sauvages; car ils ne les savent apprivoiser comme l'on fait aux autres pays. Et étant avec la navire arrêtés au milieu du fleuve, nous les vîmes tous trois sortir d'un bois, et aller sur les rivages. Or, pour les aborder, nous sautâmes quelques-uns dans l'esquif; mais ils ne nous eurent pas plus tôt aperçus, qu'ils s'en retournèrent dans le bois. Depuis j'en vis un autre petit mort, pour autant qu'un seigneur des Noirs, nommé Guumimensa, qui faisoit sa résidence près la bouche de ce fleuve, pour me complaire, délibéra lui donner la chasse, le poursuivant par l'espace de deux jours, tellement qu'il le contraignit à rendre les abois. Ils vont à la chasse à pied, sans porter autres armes offensives, sinon javelines ou épieux envenimés, comme nous avons dit ci-dessus : ce que sont semblablement leurs arcs et flèches : puis vont trouver ces éléphants dans les bois, qui sont fort touffus et pleins d'arbres, derrière lesquels les Noirs se cachent, et rampent encore dessus : là où étant, dardent leurs javelines ou flèches envenimées sur ces animaux, et vont ces Noirs s'élançant d'arbre en arbre, tellement que l'éléphant, pour être de corpulence si massive, avant qu'il se puisse mouvoir, est atteint par plusieurs fois sans pouvoir parer aux coups ni les éviter. D'une chose je vous ose

Chasse aux éléphants, et la manière de les prendre.

bien assurer, qu'au large où les arbres ne seroient si drus, il ne se trouveroit personne qui prît la hardiesse de l'aborder ; car il n'y a homme, pour léger et habile qu'il soit, qui puisse devancer à la course un de ces animaux, encore qu'il n'aille que le pas : chose que m'ont acertainé plusieurs Noirs. Toutefois il n'est de nature fière ou cruelle, ni qui assaille l'homme qu'il ne s'en sente premièrement offensé. Tant y a que je vis premièrement ce petit éléphant mort en terre, la dent longue duquel n'excédoit pas trois palmes, dont l'une des trois étoit encharnée dans la mâchoire, tellement qu'il n'en paroissoit au dehors plus de deux palmes, qui étoit signe de sa jeunesse, à comparaison de ceux qui en ont de dix à douze palmes ; et, pour petit qu'il fût, nous fûmes tous de cette même opinion, qu'il devoit avoir de chair pour cinq ou six taureaux des nôtres.

Ce seigneur me mit au choix d'en prendre telle portion que bon me sembleroit, et que le reste fût distribué et comparti aux veneurs pour manger : dont, ayant entendu que les Noirs usoient de cette chair, j'en fis tailler une pièce que je mangeai, bouillie et rôtie ; puis après en fis porter dans mon vaisseau pour expérimenter plusieurs choses, et pour rapporter que j'avois mangé de la chair d'un animal, qu'aucun de mon pays ne se pourroit vanter en avoir eu la vue seulement; mais cette chair ne me sembla trop savoureuse, car je la trouvai dure, maussade, et de peu de goût. J'en rapportai un des pieds et partie de la trompe à la nef, avec plusieurs poils que j'en arrachai, lesquels étoient noirs, de la longueur d'une palme et demie ou plus, et fort gros. Toutes lesquelles choses ensemble, avec une partie de la chair qui fut salée, je présentai en Espagne au seigneur Infant dom Henrich, qui les reçut comme pour une grande singularité, pour être les premières qu'on lui eût présentées de ce pays-là découvert par son moyen et industrie. Je ne veux pas ici omettre que le pied de l'éléphant est quasi tel à l'entour que celui de cheval, s'il y avoit de la corne, car ce n'est qu'un cal très gros et noir, duquel proviennent cinq ongles touchant terre. Toutefois le pied de ce jeune éléphant n'étoit pas si petit qu'il n'excédât la largeur d'une palme et demie sous la plante de tous côtés. Ce seigneur me fit encore présent d'un autre pied d'éléphant, lequel ayant plusieurs fois mesuré par dessous, le trouvai de la largeur de trois palmes et un doigt, tant de long comme de large, et de tous côtés; lequel je présentai semblablement au seigneur Infant, avec une dent de la longueur de douze palmes,

Pied d'éléphant.

laquelle, avec le pied grand, il envoya à la duchesse de Bourgogne, comme pour une chose rare et singulière. Il se trouve davantage en ce fleuve de Gambra, et en plusieurs autres de ce pays (outre les calcatrices et autres animaux divers), un animal qui se nomme poisson-che- val, qui est quasi de la nature d'un veau de mer, qui maintenant se trouve dans l'eau et tantôt sur terre, desquels deux éléments il prend sa nourriture, et est de cette forme. Il a le corps de telle grandeur qu'une vache, court de jambes, dont les pieds sont fendus, et le reste retient forme de cheval, sinon qu'il a deux dents de chaque côté en manière des mires d'un sanglier, lesquelles sont fort longues ; tellement que j'en ai vu de la longueur de deux palmes et plus quelquefois. Cet animal se jette hors de l'eau, et chemine sur le rivage comme une bête à quatre pieds ; mais il ne s'en trouve en autre partie, là où nous autres Chrétiens naviguons (selon ce que j'en ai pu entendre), si ce n'est par aventure dans le fleuve du Nil. Nous vîmes encore en ces parties-là des vespertilions, ou chauves-souris, de la grandeur de trois palmes et plus, avec plusieurs autres oiseaux différents aux nôtres, et mêmement une infinité de papegais, et une quantité indicible de poissons en ce fleuve, d'autre espèce,

Poisson-cheval.

goût et forme que les nôtres. Combien qu'ils soient au manger fort délicats et savoureux.

D'aucuns fleuves qui furent découverts du seigneur de Casamansa, et autres choses.

Nous fîmes départ de Mansa, ou du pays du seigneur Battimansa (comme je vous ai fait entendre par ci-devant), par le mauvais portement de nos gens, et sortîmes en peu de jours de ce fleuve, à l'issue duquel trouvant que nous étions assez bien fournis de vivres, il nous sembla qu'il nous tourneroit à grand honneur (mêmement nous voyant tant avancés) de fréter plus outre, rasant la côte. Joint aussi que nous avions trois navires fort bien équipées et fournies de gens; tant que nous trouvâmes tous de conforme opinion, un jour environ tierce, avec un vent à souhait, nous fîmes voile, et pour autant que nous étions engolfés dans la bouche du fleuve de Gambra, avec ce que la terre de la partie d'Austre et Garbin s'avançoit fort dans la mer, se montrant verdoyante, et peuplée d'une infinité de beaux et grands arbres, nous cinglâmes à la volte du Ponant pour nous jeter au large dans la mer. Ce qu'ayant fait, et après avoir gagné pays, nous connûmes que ce n'étoit pas un cap qui méritât d'être mentionné; car, outre cette pointe, on découvroit la terre, qui suivoit à la file, le long de la côte; néanmoins nous naviguâmes toujours à vue d'icelle, et autour d'icelle nous regardions battre la mer hors plus de quatre milles, qui nous fit faire tenir continuellement deux hommes en proue, et un autre sur l'arbre dans la gabie pour découvrir les écueils ou bancs qui y pouvoient être, et de jour naviguions à demi-voile, avec grand égard, puis de nuit mettions une caravelle à la suite de l'autre, selon que le sort en ordonnoit; car autrement chacun eût bien voulu voir devant soi son compagnon pour servir de guide, et demeurâmes en cette extrémité toujours flottants à vue de terre, par l'espace de trois jours, à la fin desquels nous vînmes à découvrir la bouche d'un fleuve d'assez bonne étendue; et, selon qu'il nous sembloit, elle pouvoit avoir de large l'espace d'un demi-mille, laquelle outrepassant devers le soir, nous vîmes un petit golfe, qu'on eût quasi pris pour la bouche d'un fleuve; mais, à cause qu'il étoit tard, nous demeurâmes à l'ancre; puis le matin ensuivant, mettant voile au vent, nous engolfâmes quelque peu, tellement que la bouche d'un autre grand fleuve se présenta à notre vue, laquelle ne me sembloit guère de moindre grandeur que le fleuve de Gambra, duquel nous avons parlé par ci-devant, dont les rivages, tant d'un côté que d'autre, se voyoient tout couverts d'une infinité d'arbres hauts, drus et verdoyants, qui nous donna envie de nous en accoster, si que nous y vînmes surgir; et, après avoir consulté ensemble, il fut arrêté qu'on armeroit deux de nos esquifs, dans lesquels nous enverrions deux de nos truchements en terre pour découvrir le pays et en rapporter quelques nouvelles, avec le nom de cette rivière, pour s'enquérir aussi du seigneur de ces parties, et comme il se nommoit. Laquelle chose ne fut pas plus tôt délibérée que mise en effet; de sorte qu'étant les esquifs de retour, nous fûmes acertainés, par les truchements, que le fleuve se nommoit Casamansa, comme si l'on vouloit dire le fleuve du seigneur Noir nommé Casamansa, lequel faisoit sa résidence dans icelui trente milles avant, combien qu'il ne s'y retrouvoit pour lors, parce qu'il étoit en une guerre qu'il avoit suscitée contre un autre seigneur. Ce qu'ayant entendu, nous fîmes départ le jour ensuivant, après avoir observé que, depuis le fleuve de Gambra jusqu'à celui-ci de Casamansa, y a environ cent milles, qui sont vingt et cinq lieues.

Casamansa, fleuve.

D'un lieu nommé Cap-Rouge, et à quelle occasion ; du ruisseau Sainte-Anne, de celui Saint-Dominique, d'un autre fleuve, et de la marée de ce pays qui monte et dévale.

Après que nous fûmes partis de ce fleuve de Casamansa, nous reprîmes nos erres, toujours suivant la côte, tant que nous parvînmes à un cap, qui, à mon avis, est distant de la bouche de ce fleuve par l'espace de vingt milles, étant un peu plus haut que la terre de cette côte, tellement que, l'ayant découvert, le sommet nous sembloit rougir de loin. Et depuis, cinglant selon la côte, nous vînmes surgir à la bouche d'un fleuve assez spacieux, et qui tenoit d'étendue (comme il nous étoit avis) autant que pourroit porter une arbalète : toutefois il ne nous prit aucune envie de le sonder, mais le nommâmes seulement le ruisseau Sainte-Anne, lequel ayant passé, et suivant nos erres, trouvâmes un autre fleuve en cette même côte, qui ne nous sembla de moindre largeur que celui susnommé, et lui donnâmes le nom de Saint-Dominique, depuis lequel, jusqu'au Cap-Rouge, jugeâmes par avis pouvoir être de cinquante-cinq à soixante milles. Depuis, côtoyant toujours et tenant un même chemin, à une journée de là, nous vînmes surgir à la bouche d'un fleuve de si ample étendue, que nous la pensions premièrement être quelque golfe, combien que nous pouvions apercevoir les beaux arbres verdoyants de l'autre côté, vers la partie d'Austre, et fûmes tous d'opinion que cette bouche pouvoit contenir en son étendue vingt milles et plus, car nous demeurâmes assez long-temps à la traverser d'un côté à autre, là où étant abordés, nous découvrimes quelques îles en mer : au moyen de quoi nous délibérâmes, avant que partir de ce lieu, nous informer et rapporter quelques nouvelles de ce pays; et, pour ce faire, nous jetâmes l'ancre incontinent.

Or, étant ainsi en séjour, le jour ensuivant nous vîmes deux almadies prendre la route des navires et tirer droit à nous, lesquelles almadies étoient fort grandes, tellement que l'une d'icelles se pouvoit parangonner à l'une de nos caravelles, fors qu'elles n'étoient pas de telle hauteur; et dans la plus grande venoient environ trente Noirs. L'autre, qui étoit moindre, portoit environ seize hommes, lesquels apercevant venir à nous si roidement à vogue, en la manière que avez ouï, pour la doute que nous eûmes, tous nos gens se mirent en armes en les attendant, pour voir quelle issue prendroit la chose, et ce qu'ils voudroient faire. Mais incontinent qu'ils furent auprès de nous, ils commencèrent à lever un linge blanc attaché à une rame, comme s'ils eussent voulu demander sûreté; à quoi leur fîmes réponse par le semblable, qui les enhardit de nous aborder; dont la plus grande des deux almadies s'accosta de ma caravelle, dans laquelle ces Noirs regardoient mes gens, à cause de leur blancheur, comme par une grande merveille, et s'amusoient semblablement à contempler notre navire avec l'arbre et l'antenne en croisée, parce que c'est une chose qu'ils ignorent, et par conséquent entre eux inusitée. Si que pour le désir que j'avois de savoir quelque chose de ces gens-ci, je leur fis parler mes truchements, qui ne surent jamais les entendre ni être entendus d'eux, qui nous causa un très grand déplaisir, si que nous fûmes contraints de déplacer sans jamais pouvoir entendre par leur moyen aucune chose de ce pays; tellement que, pour nous retrouver en étrange région, en laquelle nous ne pouvions être entendus, nous vînmes à regarder que de passer plus outre ne seroit qu'un travail en vain, d'autant que par cela nous pensions toujours trouver plus nouveaux et étranges langages, qui nous détourneroient de pouvoir mener à fin quelque chose bonne :

ce que considéré, nous délibérâmes de nous mettre au retour.

Mais pendant notre séjour, qui fut de deux jours, il se trouva un Noir dans ces almadies qui nous donna aucuns annelets d'or en troc contre quelques autres choses, sans toutefois proférer aucune parole, sinon qu'il marchandoit par signes.

Nous trouvâmes en ce lieu une grande contrariété qui ne se voit autre part, selon ce que j'ai pu entendre : c'est que la marée monte et dévale comme à Venise et par tout le Ponant; mais en lieu qu'elle croît par l'espace de six heures, et met autant à se retirer en nos parties, celle-ci demeure à monter l'espace de quatre, et huit à dévaler; et est si grande l'impétuosité de la concurrence des ondes de cette marée, lorsqu'elle s'enfle et commence à monter, que c'est une chose quasi incroyable, parce qu'à peine pouvions-nous être retenus de trois ancres par proue, encore fallut-il déplacer, par l'effort des eaux, avec grand danger; car l'affluence des flots impétueux avoit plus de force que le vent à pleine voile.

Des deux grandes îles et autres petites.

Nous partîmes donc de la bouche de ce fleuve pour faire voile en Espagne et reprendre les erres de notre venue, tirant à la volte de ces îles que nous avions découvertes, qui étoient distantes de terre ferme par l'espace de trente milles, là où nous vînmes surgir, et en trouvâmes quelques autres petites et deux grandes, lesquelles sont habitées des Noirs, fort basses et bien peuplées d'arbres verts et de merveilleuse hauteur et grosseur; mais la langue des habitants d'icelles nous étoit autant étrange comme celle des autres. Au moyen de quoi nous n'y demeurâmes long-temps, mais fîmes voile, prenant la route de nos régions chrétiennes, faisant tant par nos journées que le Seigneur nous conduit à bon port.

FIN DES NAVIGATIONS D'ALOUYS DE CADEMOSTE.

NAVIGATION

DU CAPITAINE

PIERRE DE SINTRE,
PORTUGAIS;

ÉCRITE

PAR MESSER ALOUYS DE CADEMOSTE.

Du ruisseau de Besègue; d'un lieu nommé Cap de Verga, et de la qualité de cette côte.

Par ce mien précédent discours vous avez pu entendre ce que j'ai vu pendant le temps de ce voyage que je fis en ces parties, auxquelles après moi d'autres se sont transportés, entre lesquels le sérénissime roi de Portugal y envoya, après le décès du seigneur Infant dom Henri, un Pierre de Sintre, écuyer d'icelui seigneur, et capitaine de deux caravelles armées, lui donnant commission de fréter plus outre, rasant cette côte des Noirs, afin de pouvoir découvrir plusieurs pays, pour auxquels se transporter il prit en sa compagnie un jeune Portugais, mien ami, qui avoit demeuré avec moi en mon voyage pour écrivain; et, au retour de ces caravelles, celui-ci démonta en ma maison, là où il me donna par écrit de point à autre tout le pays qu'ils avoient découvert, avec les noms qu'ils avoient imposés aux lieux, et leurs séjours, le tout par ordre, qui est depuis le grand ruisseau, là où nous fûmes auparavant, comme nous viendrons à déclarer par ci-après. Or, pour commencer à vous donner connoissance des lieux, desquels il m'informa, il me dit qu'ils avoient pénétré jusqu'à ces grandes îles habitées, en l'une desquelles ils prirent terre et parlèrent avec ces Noirs, sans que jamais ils pussent être entendus aucunement; toutefois ils ne laissèrent de se transporter en leurs habitations un peu avant en terre, qui étoient certaines cabanes et logettes de paille très piteuses, trouvant des idoles en aucune d'icelles, qui leur fit présumer que ces Noirs étoient idolâtres, et adoroient ces statues. Mais ne pouvant avoir autre réponse d'eux, ni en rapporter autre chose, ils s'en retournèrent embarquer, reprenant leurs erres; et, suivant leur route selon cette côte, passèrent plus outre, tant qu'ils vinrent surgir à la bouche d'un grand fleuve, qui pouvoit avoir en largeur d'étendue de trois à quatre milles, et y a l'espace de quarante milles depuis la bouche de

Noirs idolâtres.

ce grand fleuve, par commun avis, jusqu'à
cette bouche, qui est d'un fleuve appelé Besègue, nom qui provient de celui du seigneur
qui fait résidence sur la bouche d'icelui, d'où
ayant fait départ, vinrent surgir à un cap,
qu'ils nommèrent le cap de Verga, et est montueuse toute la côte, depuis le fleuve jusqu'à
icelui, combien que assez basse, et dont les
montagnes se voient toutes peuplées (en tant
que contient cette étendue qui est par l'espace
de quarante milles) de beaux et grands arbres,
qui se montrent verdoyants de bien loin, objet
fort plaisant à la vue.

*D'un lieu appelé le cap de Sagres; de la foi, coutumes
de vivre, et de la manière de voguer des habitants
d'icelui.*

Après qu'ils eurent passé ce cap de Verga,
naviguant selon la côte par l'espace d'octante
milles, ils découvrirent un autre cap, lequel,
par l'avis de chacun de leurs mariniers, est le
plus haut qu'ils eussent jamais vu, faisant à sa
sommité une pointe en forme de diamant, et
étant tout couvert de beaux arbres, hauts et
verts, lequel ils nommèrent cap de Sagres, en
souvenance d'une forteresse que fit bâtir le
seigneur Infant dom Henri sur l'une des poin-

tes du cap Saint-Vincent, qu'il nomma Sagres, à cause de quoi ce cap est appelé, par les Portugais, le cap Sagres de Guinée; les habitants duquel sont idolâtres, par le rapport des pilotes, et adorent statues de bois en forme d'hommes, auxquelles, quand il est heure de manger, ils présentent de la viande; et sont ces gens plutôt basanés qu'autrement, ayant aucunes marques sur le visage, faites avec le feu, et sur tout le corps, qu'ils ne couvrent aucunement, sinon qu'en lieu de hauts-de-chausses ils usent d'écorces d'arbres, avec lesquelles ils se couvrent les parties honteuses, sans qu'ils aient aucun usage du maniement des armes, à cause qu'il n'y a point de fer en ces pays. Ils vivent de riz, miel, comme de fèves et plusieurs légumages qui sont d'autre qualité que ne sont les nôtres, c'est-à-dire, plus gros et plus beaux, avec chair de vache et de chèvre, mais écharcement. A l'object de ce cap y a deux îlettes dans la mer, distantes l'une de l'autre par l'espace de six milles, et sont inhabitées, pour être de si petite étendue, combien qu'elles soient peuplées d'une grande quantité d'arbres verdoyants. Ceux qui habitent sur le fleuve susnommé usent d'aucunes almadies très grandes, dont chacune peut porter de trente à quarante hommes, voguant à plusieurs rames sans fourches ni appui, comme j'ai dit auparavant, et ont tous les oreilles percées et pleines de trous tout autour, y portant plusieurs anneaux d'or pendants, et attachés les uns avec les autres. Ils ont semblablement le nez percé par dessous et au milieu, auquel ils attachent un anneau à la manière que les portent les buffles en ces parties; mais ils l'arrachent toutes et quantes fois qu'ils veulent manger, ce qui est observé autant bien des hommes comme des femmes; et disent, outre ceci, que les femmes des rois et seigneurs, ou bien des personnes plus apparentes, ont toutes les extrémités de la nature percées d'aucuns trous, comme les oreilles, et dans iceux, par dignité ou pour dénoter leur hautesse, portent des anneaux d'or, qu'elles tirent et remettent quand bon leur semble.

Du ruisseau de Saint-Vincent; du fleuve Vert; du cap Liédo, et autres choses.

Passé le cap Sagres, environ quarante milles, l'on vint à trouver un autre fleuve appelé le ruisseau Saint-Vincent, qui a d'étendue en bouche l'espace de quatre milles, et plus outre s'élargit un mille davantage. Puis passant plus outre, selon la côte, l'on rencontre un autre fleuve, lequel s'appelle le ruisseau Vert, étant plus large en bouche que n'est celui de Saint-Vincent, et à ces fleuves-ci ont été imposés les noms par les Portugais des caravelles du capitaine Pierre de Sintre. Tout ce pays et la côte sont en montagnes, et y fait bon surgir partout, d'autant qu'il y a bon fond. Après qu'on a passé ce ruisseau par l'espace de vingt et quatre milles, on découvre un autre cap, qu'ils nommèrent cap Liedo, qui vaut autant à dire en notre vulgaire, comme joyeux, pour autant que c'est un pays beau et verdoyant. Et plus outre, il y a une montagne qui s'étend par l'espace de cinquante milles, étant peuplée d'arbres très hauts et verdoyants, à la fin de laquelle se voient avant en mer, environ huit milles, trois ilettes, dont la plus grande peut avoir de tour de dix à douze milles, et nommèrent icelles les Sauvages la montagne Serre-Lionne, à cause du grand bruit qui s'y fait par l'horrible son et éclatement des tonnerres qui bruyent toujours sur icelle, que les nues environnent continuellement.

Du cap Rouge; de celui Sainte-Anne; de la qualité de cette côte, et autres choses.

La côte de cette montagne Serre-Lionne passée, on vient à trouver delà en avant, terre basse et plages, avec plusieurs bancs d'arène, qui entrent dans la mer; et delà le cap de cette montagne, l'espace de trois milles, l'on vient à découvrir un grand fleuve, dont la bouche contient d'étendue trois milles, et le nommèrent le fleuve rouge, pour autant que l'eau apparoissoit de loin comme rouge, à cause de la sable qui étoit en fond, laquelle tiroit sur le rouge.

Outre ce fleuve, il y a un cap dont le terroir se montre comme rougissant, au moyen de quoi ils le nommèrent cap Rouge. Et à l'object d'icelui se voit dans la mer, l'espace de huit milles, une île inhabitée, laquelle ils appelèrent par même raison l'île rouge, à cause de ce cap; et en icelle (qui est distante du fleuve rouge l'espace de dix milles) la Tramontane apparoît de la hauteur d'un homme sur la mer. Passé ce cap Rouge on vient à découvrir un golfe, et au milieu d'icelui se vient rendre un fleuve, qu'ils nommèrent le fleuve Sainte-Marie-de-la Neige, parce qu'il fut découvert à tel jour, et de l'autre côté du fleuve y a une pointe, et à l'oposite d'icelle, un peu dans la mer, se voit une petite île. Dans ce golfe y a plusieurs fosses et levées d'arène, qui durent suivant la côte par l'espace de dix à douze milles, à l'endroit que bat la mer, là où il y a grande concurrence d'eaux et marée, qui monte et se retire. Ils nommèrent cette île, l'île des bancs, pour la grande quantité des levées d'arène qui s'y voient. Et outre icelle se voit un grand cap, qu'ils appelèrent le cap Sainte-Anne, pour avoir été découvert ce même jour, étant éloigné de cette île par l'espace de vingt et quatre milles; et est toute cette côte en plage et peu profonde.

Du fleuve des Palmes et autres choses.

Outre le cap Sainte-Anne, par l'espace de soixante milles, selon la côte, se trouve un autre fleuve, qu'ils ont nommé le fleuve des Palmes, pour en être fort peuplé sur ses rivages; mais sa bouche (quoiqu'elle se montre d'assez bonne étendue) toute pleine de bancs et levées de sable, qui rendent l'entrée fort dangereuse, étant tout en plage, ce qui se trouve entre le cap Sainte-Anne et ce fleuve-ci, au delà duquel l'espace de soixante milles, toujours selon la plage de cette côte, on en vient à trouver un autre petit, qu'ils nommèrent le ruisseau des fumées, pour autant que, l'ayant découvert, ils ne virent sur terre autre chose que fumée. Et outre ce fleuve environ vingt et quatre milles, selon la même plage, l'on découvre un cap qui s'avance dans la mer, lequel ils nommèrent le cap de la montagne, à cause que, le voyant de loin, il en apparoît une très haute au-dessus. Puis de là ce cap, suivant toujours la plage par l'espace de soixante milles, il s'en présente un autre petit à la vue, et non trop haut; lequel semblablement l'on diroit être surmarché d'une autre montagne, qu'ils nommèrent cap courtois, sur laquelle ils aperçurent plusieurs feux qui étoient faits par les Noirs, lorsqu'ils eurent découvert nos navires, qu'ils trouvoient de nouvelle façon, à cause qu'ils n'en avoient jamais vu d'autres. Au delà de ce cap, environ seize milles par la plage, il y a un bois peuplé de beaux arbres verdoyants, qui s'étend jusque sur l'eau de la marine, et icelui nommèrent Bocage-Sainte-Marie, derrière lequel allèrent surgir les caravelles, qui ne furent pas plus tôt arrivées que quelques petites almadies de Noirs les vinrent aborder avec deux ou trois hommes tout nus dans chacune, portant en main certaines hastes pointues, en manière de dards ou javelots, avec quelques petits couteaux, et entre tous pouvoient avoir deux targues de cuir et trois arcs; auquel équipage s'accostèrent dix caravelles des Portugais, à qui ils donnèrent le moyen de les contempler : en quoi faisant ils aperçurent qu'ils avoient tous les oreilles percées et pleines de trous, et le nez

Le bocage de Sainte-Marie.

semblablement; et entre les autres s'en trouvoit qui avoient aussi des dents enfilées, qui sembloient être d'hommes. Ils leur firent parler par divers truchements, qui ne purent jamais être entendus d'une seule parole : au moyen de quoi on ne put tirer ni entendre d'eux aucune chose que ce soit. Il s'en trouva trois d'iceux qui entrèrent dans l'une des caravelles, dont l'un fut détenu par les Portugais, qui laissèrent aller les autres où bon leur sembla, pour accomplir en cela le commandement de leur roi, qui leur avoit expressément enchargé qu'ils cherchassent tous les moyens d'amener à leur retour un homme de la dernière terre où ils arriveroient (si d'aventure leurs truchements n'y étoient entendus), par force ou par amour, pour d'icelui être acertainé par le moyen de plusieurs autres Noirs qui se trouvoient en Portugal, là où ayant appris le langage, il pût donner quelque connoissance de ces pays. Pour cette occasion, ce Noir fut détenu, et n'étant les Portugais délibérés de passer plus outre, le menèrent avec eux en Portugal, là où ils le présentèrent à leur roi, qui le confronta avec plusieurs ⋯rs, desquels il ne put jamais être entendu. Mais finalement l'ayant présenté devant une esclave Noire d'un citadin de Lisbonne, qui étoit semblablement de régions lointaines, fut par icelle entendu, non par son propre langage, mais par le moyen d'un autre, duquel l'un et l'autre avoient la connoissance; et l'on n'a pu savoir autre chose de ce que cet esclave fit entendre au roi de son pays sous l'interprétation de cette femme, sinon qu'on y trouvoit, entre autres animaux, des licornes : dont Sa Majesté l'ayant tenu quelques mois, après lui avoir fait montrer plusieurs singularités de son royaume, le guerdonna de quelques présents, puis le fit accompagner dans une caravelle en son pays, auquel personne n'avoit encore auparavant pénétré jusqu'à mon départ d'Espagne, qui fut le premier jour de février, l'an de l'Incarnation 1463.

Licornes.

FIN DE LA NAVIGATION DE PIERRE DE SINTRE.

LETTRES

D'AMÉRIC VESPUCE, FLORENTIN,

Sur deux voyages faits par le sérénissime roi de Portugal, envoyées à magnifique Pierre Soderin, gonfalonnier perpétuel de haute et puissante seigneurie de Florence.

LETTRE PREMIÈRE.

Après que le sérénissime roi don Fernand, de Castille, eut mis en exécution ses voyages aux Indes Occidentales, où j'endurai grandes peines et travaux, je fis quelque séjour en Sibylie, afin de me rafraîchir là, et me donner un peu de bon temps, ayant désir de retourner encore une fois à la terre des Perles. Mais fortune non contente de moi, ni de tous mes labeurs du passé, suscita une envie à don Manuel, de présent sérénissime roi de Portugal, d'user de mon service; de sorte qu'étant en Sibylie, avec propos délibéré de ne retourner plus en Portugal, me survint un messager exprès, de la part dudit seigneur, avec lettres patentes, par lesquelles me mandoit que j'eusse à me retirer à Lisbonne, pour là parler à Sa Majesté, au reste me promettant beaux accueils et toutes magnifiques caresses. Or, le conseil de mes amis fut de ne départir pour l'heure, et de fait je dépêchai le messager, alléguant pour excuse la maledisposition de ma santé, promettant, icelle recouverte, que toutes et quantes fois qu'il plairoit à la Majesté Royale me commander ou user de mon service, qu'elle me trouveroit prêt à obéir. Le roi donc voyant qu'il ne pouvoit pour lors jouir de moi, délibéra déléguer à cette commission, qu'il prétendoit me donner, un nommé Julian de Bartholomei de Jocondo, étant pour ce temps-là à Lisbonne, avec charge expresse de m'allécher et attirer par tous les moyens que lui seroit possible. Et depuis, pour ce même fait, arriva à Sibylie le seigneur Julian, qui fit tant par ses diligences, prières et requêtes, que, condescendant au mandement du roi, m'en allai avec lui. Ce que causa un grand deuil et regret à tous mes amis, vu même le bon parti que me faisoit le roi de Castille, qui m'avoit en grande réputation, et à son aveu, tous les seigneurs de sa cour me portoient honneur. En quoi m'advint ce grand malheur, que mon départir fut tant précipité que je fus contraint déloger sans dire adieu. Or, quand je me présentai à la

Royale Majesté, il me fut fait un grand accueil et caresses, me priant le roi de m'embarquer en trois siennes navires bien armées et équipées, pour aller découvrir les terres neuves. Et pour autant que prières d'un roi et prince portent son commandement, je consentis à tout ce que bon lui sembloit; de sorte que nous partimes de ce port de Lisbonne, accompagnés de trois navires, le dixième jour de juin, l'an de grâce 1501, dressant voiles droit à l'île de la grand' Canarie, sans toutefois y faire séjour, mais en prîmes seulement la vue de là, faisant voiles selon la côte d'Afrique, devers l'occident, où nous fîmes provision des vivres, mêmement d'une sorte de poisson que l'on appelle pargos, et pour en pêcher nous séjournâmes là par l'espace de trois jours, d'où reprenant nos erres, naviguâmes jusqu'à la côte d'Éthiopie, abordant à un port appelé Besenége, qui est dans la zône torride ou brûlée, au-dessous du pôle de septentrion, quatorze degrés et demi, situé au premier climat, et demeurâmes là onze jours, faisant provision tant d'eau douce que de bois. Et pour autant que mon désir et intention étoit de naviguer du côté d'Ostro, par le golfe Atlantique, nous partimes de ce port d'Éthiopie, dressant voiles, par Libeccio, tendant vers le Midi, en telle diligence que dedans soixante-sept jours nous arrivâmes près d'une ville, distante dudit port sept cents lieues, vers le Bec. Mais, durant ce temps de soixante-sept jours, nous eûmes le temps le plus âpre et plus difficile qui pût jamais advenir à homme versant sur la marine ; car nous fûmes battus de grandes pluies, tempêtes et autres défortunes, qui provenoient de ce que nous allâmes en temps importun, joint que nous naviguions toujours près de la ligne équinoxiale, au mois de juin, qui est le printemps, et trouvâmes les jours du tout égaux aux nuits ; même notre ombre tendoit continuellement du côté de Midi. Or, il nous advint par la divine grâce qu'au dix-septième jour d'août nous vînmes à découvrir la terre neuve, là où nous n'ancrâmes à demi-lieue près, et avoir mis les esquifs et caravelles hors de nos navires, nous discourûmes le pays, regardant s'il étoit habité, et de quelle sorte de gens. Et de fait, trouvâmes qu'il étoit habité des gens plus cruels et barbares que les bêtes, comme je vous ferai apprendre ci-après. Or, nous connûmes bien, par signes évidents, que cette contrée étoit fort peuplée, combien que du commencement s'en offrissent bien peu à notre vue. Si est-ce que nous en saisîmes et prîmes possession au nom du sérénissime roi. Au reste, nous y trouvâmes un pays fort doux, amiable, vert, florissant, de grande montre et apparence, étant assis au-dessus de la ligne équinoxiale, devers Ostro, cinq degrés. Cependant nous retournâmes à nos navires, à cause qu'elles n'étoient bien garnies ni d'eau ni de bois, néanmoins avec propos délibéré de reprendre terre le jour ensuivant, afin de donner ordre à la provision de toutes choses qui nous étoient nécessaires.

Quand se vint à notre retour, nous vîmes au plus haut d'une grande montagne un nombre infini de gens qui nous regardoient, s'émerveillant fort de nous voir, sans oser toutefois descendre en bas. Ils étoient tout nus, de même couleur et façon que ceux qui furent retrouvés par le roi de Castille. Nous nous mîmes en devoir et effort de les attirer à nous, pour parlementer avec eux; mais il ne nous fut possible, encore moins de leur donner assurance. Et pour ces causes, les voyant ainsi obstinés, nous nous retirâmes en nos navires, même que la nuit nous surprenoit, leur laissant cependant sur la terre assez bonne quantité de plusieurs choses, comme sonnettes, miroirs, et patenôtres de verre, qu'ils pouvoient aisément apercevoir. Qui leur causa envie de descendre de leur montagne, incontinent qu'ils nous virent avancés dans la mer, avec un désir de reconnoître ce que nous leur avions laissé, de quoi ils faisoient grande estime; de sorte que partout ce jour nous ne fimes seulement que provision d'eau.

Le matin ensuivant nous vîmes de nos navires que ce peuple de terre faisoit à force feux, espérant et attendant qu'ils nous rappelassent; et de fait nous nous mîmes en terre, y trouvâmes une infinie compagnie de peuple là venu: toutefois ils se tenoient loin de nous, ne voulant permettre que nous sortissions en terre. A quoi toutefois deux de notre compagnie se hasardèrent pour parlementer avec eux, voire jusqu'à se mettre en danger pour le grand désir qu'ils avoient de voir cette manière de gens, et de sentir s'ils avoient quelques richesses rière eux, mêmement touchant l'épicerie ou droguerie. Le capitaine ne fit refus à leur requête: ils se mirent donc en chemin, nous laissant et promettant que leur retour seroit au plus tard dans cinq jours, les assurant de notre part que ne les attendrions davantage.

Or, ce pendant qu'ils discoururent et que nous les attendions en nos navires, une grande troupe de ce peuple s'abordoit à nous sur les rivages, sans toutefois nous tenir aucun propos. Le septième jour nous nous avançâmes plus près de terre, et trouvâmes leurs femmes qu'ils avoient amenées pour parlementer avec nous. Et voyant qu'ils ne se tenoient assurés de nous, nous délibérâmes d'envoyer quelqu'un de notre compagnie à leurs femmes, qui fut un jeune et gaillard homme, que nous conduisîmes jusqu'auprès du rivage; et incontinent qu'il approcha d'elles, fort étonnées, firent un grand cerne tout autour de lui, en le touchant et regardant avec une indicible admiration. Et ce temps pendant nous en aperçûmes une venant du côté de la montagne avec un grand épieu à la main, laquelle ayant atteint notre Chrétien, lui vint par derrière avec son bâton donner un si rude coup sur la tête, qu'il tomba mort étendu sur terre, et soudain les autres femmes le tirèrent par les pieds vers la montagne; et de l'heure même leurs maris approchant du rivage, commencèrent à bander leurs arcs, et décochèrent contre nous leurs flèches si dru, que nos gens même, qui étoient sortis pour prendre de l'eau fraîche, gagnèrent le haut, ne se pouvant à peine sauver à temps dans nos navires, et ne se trouva homme de notre compagnie qui prît la hardiesse de mettre la main aux armes; si est-ce que nous les saluâmes de quatre pièces d'artillerie, laquelle les étonna tellement que par son tintamarre ils se mirent en fuite, gagnant la montagne, où jà étoient les femmes, démembrant et mettant par pièce notre pauvre Chrétien, voire le rôtissant et mangeant, en nous montrant les pièces. Les hommes nous montroient par signes qu'ainsi avoient-ils fait des autres, et que d'un même accueil ils nous recevroient. Ce que fut fort dur et amer à toute notre compagnie, de sorte que plus de quarante de nos femmes furent sur le point de saillir en terre pour se venger de cette cruelle, énorme et inhumaine boucherie; mais notre capitaine en chef ne le voulut permettre, se contentant pour l'heure d'avoir reçu une telle plaie.

Nous nous en allâmes fort courroucés et envenimés contre eux, et avec un grand dédain d'avoir enduré telle honte, à l'aveu de notre capitaine. Au sortir de là nous reprîmes nos erres, naviguant entre le Levant et Siroc, de sorte que vînmes à découvrir la terre, sans jamais y trouver peuple qui voulût pratiquer ou converser avec nous, et par ainsi naviguâmes toujours, tant que trouvâmes que la terre faisoit sa rotondité par Libeccio. Et après que nous eûmes environné une concavité de la terre, la nommant le cap Saint-Augustin, commençâmes à faire voile par Libeccio. Et auprès de cette concavité du côté de la terre est un lieu où l'on mange les Chrétiens, cent cinquante lieues vers Levant, étant cette concavité huit degrés hors la ligne équinoxiale vers Auster.

Or, après que nous eûmes navigué par l'espace d'un jour, nous découvrîmes un grand nombre de peuple sur le rivage, prenant plaisir à contempler la façon et richesse de nos navires. Qui causa nous ancrer là, et descendre dans nos caravelles pour les voir et parlementer avec eux, et les trouvâmes plus humains et traitables que les autres; et encore que ce nous fut grand'peine de les ranger et apprivoiser avec nous, si est-ce qu'à la parfin nous les rendîmes nos amis. Là nous trouvâmes de canne fort grosse, verte et sèche, à la cime des arbres. Nous fûmes d'avis de prendre deux hommes d'entre eux pour apprendre leur langue; mais trois de leur bonne et franche volonté se joignirent avec nous, nous tenant compagnie jusqu'en Portugal. Nous partîmes donc de ce port, naviguant par Libeccio, toujours à vue de terre, faisant plusieurs saillies, et parlementant avec mille personnes; et avançâmes tant devers Auster, que nous étions jà hors le tropique de Capricorne, de sorte que le pôle Antarctique s'élevoit sur l'horizon trente-deux degrés, et déjà avions du tout perdu l'Asie-Mineure, et la Majeure étoit si basse, que à peine se montroit à la fin de l'horizon. Et pour cette cause nous gouvernions par les étoiles de l'autre pôle, qui sont plus claires, plus grandes, et en plus grand nombre que celles de notre pôle; et en passant mon temps je contretirai les figures de la meilleure partie d'icelles, (comme se pourra voir au sommaire de ma navigation) mêmement des plus grandes, avec la déclaration du cercle qu'elles faisoient alentour du pôle d'Auster, et de leur diamètre et semi-diamètre.

Nous discourûmes une bonne partie de cette côte, voire près de sept cent cinquante lieues, à savoir cent cinquante du côté de la concavité de Saint-Augustin, et six cents de la part de Libeccio, de sorte que s'il étoit question de raconter toutes les nouveautés, singularités et choses admirables qui se présentèrent à notre vue, le temps, le papier m'y manqueroient; mais en celle-ci nous n'y vîmes autre chose digne de recommandation, sinon qu'une grande quantité d'arbres de brésil, de casse, et autres semblables à ceux de ce pays, qui seroit trop long à réciter. Or, nous voyant que par ce long voyage, qui dura dix mois, la fortune ne nous disoit bien, et selon notre souhait, et qu'il n'avoit été en notre puissance ni savoir de trouver mines d'or ou d'argent, arrêtâmes de donner fin à nos erres par ces parties, et nous jeter en une autre mer, telle que bon nous sembleroit : le tout fut toutefois remis à ma discrétion, ensemble le gouvernement de l'armée. Donc sur l'heure je commandai à tout le peuple qu'il eût à se pourvoir d'eau et de bois pour six mois. Et incontinent notre provision faite, désancrant de ce lieu, commençâmes notre navigation par le vent de Siroc, et fut le quinzième de février, pour lors que le soleil s'approchoit de l'équinoxial, retournant devers l'hémisphère de Septentrion, et naviguâmes de sorte, par ce vent, que nous nous retrouvâmes tant avant, que le pôle Antarctique étoit haut et hors de notre horizon bien cinquante et deux degrés, et jà étions loin du port d'où avions départi bien cinq cents lieues. Et ce fut au troisième d'avril, auquel temps il s'éleva une si violente tempête sur mer, que fûmes contraints plier voiles et nous servir seulement de nos arbres et mâts tout secs et vides à force de ce vent, appelé Libeccio, qui rendoit l'air et la mer tellement envenimés et émus de rage, que toute notre compagnie trembloit de peur et de malheur, à cause que c'étoit jà le septième d'avril; les nuits étoient fort longues et avoient quinze heures, parce que le soleil étoit à la fin d'Ariès, qui est le temps d'hiver en ces régions, comme pouvez bien connoître et considérer. Et, ainsi agités de cette male-fortune, vînmes à découvrir la terre neuve au septième d'avril, et, pour l'atteindre, nous courûmes plus de vingt lieues.

Le pays est fort beau en tous endroits, mais il ne fut jamais en nous d'y trouver un bon port, et encore moins de gens; et crois que c'est pour cause du froid, qui y est si véhément et âpre, qu'il n'y avoit homme en toute notre armée qui se pût mouvoir ni aider, tant étions tous battus de ce malheur, qui n'étoit sans grand péril et danger de nos personnes, même que, pour le brouillard et obscurité du temps et tempête de mer, nous ne pouvions nous voir l'un l'autre. Ce que considéré, notre avis fut, avec le conseil et délibération de notre capitaine en chef, de faire signe à toute l'armée de se rejoindre tout en un, aux fins de quitter cette terre, et reprendre le chemin de Portugal. Qui fut fort bien regardé, et à propos, pour autant que la nuit et jour ensuivant ce fut pis qu'auparavant, de sorte que si nous y eussions séjourné davantage, nous étions en danger d'être tous perdus. Et, pour avoir échappé de tel naufrage, nous fîmes vœu d'aller en pélerinage avec autres solennités et façons de faire observées d'ancienne coutume par les mariniers qui se retirent toujours à Dieu en leurs périls et adversités.

Nous naviguâmes cinq jours à grande course, ayant le vent en poupe, sans tendre autre voile que le trinquet, encore bien bas, et fîmes en cinq jours deux cent cinquante lieues; et plus approchions-nous de la ligne équinoxiale, tant mieux nous trouvions-nous avec un air plus doux, et la mer plus calme et paisible, de sorte qu'à la parfin Dieu par sa grâce nous délivra de ces dangers et périls. Notre navigation étoit par le vent, entre la Tramontane et le Grec, pour autant que notre intention étoit d'aller reconnoître la côte d'Éthiopie, de laquelle étions loin environ mille trois cents lieues par le golfe de la mer Atlantique; et fîmes tant par la souveraine et divine bonté, qu'y arrivâmes le dixième de mai, abordant auprès d'une ville nommée Serre-Lionne. Là prîmes terre, nous ébattant et rafraîchissant par l'espace de quinze jours. Au départi de cette ville fîmes voiles devers les îles d'Anzur, prochaines de Serre-Lionne environ sept cent cinquante lieues, et y arrivâmes à la fin de juin, y faisant même séjour qu'à la ville susnommée, en nous ébattant; et de là prîmes le chemin de Lisbonne, parce que nous étions avant, du côté de l'Occident, plus de trois cents lieues, et passâmes par ce port de Lisbonne le septième de septembre 1502 à bonne heure, grâce au Seigneur, avec seulement deux navires, car nous brûlâmes l'autre à Serre-Lionne, pour autant qu'elle ne pouvoit plus faire service. Ce voyage fut environ de quinze mois et onze jours, sans jamais voir par toute notre navigation l'étoile Tramontane, ni l'Ursa majeur, ni mineur, que l'on appelle la Corne; de sorte que fûmes contraints de nous gouverner par les étoiles de l'autre pôle. Voilà en somme tout ce que j'ai vu, le voyage fait par le sérénissime roi de Portugal.

LETTRE SECONDE.

Comme la navire du capitaine en chef périt en froissant contre un roc; et d'un port découvert appelé la Moquerie de tous les Saints; et comme ils bâtirent une forteresse en un autre port.

Reste maintenant à dire ce que j'ai vu au second voyage que je fis par le commandement du sérénissime roi de Portugal. En quoi je n'userai de longues ou prolixes paroles, tant pour être désormais las et caduc, que parce que ce voyage ne s'est accompli selon mon intention, interrompu par une désaventure qui nous survint au golfe de la mer Atlantique, comme facilement et brièvement je ferai entendre à votre seigneurie.

Nous partimes donc du port de Lisbonne, six navires de compagnie, avec propos délibéré d'aller découvrir une cité assise en Orient, nommée Melaccha, pour autant que le bruit étoit y avoir plusieurs et admirables richesses, même que cette cité étoit réputée comme un magasin et retraite de tous les navires qui viennent de la mer Gangétique et de la mer

Indienne, ne plus ne moins que Calis est le logis de tous vaisseaux passant du Levant au Ponant; mais Melaccha est plus au Levant que Calicut, et plus haute partie de Midi, qui nous fait juger qu'elle est en hauteur de trois degrés de notre pôle.

Nous départimes le quinzième jour de mai 1503, allant droit aux îles de Cap-Vert, là où nous prîmes terre, afin de nous rafraîchir et ébattre. Et y avoir demeuré treize jours, suivant notre route, naviguâmes outre, ayant en poupe le vent de Siroc. Mais notre capitaine en chef, homme fort présomptueux et fantasque, voulut aller reconnoître la Serre-Lionne, qui est une montagne de l'Éthiopie australe, combien qu'il ne fût jà besoin ni nécessité de prendre ce chemin, sinon qu'ainsi lui plaisoit, par une ostentation et façon de faire, et pour se montrer être capitaine de six navires, qui fut toutefois malgré tous nous autres capitaines. Et soudain qu'approchâmes cette terre, le temps et la fortune nous furent si contraires, qu'il ne fut en nous y prendre terre, de sorte que fûmes contraints retourner à notre droite navigation et quitter ladite Serre-Lionne. Et de là naviguant par le vent de Sud-Est, qui est entre le Midi et le Garbin, après que nous eûmes couru environ trois cents lieues, nous nous retrouvâmes trois degrés outre la ligne équinoxiale vers Ostro. Par la largeur de cette mer, vîmes à découvrir un pays de terre prochain de nous environ vingt-deux lieues, dont nous fûmes tous émerveillés, et enfin connûmes que c'étoit une île assise au milieu de la mer, et non sans cause, son assiette nous causoit telle admiration, car elle étoit du tout étrange et contre le commun cours de nature, attendu mêmement que sa longueur étoit seulement de deux lieues, et ne fut jamais cette île habitée d'homme du monde, toujours déserte et moins encore de bon rencontre à toute notre armée; car, comme vous connoîtrez, votre capitaine en chef y perdit son navire par sa faute et mauvais gouvernement, au rencontre d'un roc si dur et véhément, que le vaisseau fut ouvert et fendu par le fond, la nuit de saint Laurent, qui fut le dixième d'août, avec naufrage de tout ce qui étoit dedans, excepté seulement les hommes. Le navire étoit de trois cents vaisseaux portant tout le bien et trésor de notre armée.

Lorsque ce malheur advint, et que tout le peuple se mettoit en devoir d'y secourir, le capitaine me commanda de courir avec mon navire jusqu'à l'île, afin de chercher lieu pour ancrer tous nos navires; mais me vint mal à propos que mon bateau avec neuf de mes mariniers étoient empêchés au secours de ce navire enfoncé, qui fut cause que j'allai là où il m'étoit commandé, sans bateau et avec la moindre partie de mes mariniers, les autres détenus pour cette affaire. Or, néanmoins, je trouvai un fort bon port auprès de l'île où pouvoient ancrer en assûreté tous nos navires, là attendant mon capitaine avec toute notre armée par l'espace de huit jours; mais cependant ne venoit rien; de sorte que le reste de mes gens, qui étoient demeurés dans mon navire, tombèrent en grande fâcherie, peur et souci, ne trouvant moyen de se consoler en sorte que ce fût; mais quand se vint au huitième jour, nous vîmes flotter un navire droit à nous; et, afin qu'ils ne nous vissent, nous allâmes au-devant d'eux, présupposant de ma part que ce fût mon bateau avec mes gens. Et quand ils eurent abordé près de nous, après les avoir salués, ils me dirent que la capitainesse étoit périe en fond, mais que les gens s'étoient sauvés, m'assurant davantage que mes gens, ensemble mon bateau, étoient demeurés avec l'armée, qui s'en étoit allée devant par mer.

Je vous laisse à penser quelle douleur et angoisse m'apporta cette nouvelle, me voyant deux mille lieues de Lisbonne, dans un golfe, et avec petite compagnie de gens. Si est-ce qu'à mauvais jeu nous prîmes courage, portant bon visage contre madame Fortune, ne lui cédant en rien. Et de fait nous retournâmes à l'île, laquelle nous trouvâmes déshabitée, au reste bien garnie de claires fontaines d'eau douce et de hauts et verdoyants arbres. Au moyen de quoi nous fîmes notre provision d'eau et de bois, avec le bateau de ma conserve.

Là aussi se trouvoit un nombre infini d'oiseaux, tant aquatiques que terrestres, si privés, qu'ils se laissoient prendre à la main ; et de fait, par ce moyen, en prîmes tant que nous en chargeâmes un petit bateau. Nous ne vîmes autres bêtes, fors quelques taupes d'une grandeur démesurée, et des canards avec deux queues, et quelques gros serpents.

Or, après avoir fait notre provision, nous partîmes de là avec le vent qui est entre le Midi et le Bec, en gardant l'ordonnance du roi, qui porte que toutes navires perdues ou séparées de l'armée et de son capitaine dressassent son chemin vers la terre que nous avions découverte au premier voyage. Et par ce moyen vînmes à trouver un port, que nous nommâmes la Baya di tutti i Santi, c'est-à-dire, la Moquerie de tous les Saints. Et eûmes le temps si bon et calme, par la divine grâce, qu'en dix-sept jours nous gagnâmes terre dans ce port, distant de l'ile d'où nous étions partis trois cents lieues, mais nous ne trouvâmes là ni notre capitaine, ni autres de notre armée. Toutefois, nous séjournâmes à ce port deux mois et quatre jours, toujours attendant nouvelles de nos gens, mais en vain. Ce que voyant, je délibérai de discourir avec ma conserve toute la côte, naviguant outre environ deux cent soixante lieues, tellement qu'abordâmes à un port, où nous fîmes bâtir une forteresse, y laissant vingt-cinq Chrétiens que ma conserve avoit sauvés au naufrage et perte de la capitainesse. Nous arrêtâmes là cinq mois, occupés tant à dresser ce fort qu'en chargeant nos navires de brésil, pour autant qu'il nous étoit impossible de passer plus avant, à faute que n'avions assez de gens, étant au reste mal garnis d'ustensiles. Toutes ces choses ainsi advenues, nous conclûmes de retourner à Portugal, et ce par le moyen d'un vent que nous prîmes entre le Grec et la Tramontane, laissant cependant nos douze Chrétiens dans le fort susdit, envitaillés pour six mois et garnis de douze bombardes et plusieurs autres armes, pacifiant avant que partir tout le peuple de la ville prochaine de ce fort. De quoi je ne ferai aucune mention pour cette heure, combien que j'aie pratiqué souvent, avec plusieurs personnes du pays, tant pour avoir demeuré en terre que cheminé et discouru, moi trentième, plus de quarante lieues, où je connus plusieurs choses que je ne toucherai maintenant, et pour cause, réservant cela à mon livre de mes quatre journées.

L'assiette de cette terre est au-dessus de la droite ligne de l'équinoxial, du côté d'Ostro dix-huit degrés, et hors la seigneurie de Lisbonne cinquante-sept degrés, et encore plus à l'Occident, selon que montrent nos astrolabes et cartes marines. Toutes ces choses dressées en telle manière, nous nous délaissâmes les Chrétiens et les gens du pays; recommençant notre navigation par Nornodeste, qui est un vent entre la Tramontane et le Grec, avec propos et intention de nous en aller droit à Lisbonne. Ce que nous advint en septante-sept jours, y arrivant le dix-huitième de juin 1504; et ne fut sans avoir souffert mille travaux, accompagnés d'innumérables périls et dangers. Dieu soit loué! Là, fûmes fort bien reçus de tout le peuple, avec telle caresse que l'on ne pourroit croire, vu même que la cité nous tenoit pour gens perdus, à cause que toutes les autres navires furent rompues et enfoncées par la superbe et grande folie de notre capitaine: voilà comme

Dieu déprime et dompte la superbité. Je suis de présent dans Lisbonne, attendant le bon vouloir du roi, et ce à quoi il me voudra employer désormais; quant à ma part, je désire fort me reposer.

Le présent porteur, nommé Bienvenut, de Dominique Bienvenut, avertira votre seigneurie de mon portement, et de quelques autres affaires qu'ai laissées à dire pour bonne raison et juste cause. Il vous rendra certain du tout, comme celui qui a vu et ouï. J'ai tenu ma lettre courte le plus que j'ai pu, réservant plusieurs choses naturelles à dire, m'en rapportant à lui. Vous m'excuserez, s'il vous plaît, vous priant de me tenir au nombre de vos serviteurs, en vous recommandant Antoine Vespuce mon frère, et tous ceux de ma maison. Qui sera le lieu où je supplierai le Créateur vous donner bonne et longue vie, avec accroissement de votre état, et telle amplification de votre très haute et très magnifique république qu'elle désire.

FIN DES LETTRES.

SOMMAIRE

D'AMÉRIC VESPUCE, FLORENTIN,

Sur ses deux navigations, à seigneur Pierre Soderin, gonfalonnier perpétuel de la florissante république de Florence.

Ces jours passés, j'ai assez amplement averti votre seigneurie de mon retour, et touché de toutes ces terres neuves que je discourus avec les caravelles du sérénissime roi de Portugal; et si ce que j'en ai dit est diligemment considéré, il apperra que nous faisons un autre monde, de sorte qu'à bon droit l'avons nommé le monde nouveau, attendu qu'il n'est venu à la connaissance des antiques, et ce que nous en avons ouvert passoit leur jugement, estimant que la ligne équinoxiale du côté de Midi ne se trouvoit autre chose qu'une mer fort large et sans mesure, et par dedans quelques îles brûlées, gâtées et stériles, la nommant la mer Atlantique; et parfois ils ont confessé que dedans cette mer n'y avoit terre aucune, ou bien, s'il y en avoit, qu'elle étoit stérile et inhabitée : opinion fausse, comme je montrerai par cette même présente navigation, car par delà l'équinoxial j'ai trouvé plusieurs pays autant et plus fertiles et abondants en biens et peuples que contrée que je vis oncques. Et trouverez cela être ainsi que je vous conte, s'il vous plaît entendre ce que ci-après je toucherai des régions d'Asie, Afrique et Europe, en laissant à part les choses petites et non dignes de mémoire, récitant seulement ce que j'ai vu et entendu moi-même, qui mérite de venir à la connoissance des gens de bien et de bon savoir. Or donc, de ces pays de nouveau trouvés vous entendrez plusieurs choses grandes, admirables et aussi véritables, s'il vous plaît ici prêter l'oreille.

A très bonne heure, le treizième jour de mai 1501, par le commandement du roi, nous partîmes de Lisbonne, armés de trois caravelles bien équipées, aux fins d'aller chercher le monde nouveau ; et, commençant notre voyage devers Auster, naviguâmes par l'espace de vingt mois : mais je ne veux omettre l'ordre qu'avons tenu en cette navigation, qui est tel. Nous parvînmes aux îles Fortunées, que l'on nomme aujourd'hui les grandes Canaries. Elles sont au troisième climat, en la dernière partie du Ponant habité. Depuis nous naviguâmes par l'Océan, environnant la côte d'Afrique et pays des Noirs, jusqu'au promontoire de Tolomée, nommé Éthiope, que les nôtres appellent Cap-Vert, que les Noirs disent Beseveghe, les habitants, Madangan; lequel pays est dans la zône chaude, par quatorze degrés, par la Tramontane, habité des Noirs. Après nous être là rafraîchis et reposés, et bien garnis de toute sorte de vivres, mîmes voiles au vent, dressant notre voyage devers le pôle antarctique, tenant toujours néanmoins quelque peu du Ponant, parce que le vent de Levant couroit; et de là demeurâmes trois mois et trois jours, naviguant incessamment, sans jamais découvrir ni terre ni aucune ville. En laquelle navigation combien nous soutinmes de travaux, en combien de dangers de la vie nous nous trouvâmes, de combien de tristesses, afflictions et défortunes nous fûmes battus, et combien de fois nous désirâmes la mort plutôt que la vie! j'en laisserai le jugement à ceux qui ont fait expérience de plusieurs affaires, et principalement à ceux qui savent combien il est difficile de chercher un pays où jamais homme du monde ne mit le pied, désirant de ma part que ceux qui n'en ont certaine connoissance s'en taisent. Or, pour dire en somme et abréger propos, sachez que nous naviguâmes par l'espace de nonante jours, et que durant ce temps fortune nous fut toujours contraire, mêmement par quarante-quatre jours nous fit grandes injures, avec bruit et horribles tonnerres, éclairs, foudres, grosses et continuelles pluies, tellement que n'étoit en nous, tant le jour que la nuit, de voir ni ciel ni terre, et surtout la nuit étoit offusquée d'épaisses et épouvantables ténèbres. Chose admirable, et contre le commun cours de nature, qui nous mettoit en tel être, que d'heure en autre nous attendions la mort et notre perdition. Mais après ces étranges défortunes, rares et cruelles afflictions, à la parfin notre Dieu, par sa divine clémence, eut pitié de notre pauvre vie, nous offrant vue de terre qu'avions tant souhaitée, de sorte que par tel nouveau et tant désiré object, nos cœurs, qui étoient assoupis et transis par tel événement, reprirent soudain leur force et vigueur, tout ainsi qu'il advient communément à ceux qui, de grandes afflictions, troubles et adversités, battus et oppressés, échappent des dangers, se retrouvant en sûreté. Nous donc, le septième jour d'août 1501, vînmes surgir au rivage de ce pays, et rendant grâces à Dieu tout-puissant, comme il convient faire à tous vrais et fidèles Chrétiens, fîmes solennellement célébrer la messe. Or, cette contrée ainsi retrouvée par nous, ne nous sembloit une île, mais une grande terre ferme, parce qu'elle étoit de merveilleuse étendue, même qu'on n'y voyoit aucune fin, au reste fort fertile, peuplée d'habitants divers et de tous états. Là, toutes les sortes de bêtes sont sauvages, et à nous inconnues. Outre ce, y trouvâmes un nombre infini de plusieurs autres choses rares, ni oncques vues de nous. Mais, pour fuir prolixité, je ne me veux amuser d'en écrire : si est-ce qu'une chose me semble ne devoir être mise en arrière, c'est qu'avec l'aide et grâce de Dieu arrivâmes en terre, que fut un grand, divin et souverain bien pour nous, vu mêmement qu'il étoit impossible de plus tenir bon, à l'occasion des vivres, qui nous défailloient tous en un instant, à savoir, bois, eau, biscuit, chair salée, fromage, vin, huile, et encore, qui étoit le principal, nous n'avions cœur ni courage. Lors nous connûmes que c'étoit de Dieu, de qui nous avons la vie, et auquel nous devons rendre grâces, honneur et gloire.

Comme Améric Vespuce, égaré du droit chemin, le retrouve par le moyen d'astrologie; et comme il découvre un pays de terre ferme; et que commençant à la ligne équinoxiale, huit degrés devers le pôle antarctique, naviguant selon la côte susdite, il outrepassa le tropique hiémal vers ledit pôle, par dix-sept degrés et demi.

Nous fûmes donc tous d'un accord de naviguer tout auprès de cette côte, et de ne la perdre de vue. Au moyen de quoi nous naviguâmes par si longue espace de temps, qu'à la parfin vînmes surgir à un cap de ce pays, situé à l'object du Midi, qui est toutefois loin du lieu où nous commençâmes à découvrir cette terre environ trois cents lieues. En ce voyage nous prîmes terre par plusieurs fois, pratiquant avec les habitants, comme plus amplement nous dirons ci-après. Il est ici à noter que ce lieu est loin du Cap-Vert environ cent lieues, encore que j'estimois avoir navigué plus de huit cents, pour cause de la tempête et de la diversité et injure du temps qui nous fut tant contraire et aussi par l'ignorance du pilote, qui sont cas éloignant toujours les voyages, de sorte que nous étions arrivés en tel lieu, que si je n'eusse eu la connaissance de la cosmographie, c'étoit fait de nous, pour autant que nous n'avions pilote qui sût dire, voire à cinquante lieues près, en quel lieu nous étions, car nous allions errant maintenant d'un côté, tantôt d'autre, sans savoir où nous tendions, ne fût que je pourvus soudain à mon salut et conservation de mes compagnons, par le moyen de mon astrolabe, et avec un cadran et autres instruments d'astrologie, ce que me causa un grand honneur de la part de toute la compagnie, de sorte qu'ils me tinrent et réputèrent du rang et nombre des savants et gens de bien, même parceque leur enseignai la carte pour véritablement bien naviguer, et fis tant en somme, qu'ils confessèrent tous que les pilotes ordinaires, ignorant de la cosmographie à comparaison de moi, n'eussent su que faire en ce passage.

Le seigneur de cette terre ferme trouvée de nouveau nous donna à tous bon courage, nous permettant de chercher et discourir tout le reste d'icelle, tellement que d'un commun accord nous délibérâmes de découvrir tout le pays, considérer et entendre les coutumes, ordonnances et façons de faire du peuple qui y habitoit. Par quoi naviguâmes près de la côte environ six cents lieues, descendant souvent en terre, et parlementant avec les habitants, qui nous recevoient avec tout honneur et caresse; et de fait, incités et attirés par leur bonté et simple nature, nous nous accointions d'eux quelquefois, par l'espace de quinze jours, autrefois de vingt, vu même qu'avec grande humanité et courtoisie ils reçoivent les étrangers, comme plus à plein nous dirons ci-après. Cette terre ferme a son commencement huit degrés delà la ligne équinoxiale, devers le pôle antarctique. Or, tant naviguâmes-nous selon cette côte, que nous outrepassâmes le tropique hiémal, devers le pôle antarctique par dix-sept degrés et demi, où nous eûmes notre horizon levé de cinquante degrés. Je vis là des choses qui ne vinrent jamais à la connoissance des hommes de notre temps, à savoir gens, leur coutume et humanité, la fertilité du terroir, la bonté de l'air, le ciel sain, les corps célestes, et mêmement les étoiles fixes de la huitième sphère, desquelles n'est aucune mémoire en la nôtre, et n'ont jamais été connues jusques aujourd'hui par les plus doctes et savants de tous les antiques, comme je montrerai ci-après plus clairement et diligemment.

De la nature et coutume des habitants de ce pays, et de la grande paillardise des femmes.

Ce pays est plus peuplé et habité que contrée que j'aie jamais vue, et les habitants sont fort humains, familiers et privés, n'offensant personne. Ils vont tout nus, tout ainsi que nature les a produits. Ils naissent tout nus, et puis après meurent tout nus. Ils ont beau corps, si bien compassé en toute perfection, qu'ils peuvent être dits bien proportionnés. Leur couleur tend sur le roux, parce qu'étant nus, le soleil leur cause cette couleur. Ils ont les cheveux noirs, longs et étendus. Au cheminer, courir et à tous jeux, ils sont naturellement plus dextres que tous autres. Ils ont le visage de beau et gentil aspect; mais ils le déforment et rendent laid par un étrange moyen, y faisant des pertuis ensemble aux oreilles, aux joues, au nez, aux lèvres et menton, et ce avec de plusieurs grands pertuis, de sorte qu'il s'en trouve tel qui en porte sept en son visage. Et ès lieux dont ils lèvent la chair, ils mettent artificiellement des pierres de marbre ou cristallin, ou quelque beau albâtre : et sont ces pertuis de telle grandeur, qu'il peut entrer dans chacun d'eux un grain de raisin de damas. Ils y mettent aussi des pierres d'ivoire, ou quelques os fort blancs, ouvrés et diaprés selon leur mode et façon de faire. Qui est une coutume fort étrange et laide; de sorte que de prime face ils ressemblent monstres, avec leurs visages remplis de pierres enfoncées expressément dans ces pertuis, voire jusqu'à ce qu'il s'en trouvera tel qui porte sept pierres au visage, ayant chacune de largeur demi-palme. Je ne sache homme au monde qui ne s'émerveillât d'en ouïr parler. Que ce peut donc être de le voir et le bien considérer. Si est-ce qu'il est vrai? Et de fait, quelquefois j'ai observé et me suis pris garde que les susdites sept pierres pesoient plus de seize onces. Quant aux oreilles, ils y portent d'ornements plus précieux, comme anneaux pendus, perles selon la mode des Égyptiens et Indiens; et sont ces coutumes gardées de la part des hommes seulement, mais les femmes ne portent ornements sinon ès oreilles.

Au reste, elles ont une façon de faire fort étrange, cruelle, et éloignée de toute humaine honnêteté; c'est que, pour satisfaire à leur extrême et insatiable paillardise et démesurées voluptés, elles provoquent et allèchent les hommes à luxure, leur faisant boire certain jus d'herbes. Que si cela ne suffit, elles appliquent je ne sais quelles bêtes venimeuses à la nature et membre viril; de sorte que quelques-uns en perdent cette partie et aussi les testicules. Elles n'ont ni laine ni lin pour filer; et pour ce elles sont du tout sans draps et sans linge, n'usant de robes de futaine ni d'autres choses, parce qu'elles vont toutes nues, qui cause qu'elles se passent bien d'habillement.

Comme toutes choses sont indifféremment communes entre ces peuples, vivants sans aucune loi; et qu'ils usent de chair humaine.

Entre les habitants de ce pays n'y a aucun patrimoine ni propriété, mais tous biens leur sont communs. Ils n'ont ni roi, ni prince, ni seigneur, chacun est maître de soi-même. Les hommes prennent tant de femmes que bon leur semble, ne s'arrêtant à la parenté ni à la lignée, de sorte que le père prend la fille, et le frère la sœur, et le fils la mère, n'ayant même honte se joindre et associer en public, comme les bêtes brutes, même en tous lieux et avec toutes femmes, encore que cela se fasse par quelque sort observé entre eux. Et tout ainsi que facilement ils se marient et lient, par même moyen et encore plus facilement se démarient et séparent d'ensemble à leur plaisir et commandement. Ce que provient d'autant qu'ils vivent sans loi, sans foi et sans raison, n'ayant ni temples, ni cérémonies, ni idoles. Que dirai-je davantage? Ils ne démènent ni trafiquent aucune marchandise, ils ne connoissent aucune monnoie.

Au reste, ils ont souvent noises et différends entre eux, se combattant souventefois fort cruellement. Et encore, outre cette très vicieuse coutume, leur vie est fort désordonnée, retirant plus aux épicuriens qu'aux stoïciens. Les plus vieux attirent à leur conseil les plus jeunes, et les font consentir à ce que leur plaît, les incitant à la guerre jusqu'à tuer leurs ennemis, et puis après les manger, estimant cela une viande fort délicate, comme vivant ordinairement de chair humaine; de sorte que le père mange le fils et le fils son père, comme le sort d'entre eux l'ordonne. Je vis un personnage rempli de tous vices, qui se vantoit avoir mangé plus de trois cents hommes, dont il s'estimoit gentil compagnon et digne de louange. Je trouvai aussi cité, où je demeurai environ vingt-sept jours, en laquelle la chair humaine salée étoit pendue aux chevilles, comme nous pendons entre nous la chair des sangliers salés, par les cuisines auprès du feu, ou bien en quelque part au soleil, de sorte qu'ils s'émerveilloient grandement de ce que ne mangions comme eux de la chair de leurs ennemis, qu'ils disoient être de bon et merveilleux goût et viande délicate. Ils n'ont autres armes qu'arcs et flèches, desquels ils se servent en guerre, s'en torchant lourdement et cruellement comme bêtes brutes. Nous nous efforçâmes et mîmes en devoir de les instruire et de leur faire perdre

coutumes, fausses opinions, abominables, et
vices; et de fait ils nous promirent par plusieurs fois s'abstenir de telles et inhumaines
cruautés. Les femmes, encore qu'elles aillent
toutes nues et vagabondes, et adonnées à la
paillardise, comme j'ai jà dit, si est-ce qu'elles
sont assez belles, et de corps bien formé, n'étant brûlées du soleil, comme l'on pourroit
présumer, et encore qu'elles soient fort grasses, ce néanmoins elles n'en sont point plus
difformes. Et est ici à noter un cas digne de
merveille et admiration, que je n'y vis jamais
femme, combien qu'elle eût porté jà plusieurs
enfants, en avoir les mamelles plus molles ou
pendant contre-bas, ni quant à leurs corps
être différentes aux pucelles, ni quant au ventre être ridées ni refroncées. C'est merveille,
voire chose incroyable de leur grande paillardise, quand elles s'accointent avec un Chrétien,
de quelle mode elles lui présentent leurs corps
et honteuses parties, qui ne se peuvent nommer
honnêtement, n'étant toutefois en rien différentes à celles des vierges. Elles vivent communément cent et cinquante ans, demeurant
fort dispos et à l'aise de leurs corps. Que si d'aventure elles tombent en maladie, elles guérissent soudain avec certain jus d'herbes. Les
choses que j'ai connues à l'entour d'eux ne

sont de petite estime, à savoir l'air tempéré et bon, le terroir fertile, et l'âge de longue durée. Et si de fortune advient que le vent de l'Orient ait cours, qui entre eux est comme Boréas entre nous, ils prennent un merveilleux plaisir à la pêcherie, et encore plus grand profit, comme quasi ordinairement vivant de poissons, nature leur favorisant quant à ce, joint aussi que la mer les fournit de toute sorte de poissons. Ils ne se délectent guère à la chasse, qui est cause qu'il y a grande quantité de toutes sortes de bêtes sauvages entre eux, voire jusque-là que par crainte ils n'entrent guère dans les bois, attendu aussi qu'en toute saison et temps de l'année ils sont tout nus. L'on voit là de toute espèce de lions, ours, léopards, tigres et autres bêtes semblables. Ce pays est peuplé d'arbres si gros et de telle hauteur, qu'à peine le pourroit-on croire.

De la températare de l'air, et fertilité de ce pays.

Ce pays est fort bien tempéré et fertile, et merveilleusement plaisant et délectable. Et encore qu'il soit bien garni de plusieurs ruisseaux et petites rivières, si est-ce que tout le pays est arrosé de l'eau douce des fontaines claires et fraîches. Les bois y sont tant épais, qu'à peine peut-on cheminer parmi, au reste, pleins de plusieurs sortes de bêtes sauvages et cruelles. Les arbres et les fruits y croissent d'eux-mêmes, sans main d'homme : les fruits, outre l'abondance, sont de parfaite bonté, sans porter jamais dommage à ceux qui en usent, en quoi et autres causes ils sont fort dissemblables aux nôtres. La terre y produit un nombre infini d'herbes et racines (et d'icelles on fait du pain et autres viandes), ensemble de grains, en grande variété, voire tous différents aux nôtres. On n'y trouve autre métal qu'or, qui est en grande abondance; combien que en ce premier voyage n'en ayons point apporté, mais la vérité est telle, comme nous en ont bien et dûment informés les habitants mêmes du pays, qui maintiennent cette contrée être autant chargée d'or que pays du monde, tellement qu'entre eux l'or est de petite espèce. Ils sont aussi fort riches en perles et en toutes sortes de pierres précieuses. Que si je les voulois décrire toutes particulièrement, l'histoire seroit trop prolixe, vu que la quantité en est infinie. Et encore que Pline, homme de grand savoir et jugement, en ait fait une historiale description, si est-ce qu'il ne peut jamais advenir ni atteindre à la millésime partie de ce que j'en ai vu; de sorte que s'il eût traité en particulier de chacune, son œuvre sero't plus grand, plus riche et plus estimé. Or, sur tout ce qui s'est offert à ma vue, la quantité et variété de papegaux, ornés de diverses couleurs, m'ont apporté un indicible plaisir. Tous les arbres y rendent une odeur si douce et amiable, qu'à peine le croiroit-on, voire que par tous côtés ils jettent gommes et liqueurs très odorantes. Que si nous eussions connu leurs vertus et souveraineté, cela, à mon avis, eût suffi pour l'entretien de notre santé et guérison de nos maladies. Et pour dire en somme, s'il y a aucun paradis terrestre au monde, certainement il n'est loin de ce pays-là. Et combien qu'il soit tourné et assis à l'opposite du Midi, si est-ce qu'en temps divers on n'y sent point de froid, et encore moins de chaleur.

Comme en ce pays-là le ciel est toujours serein et tempéré, et orné d'aucunes étoiles qui nous sont inconnues; et comme le pôle antarctique n'a l'Ursa majeur ni mineur.

En ce lieu le ciel ni l'air ne sont guère offusqués de nuées, mais quasi par toute l'année le temps y est beau et serein : vrai est que quelquefois la rosée y tombe, mais légèrement et sans y rendre aucune vapeur, même qu'elle ne dure que deux ou trois heures pour le plus, et en forme de nuée s'étend et épanche de tous côtés sans s'arrêter particulièrement en aucun lieu. Le ciel y est orné de plusieurs et diverses étoiles qui nous sont inconnues, et en ai spécialement retenu quelques unes en ma mémoire, dont j'en comptai environ vingt de telle clarté, comme sont en notre endroit les planètes de Jupiter et de Vénus. Je considérai outre plus leur circonférence et leurs divers mouvements, ensemble leur diamètre, selon la connoissance que j'avois de la géométrie. Et certainement je pense qu'elles sont plus grandes que l'on ne pense. Et, entre autres, je vis trois Canopi, dont les deux étoient fort clairs et reluisants, le troisième obscur et difforme aux autres. Le pôle antarctique n'a l'Ursa, ni la majeure ni la mineure, comme nous voyons notre pôle arctique avoir, ni de lui s'approchent aucunes étoiles que l'on voit reluire, mais celles qui l'environnent sont quatre, retenant la forme d'un quadrangulaire.

* *
* *

Et ce temps pendant que ces quatre naissent, l'on voit de la part senestre un Canopi reluisant, d'une notable grandeur, lequel étant parvenu au milieu du ciel, représente la figure qui s'ensuit.

*
* *

A ceux-ci succèdent trois autres reluisantes étoiles, dont celle qui est située au milieu a douze degrés et demi de mesure en sa circonférence, et au milieu d'iceux se voit un autre resplendissant Canopi. Et après celui-ci suivent six autres étoiles, lesquelles par leur splendeur et clarté précèdent toutes les autres, qui sont en la huitième sphère, dont celle qui est au milieu et en la superficie, et au-dessus de ladite sphère, a trente-deux degrés de mesure en sa circonférence. Après ceux-ci suit un grand Canopi, mais obscur. Toutes celles-ci se voient en la ligne lactée, et jointes à la ligne méridionale, se montrant en la figure souscrite.

* * * *
*
*

Comme Améric Vespuce vit en l'autre hémisphère plusieurs choses répugnantes à l'opinion des philosophes; et comme de nuit il vit l'Iride, qui est arc céleste; et comme se voit la nouvelle lune le jour même qu'elle se joint avec le soleil.

Or en ce lieu je vis plusieurs autres étoiles. En considérant leurs divers et variables mouvements, et les observant diligemment, j'en fis un livre auquel j'ai récité toutes les choses que j'ai vu dignes de mémoire en cette mienne navigation. Or ledit livre est encore entre les mains de ce sérénissime roi, espérant en brief l'avoir par-devers moi. En cet hémisphère donc je considérai diligemment plusieurs points et articles répugnant aux opinions des philosophes, et entre autres je vis l'Iride, que nous appelons l'arc céleste, être tout blanc environ la minuit, ce que répugne au dire des philosophes, pour autant que selon le jugement d'aucuns, il prend ses couleurs des quatre éléments : à savoir du feu, la rougeur; de la terre, le vert; de l'air, le blanc; et de l'eau, le céleste. Mais Aristote, en ses météores, est de diverse opinion, disant que l'air céleste est une réverbération des rayons du soleil contre la vapeur de la nuée qui lui est au devant, tout ainsi que la clarté du soleil, resplendissant dans l'eau, reluit contre la muraille, et retournant en soi-même, avec son interposition tempère la chaleur du soleil, et lorsqu'il résout en pluie, rend la terre fertile, et avec sa diverse couleur rend le ciel plus beau, démontre que l'air abonde en humidité. Au moyen de quoi il n'apparoîtra quarante jours, avant le jour du jugement, qui sera indice et argument certain de la siccité de la terre et de tous autres éléments. Il annonce la paix de Dieu entre les hommes, et est toujours à l'opposite du soleil, n'apparoissant jamais sur le mi-jour, pour autant que le soleil n'est jamais du côté de Septentrion. Si est-ce que Pline dit que, depuis l'équinoxial d'automne, il se montre à toute heure. J'ai tiré ceci du comment de Lanclin, sur le quatrième livre de Énéides, afin que personne ne soit frustré de son honneur. Je vis ledit arc par deux ou trois fois, ce que ne vint seulement à ma vue, mais aussi plusieurs autres mariniers sont de cette même opinion. Nous vîmes semblablement la nouvelle lune, au même jour qu'elle joignoit avec le soleil. On y aperçoit aussi, toutes les nuits, plusieurs vapeurs et flammes ardentes transcourir par le ciel. Quelque peu ci-dessus j'ai nommé ce pays hémisphère; autrement ne le peut-on appeler, sinon improprement, si ce n'est à comparaison du nôtre. Ce néanmoins, d'autant qu'il semble aucunement représenter le nôtre, pour cette cause, parlant improprement, nous l'avons pu dire hémisphère.

Comme Améric navigua et discouru la quarte partie du cercle du monde.

Or donc, comme je vous ai conté ci-dessus, de Lisbonne (qui du côté de Tramontane est quarante degrés loin de l'équinoxial) nous naviguâmes jusqu'au susdit pays qui est par delà l'équinoxial cinquante degrés, lesquels, mis ensemble, font en somme nonante degrés. Lequel nombre est la quarte partie du plus grand cercle, selon la vérité et raison, du nombre assigné par les antiques. Par quoi il est à tous manifeste que nous avons mesuré la quarte partie du monde, par ce mèmement que nous qui habitons à Lisbonne deçà l'équinoxial, quasi par quarante degrés vers la Tramontane, somme distant de ceux qui habitent par delà la ligne de l'équinoxial, en la longueur méridionale angulairement de nonante degrés, c'est à savoir par ligne traversant. Et, afin que mon dire soit plus clairement donné à entendre, la ligne perpendiculaire, dans laquelle nous sommes droits sur nos pieds, se part du point du ciel et vient finir à notre zénith, et à battre par le côté ceux qui sont par delà l'équinoxial par cinquante degrés, de sorte que nous sommes en la ligne droite, et à la comparaison de nous sont à la traverse : ce que nous est démontré par la figure d'un triangle qui a tous les côtés droits; desquelles lignes nous tenons la droite.

Quant à la Cosmographie, je pense en avoir parlé assez amplement. C'est tout ce que j'ai vu digne de récit touchant cette dernière navigation. Et non sans cause j'ai nommé cet œuvre troisième journée, parce que premièrement j'ai composé deux autres livres de cette navigation, que je fis par le commandement du roi de Castille, du côté de Ponant, èsquels livres j'ai fait mention de plusieurs singularités, et spécialement des choses notables concernant l'honneur et gloire de Dieu notre Sauveur, qui avec admirable, indicible et incompréhensible artifice a fabriqué cette machine mondaine. Et à vrai dire, qui est-ce qui pourroit assez amplement et dignement louer Dieu? ses œuvres sont merveilleux, desquels néanmoins ai touché quelque chose en cet mien œuvre, selon la petite étendue de mon esprit, colligeant sommairement ce qu'il convient savoir quant à la situation et ordonnance du monde, attendant et espérant que le loisir me soit donné plus à plein, pour écrire plus exactement et diligemment quelque œuvre de la Cosmographie, afin que je laisse à la postérité quelque mémoire et témoignage de moi et de mes labeurs, joint que par telles études et exercitations j'apprends de jour en jour à mieux louer, servir et honorer Dieu tout-puissant, pour finalement parvenir à la connoissance de ce que les antiques ont ignoré. Et, à cette cause, je supplie notre Sauveur, qui de soi-même est miséricordieux envers les humains, qu'il me fasse la grâce que je puisse mettre à fin mon intention et entreprise. Quant aux deux autres journées, je les pourrai différer jusqu'à quelque autre temps que j'aurai recouvert ma santé et fait retour en mon pays. J'espère qu'avec l'aide et conseil de mes amis, je dresserai un beau, parfait et entier œuvre.

Votre seigneurie me pardonnera, si je lui envoie par mémoire les navigations faites par nous, jour pour jour, comme j'avois promis. Mais de cela est cause le sérénissime roi de Portugal, retenant encore mes livres devers soi. Et d'autant que j'ai différé jusqu'aujourd'hui le présent œuvre, j'espère satisfaire à votre désir, quand ce viendra à la quatrième journée, pour autant que mon souhait et espoir est d'aller chercher ce nouveau monde qui regarde devers le Midi. Et de fait, pour avancer mes desseins et entreprises, il y a jà deux caravelles prêtes et arrivées, et bien garnies de vivres. Or ce temps pendant j'irai au Levant, et ferai mon voyage vers le Midi, naviguant par Auster; et, après que serai là arrivé, je ferai plusieurs choses à l'honneur de Dieu, utilité et ornement du pays, et à la perpétuelle mémoire et commandation de mon nom, et soulagement de ma vieillesse, qui est jà fort avancée.

Or donc ne reste plus rien que le commandement du roi, que j'attend icelui obtenu, naviguerai à voiles dépliées. Dieu par sa grâce veuille conduire le tout à bon port.

FIN DU SOMMAIRE D'AMÉRIC VESPUCE.

NAVIGATION

DE LISBONNE

A L'ILE DE SAINT-THOMAS,

Située sur la ligne de l'équinoxial, dressée par un pilote portugais, et envoyée à magnifique comte Rémond de La Tour, gentilhomme de Vérone.

Avant mon départ de Venise, comme bien savez, le seigneur Hiérome Fracastor me signifia, par ses lettres écrites de Vérone, son vouloir être, que incontinent que j'aurois gagné Condé, je ne faillisse à lui écrire touchant quelques points que je vous maintenois avoir vus à mon voyage que je fis avec nos pilotes jusqu'à l'île Saint-Thomas, lorsque nous y fûmes pour y charger des sucres, pour autant que d'atteindre jusqu'au-dessous de la ligne de l'équinoxial, où est assise l'île sus-nommée, lui sembloit cas merveilleux et chose digne de telle recommandation, que tout homme de bon esprit devroit travailler pour en avoir la connoissance : et, de fait, vous-même à mon départ me fîtes semblable requête. Moi donc, pour satisfaire à vos désirs et commandements, étant là arrivé, je commençai à dresser cedit voyage; et encore, pour mieux et plus fidèlement ranger le tout, je le voulus bien communiquer à quelques miens amis, qui autrefois avoient discouru ces parties. Ce qu'ayant mis en effet selon que mon petit esprit le portoit, après avoir bien diligemment revu et examiné mes écrits, j'ai regardé et pensé en moi-même qu'ils n'étoient dignes de venir à la vue et présence d'un tel personnage que le seigneur Hiérome, homme de singulier esprit et grande discipline, comme m'ont porté témoignage ses œuvres, desquels me fîtes part et présent lorsque je départis de Venise; de sorte que ma délibération fut de supprimer tout ce que j'en avois écrit, et ne permettre que mes commentaires vinssent jamais à la vue des hommes. Mais, après plusieurs pensées et arguments débattus d'un côté et d'autre à part moi, la mémoire immortelle de vos bénéfices et courtoisies en mon endroit, ensemble l'égard de mon devoir envers vous, m'ont excité et poussé en avant, vu même et considéré que vous me priez de faire ce que, par bon droit, me pouviez commander; de sorte que je me suis persuadé m'être plus expédient d'encourir la réputation de petit savoir, voire de lourd esprit envers les hommes, que de me trouver ingrat et désobéissant à vos commandements. Or donc je vous envoie quelques petites choses que j'ai autrefois moi-même notées et remarquées, et d'abondant m'ont été confirmées par plusieurs personnages, qui souventefois ont outrepassé la plage d'Ethiopie. Mais, pour autant que de ma vacation je suis marinier et versant sur la marine, n'ayant le style de bien écrire, ni de ranger en bon ordre et friand langage toutes ces choses, je supplie vos deux seigneuries qu'après avoir lu mes écrits, votre plaisir soit ne les publier, de peur que ce que je pourrois avoir encouru ou failli, non par présomption, mais par crainte de vous désobéir, ne me redonde à note ou blâme sempiternel.

Les navires partant de Lisbonne pour aller charger le sucre à l'île Saint-Thomas naviguent aux îles Canaries, appelées par les antiques Fortunées; de l'île des Palmes; du promontoire nommé le Cap-Vert.

Lisbonne est la principale cité du royaume de Portugal, appelée par les antiques Olisippe, située trente-neuf degrés au-dessus de l'équinoxial, à l'opposite de notre pôle. Les navires qui vont charger le sucre en l'île Saint-Thomas ont coutume le plus souvent partir de là au mois de février, combien que le long de l'année plusieurs fois cela advienne. En leurs navigations, ils se gouvernent selon la carte de Garbin, dressant voiles à l'encontre du Midi, jusqu'aux îles Canaries, dites Fortunées par les antiques; et de là viennent surgir à l'île des Palmes, vingt-huit degrés et demi au-dessus de l'équinoxial, et est du royaume de Castille distante par l'espace de nonante lieues d'un promontoire d'Afrique, qu'on appelle le cap de Boiador, qui est une île fort abondante en vins, chair, fromages et sucre. Après, laissant cette île et passant outre environ (selon leur jugement) deux cent cinquante lieues, qui sont mille milles, ils trouvent un pas fort périlleux et sujet à fortune en tout temps de l'année, mêmement au mois de décembre, pour cause que la mer y est merveilleusement haute. Et surtout ils craignent le vent de mestro, pour autant qu'il bat de droit fil et à découvert sur la mer, sans toucher terre; qui est cause de plusieurs grandes défortunes et naufrages.

De l'île du Sel, et pourquoi elle est ainsi appelée; de l'île de Bonne-Vue; de l'île de Mai; de la merveilleuse abondance de chèvres en toute l'île de Cap-Vert.

Au sortir de l'île des Palmes, la coutume est de deux chemins en prendre l'un; car si les navires se trouvent bien garnies de poissons salés pour leurs vivres (et de fait mettent peine d'en être bien fournis), on va le long de l'île du Sel, qui est une des îles de Cap-Vert, à cause d'un promontoire d'Afrique ainsi appelé pour le jourd'hui. Cette île est située seize degrés et demi par dessus l'équinoxial, et vient-on là en tout temps par la carte de Garbin. Or, depuis l'île des Palmes jusqu'à celle-ci, on compte deux cent vingt-cinq lieues, voyage que l'on peut faire dans six ou huit jours, quand le vent est à souhait. Elle n'est habitée, à cause de sa grande stérilité, tellement qu'il ne s'y trouve autres bêtes que de chèvres assez sauvages, joint que son assiette est en lieu bas et peu fortuné. L'eau de la mer monte en aucuns lieux, comme fosses et petits marécages, et au temps que le soleil entre le tropique de Cancer, passant par dessus le niveau, incontinent l'eau entrée dans ces fosses se congèle tout en sel; ce qui advient pareillement en toutes les îles de Cap-Vert, voire même jusqu'aux Canaries; mais en celle-ci s'en trouve plus grande abondance qu'en toutes les autres, qui a causé qu'on l'appelle l'île de Sel. Après celle-ci l'on trouve l'île de Bonne-Vue, et quasi auprès d'elle est l'île de Mayo, dans laquelle y a une grande fosse, tenant de longueur l'espace de deux lieues, et autant de largeur, tant pleine de sel congelé par l'ardeur du soleil qu'il suffiroit à la charge de mille navires. Ce sel est commun à tous qui en veulent lever, non plus ni moins que

Fosse de sel.

de l'eau de la mer. Et combien que ces îles soient sujettes au royaume de Portugal, ce néanmoins on n'en paie aucun tribut. Il y a dix îles en ce Cap-Vert, fort abondantes en chèvres, qui y font leurs petits trois à trois ou quatre à quatre, étant aussi pleines de quatre mois en quatre mois, de sorte qu'elles portent trois fois tous les ans. Leurs chevreaux sont très délicats et friands à manger, à cause qu'ils sont gras et fort savoureux; que l'on estime provenir de ce que les chèvres boivent souvent de l'eau de la mer.

Chèvres portant trois ou quatre chevreaux.

Comme ceux qui font voyages du côté de l'Afrique se fournissent de poisson en quatre heures ; et de la qualité de cette côte, depuis le commencement de cap Boiador, jusqu'à la fin de Cap-Blanc; des poissons appelés Taborins; et des confins qui divisent la Barbarie du pays des Noirs.

Or, si les navires qui tirent à l'île Saint-Thomas ne se trouvent garnies de poissons salés, pour bien s'en fournir, suivent la route de la côte d'Afrique, droit à un fleuve appelé le fleuve d'Or, situé sous la ligne du tropique de Cancer, selon le vent de Siroc, s'étendant vers le Midi. Et lorsqu'ils sont à la vue d'Afrique, ils ne sont loin de cette côte sinon par l'espace de cent et dix lieues. Moyennant qu'ils aient le vent à souhait, et que la mer soit calme, dans quatre heures ils prennent des poissons tant qu'ils veulent, voire plus qu'il ne leur en faut, avec de filets, lignes ou hains, qu'ils jettent dans la mer, à cause qu'ils ne sauroient jeter tant des filets que soudain ne soient remplis de toutes sortes de poissons, tant grands que petits, comme pageaux (que vous appelez à Venise alberis), corbeaux, onères, qui est une espèce de poissons plus grands que les pageaux, fort gras et de couleur noire; et, après les avoir pris, ils les mettent dans leurs esquifs, bien salés, et est une fort bonne provision pour gens mariniers. Et en ces plages l'on voit un nombre infini de poissons nommés taborins, qui sont plus grands que les thons, ayant en la bouche deux rangs de dents bien aiguës; mais ils sont tant goulus et âpres à la viande, qu'ayant aperçu un navire, ils le suivent de près, pour recevoir et dévorer toute l'immondicité que l'on en jette dehors, qui est la cause que l'on les peut prendre aisément. Mais encore qu'ils soient bons à manger, nos Portugais n'en veulent user en sorte que ce soit, craignant qu'ils ne leur causassent plusieurs et diverses maladies, combien que les mariniers castillans, aux voyages qu'ils font vers la terre ferme de l'Indie occidentale, ont coutume d'en prendre et d'en manger. Or,

Pageaux, alberis, corbeaux, onères, poissons.

Taborin, poisson, et de sa qualité.

si de cas fortuit, auprès de ce fleuve d'Or, les mariniers n'ont la mer calme, ils passent le long de la côte, tirant devers Cap-Blanc pour trouver la mer paisible, et de là naviguent jusques à Argin. Mais il convient ici noter que toute la côte d'Afrique, commençant depuis le cap de Boiador (qui vaut à dire cap du Tour, parce que ceux qui naviguent aux îles Canaries côtoyent à l'entour de celui cap d'Afrique, et, prenant vent, retournent en arrière, et est en degré vingt-sixième et deux tiers), toute cette côte est de terre basse et aréneuse jusqu'au Cap-Blanc, qui est au vingtième degré et demi, s'étendant jusques en Argin, où il y a un grand port et un château qui est du domaine de notre roi, et là maintient ordinairement un certain nombre de soldats, sous la charge d'un capitaine. Cet Argin est habité des Maures et des Noirs, et là sont les confins qui divisent la Barbarie du pays des Noirs.

De l'île Saint-Jacques, et de la grande cité appelée Ribère.

Pour retourner à notre voyage et premier propos, de l'île du Sel l'on passe à l'île de Saint-Jacques ou bien de Cap-Vert, qui est assis quinze degrés au-dessus de l'équinoxial, et de là on prend le chemin vers le Midi par l'espace de trente lieues. Cette ile a d'étendue dix-sept lieues, et a une cité bâtie sur la mer, avec un bon port appelé la Grande Rivière, pour autant qu'elle est assise entre deux hautes montagnes, et par le milieu d'icelle passe un grand fleuve d'eau douce, provenant de deux lieues loin. Depuis le commencement de cette rivière jusques aux murailles de la cité, tant d'un côté que d'autre, se trouvent un nombre infini de beaux jardins, peuplés de toutes sortes d'arbres produisant fruits en grande quantité et de par-faite bonté, comme oranges, cèdres, limons, pommes, grenades, figues de toute espèce, voire et noix d'Indie, que portent les palmes que l'on y plante par quelques années. Là naissent aussi toutes sortes de bonnes herbes; vrai est que la semence qui en provient ne vaut rien pour semer l'année ensuivant; mais tous les ans il faut en avoir de nouvelle, que l'on retire d'Espagne. L'assiette de cette cité est, sur le Midi, garnie de plusieurs beaux logis bâtis de pierres et de mortier. Elle est habitée de gentilshommes et chevaliers, tant Portugais que Castillans, étant peuplée de plus de cinq cents feux. Là même demeure le lieutenant de notre roi. La justice y est administrée par un tel moyen : tous les ans ils élisent deux juges; l'un, qui a le regard et la superintendance sur

Palme des noix de l'Indie.

Noix d'Indie.

le fait et différends des mariniers et de la mer; l'autre, qui a la connoissance des causes des citadins et des habitants ès-lieux circonvoisins. Cette île est fort pleine de montagnes, qui cause qu'il y a plusieurs places désertes et vides, sans y pouvoir trouver un seul arbre de quelque sorte que ce soit; mais les vallées et côtes sont merveilleusement fertiles, portant de bons fruits en grande abondance. Au temps que le soleil entre le tropique de Cancer, qui est au mois de juin, il y pleut quasi continuellement, de sorte que les Portugais appellent la lune de ce mois la lune des pluies. Dès le commencement d'août, ils commencent à semer leurs grains, qu'ils appellent millet zaburre, que l'on dit maïs aux Indes occidentales, et ressemble aux pois blancs. Toutes les îles susnommées usent communément de ce légumage, ensemble toute la côte d'Afrique et les habitants d'icelle, qu'ils recueillent dans quarante jours. Ils sèment aussi du riz en grande quantité, parce que le terroir y est fort commode et propre pour ce fait. Or, avoir recueilli leurs grains et légumages, ils les accoutrent en diverses façons et en font du pain de plusieurs couleurs, qu'ils transportent par toute la côte d'Afrique, à savoir par le pays des Maures, le donnant en paiement et échange d'esclaves noirs.

Millet zaburre.

Comme en la côte d'Afrique, qui regarde vers le Ponant, y a divers pays : Guinée, côte de Melegettes, Benin, Manicongo, ensemble plusieurs seigneurs et rois, que les peuples adorent, ayant opinion qu'ils sont descendus du ciel ; et d'aucunes de leurs cérémonies ; et de la coutume du royaume de Benin, quand le roi vient à mourir.

Or, pour mieux entendre les trafics de ces Noirs, il faut noter premièrement qu'en toute la côte d'Afrique, devers le Ponant, y a diverses provinces et pays comme est la Guinée, la côte de Melegettes, le royaume de Benin, et le royaume de Manicongo, qui est six degrés dessus la ligne de l'équinoxial, devers le pôle antarctique et sous terre. Là se trouvent plusieurs seigneurs et rois, et aussi divers grands peuples qui vivent en commun, dont les uns sont mahométans, les autres idolâtres, ayant entre eux grosses et continuelles guerres.

Les rois sont adorés du peuple, croyant fermement qu'ils sont descendus du ciel. Et quand il est question de parler à leur majesté, il faut user d'une grande révérence, les saluant de loin, les genoux mis en terre. Et encore plusieurs de ces rois ne veulent être vus quand ils prennent leurs repas, de peur d'abolir l'opinion que le peuple a conçue d'eux, estimant qu'ils vivent sans boire ni manger.

Ils adorent le soleil et croient que les âmes sont immortelles, et qu'après la mort du corps elles vont loger avec le soleil; même, et sur tous autres, les habitants du royaume de Benin tiennent cette superstition, et ont de toute ancienne coutume, encore observée jusqu'aujourd'hui, que, quand leur roi meurt, tout le peuple s'assemble et convient en une campagne, faisant au milieu d'icelle un puits fort profond, large par le pied, et de là diminuant et étrécissant jusqu'à la cime, dans laquelle on descend le corps du roi. Et là se viennent présenter tous les princes, amis, favoris, serviteurs et domestiques du roi (ce que est réputé à grand honneur, et gentillesse fort désirée d'un chacun), se laissant de leur bon gré avaler en bas, pour tenir compagnie au roi. Et incontinent qu'ils sont tous descendus au fond du puits, l'on couvre la bouche d'une grosse pierre, le peuple cependant ne bougeant de ce lieu ni de nuit ni de jour. Mais il y a certains députés qui, advenu le second jour, lèvent la pierre de dessus l'entrée du puits, et demandent à ceux qui sont en bas ce qu'ils y font, et s'il n'y a encore personne d'entre eux qui soit allé après le roi pour le servir. Que s'ils répondent

Mode et cérémonie des habitants de Benin, observée à la sépulture de leur roi.

que non, on leur use de mêmes interrogats au troisième jour. Et quelquefois advient qu'ils font réponse que tel et tel (lesquels ils profèrent nommément) sont les premiers qui sont allés au service du roi, et tel est le second, et tel le troisième, et ainsi conséquemment, observant soigneusement cet ordre, à cause qu'il est réputé pour singulier honneur à ceux qui partent des premiers; de sorte que tout le peuple, là assemblé, en parle avec grande admiration, les tenant pour bienheureux. Et, après quatre ou cinq jours que ces sots sont morts (ce que connoissent ceux du dessus qua ndils ne donnent aucune réponse), soudainement on le signifie au roi qui succède à la couronne, lequel commande faire un gros feu dessus le puits et rôtir un grand nombre de toutes sortes de bêtes, qu'il donne pour manger à tout son peuple, et avec telles solennités se met en possession du royaume, prêtant aussi le serment au peuple de le bien gouverner et entretenir.

> Les Noirs de Guinée et Benin sont de longue vie, encore qu'ils mangent désordonnément et sans mesure; de certaine superstition qu'ils ont entre eux; des épices melegette; du poivre de la code; de certaine écorce d'arbrisseaux, ayant le goût de gingembre; et du savon fait avec cendre et huile de palme.

Les Noirs de Guinée et Benin sont fort désordonnés en leur boire et manger, à cause qu'ils n'observent point les heures; mais ils font quatre ou cinq repas par jour. Leur boire est eau ou bien vin qui distille de l'arbre de la palme. Ils ne portent ni bonnet ni chapeau en tête, fors seulement un peu de cheveux crêpés, qui ne croissent guère, étant tout le reste de leur corps sans un seul poil.

Ils sont gens de longue vie; de sorte qu'il s'en trouvera aucuns qui se maintiennent toujours gaillards jusqu'à l'âge de cent ans. Vrai est qu'en certain temps de l'année, ils se trouvent fort fâchés, comme atteints d'une fièvre, et lors, pour souverain remède, ils usent de phlébotomie, pour autant qu'ils sont de complexion sanguine. Il se trouve aucuns entre ces Noirs qui adorent la première chose qu'ils voient du jour.

Poivre très fort. Ce pays produit les épices nommées melegettes, fort semblables au sorge d'Italie, mais, de goût, sont fortes comme le poivre. Là aussi croît une sorte de poivre plus fort au double que n'est celui de Calicut, lequel convient fort bien à nos Portugais, à cause qu'il a un goût plus aigu et poignant. Nous l'appelons *piementa di rabo*, qui veut dire, poivre de la code. Et la force de son goût est telle que d'une demi-once vous en ferez autant que de demi-livre du poivre commun. Et encore qu'il soit défendu sous grandes peines de le sortir et tirer hors le pays, si est-ce que secrètement l'on trouve moyen d'en avoir, même en Angleterre; mais il coûte au double plus que le commun.

Or, notre roi de Portugal, craignant que le prix du poivre naissant à Calicut ne vinsse à se décaler et amoindrir par la parfaite bonté de celui-ci, a fait ordonnance par laquelle il défend en apporter par deçà. Là se trouvent certains petits arbrisseaux qui produisent une écorce comme de fèves, avec quelques grains qui n'ont aucun goût que ce soit; mais l'écorce mâchée a le goût d'un gingembre fort délicat, que les Noirs appellent en leur langue, *unias* *, et en font, comme du poivre susnommé, de saupiquet, qu'ils mangent avec le poisson, tenant cela pour une viande fort délicate. Notre roi aussi, par même moyen, a défendu qu'on

* C'est une espèce de bacilles.

Savon d'huile et cendres de palme. n'eût à apporter en son royaume du savon de ce pays-là, qui est fait de cendre et huile de palme, lequel est de la moitié meilleur et plus exquis que le commun, soit à blanchir les mains, soit à nettoyer les draps de laine et le linge.

Pourquoi les pères et mères de ces Noirs vendent leurs propres enfants, et ce qu'ils en reçoivent en contrechange ; et comme les esclaves se mènent à l'île Saint-Jacques, où ils se vendent accouplés, tant mâles que femelles ; de la côte nommée Mina, et pour quelle cause le roi de Portugal y a fait bâtir un château.

Cette côte, s'étendant jusqu'au royaume de Manicongo, est divisée en deux parties, lesquelles, de quatre en quatre ans, ou bien de cinq en cinq ans, s'accensent au plus offrant : c'est à savoir de pouvoir aller, contracter et trafiquer par les ports de cette marine. Ceux qui prennent cette cense s'appellent en leur langage *arrendadori*, que nous disons en notre vulgaire fermiers ou censiers; et n'est loisible à nuls autres que ceux-ci ou leurs commis de fréquenter ni trafiquer sur lesdites marines et ports, vendre ni acheter, encore que là arrivent un grand nombre de chariots des Noirs, qui apportent une infinie quantité d'or, et amènent d'esclaves à grandes troupes, afin de de les vendre, dont les uns ont été pris en guerre, les autres amenés par leurs pères et mères, encore qu'ils soient leurs propres enfants, estimant leur faire le plus grand profit et avantage du monde de les transmettre par ce moyen de vendition en autre pays abondant en biens et vivres : vous les verriez venir en foule, conduits ni plus ni moins que troupeaux de brebis, tant femmes que hommes, ainsi nus comme quand ils sortirent des ventres de leurs mères. Et en contre-change les parents reçoivent des patenôtres de verre de diverses couleurs, et ouvrages faits de cuivre ou de laiton, et aussi des toiles de coton teintes et bigarrées de plusieurs couleurs, et autres semblables marchandises de vil prix qui se portent par toute l'Éthiopie.

En-après les fermiers conduisent tous ces esclaves à l'île de Saint-Jacques, là où abordent leurs navires, joignant ceux des marchands étrangers qui viennent de divers pays et provinces, mêmement des Indes trouvées par les Espagnols, qui achètent leurs esclaves, donnant pour échange patenôtres de verre bigarrées, et autres semblables marchandises; et ne veulent acheter non plus de mâles que de femelles, pour autant qu'ils ne les peuvent revendre sinon accouplés; autrement ils n'en seroient jamais bien servis. Si est-ce qu'en les conduisant par mer on sépare les femmes des hommes, mêmement quand on leur donne à boire et à manger, on fait musser les femmes, de sorte que les hommes ne les peuvent voir, parce qu'ils ne penseroient à autre chose, sinon qu'à se regarder.

Et, pour revenir à notre propos de ces Noirs, le roi de Portugal fit bâtir un château sur ladite côte de Mina, six degrés au-dessous de l'équinoxial, dans lequel il ne permet entrer homme du monde, hors ses facteurs et négociateurs. A ce lieu abordent plusieurs Noirs, apportant grande quantité de grains de pur or, qu'ils trouvent aux rivières et parmi la terre, et trafiquent en fait de marchandise avec les susdits facteurs de notre roi, prenant d'eux diverses marchandises de vil prix, comme ces patenôtres de verre bigarrées, et aussi faites d'autre sorte, à savoir de pierre retirant sur la couleur d'azur; je n'entends pas de celle qu'on appelle lapis-lazuli, mais d'une autre qualité, que notre roi fait venir du royaume de Manicongo, où croît icelle pierre, et sont faites en forme de petits canons subtils, qu'ils appellent caril; et en échange l'on donne assez d'or pur et fin, pour autant que ces Noirs ont en grande estime ces pierres, lesquelles ils mettent au feu pour éprouver si elles sont bonnes et naturelles, à cause qu'il s'en trouve de verre qui les ressemblent; mais, étant fausses et contrefaites, elles ne peuvent endurer le feu.

Du fleuve nommé Rio, anciennement appelé Niger; d'une grande montagne dite Serre-Lionne.

Cette côte fut découverte il y a environ nonante ans, et depuis ce temps-là les marchands entroient en assurance avec leurs navires jusque dans la terre d'Ethiopie, par le moyen de gros et larges fleuves, trouvant là un grand nombre de peuples qui faisoient le train de marchandise avec eux. Mais de notre temps a été défendu par nos rois à tous marchands de ne frequenter cette côte, excepté les fermiers qui jouissent de ces priviléges : par quoi il vous plaira m'excuser, si je n'en parle pas assez amplement. Mais, pour revenir à notre voyage de Saint-Thomas, au sortir de l'île de Saint-Jacques, l'on passe par Siroc, à l'environ d'un grand ruisseau au-dessus de l'Éthiopie, onze degrés droit à notre pôle. Et tient-on pour chose sûre que ce ruisseau ou bien fleuve est celui que les antiques ont appelé Niger, qui est une branche du Nil qui court encontre le Ponant, où l'on est contraint de tenir ce chemin, à cause que dedans ce fleuve se trouvent des crocodiles et chevaux marins, que les Noirs ont en grande estime, ne fût qu'à raison de leurs dents qu'ils réputent fort précieuses, voire jusqu'à les porter dans leurs anneaux, pour autant qu'ils préservent de certaines maladies : outre cela, ce Niger croît de même que le Nil.

<small>Crocodiles et chevaux marins.</small>

Or, naviguant de là ce fleuve droit à la côte, l'on vient à découvrir une très haute montagne, nommée Serre-Lionne, étant presque en tout temps à la cîme chargée de certains brouillards et nuées causant plusieurs tonnerres et continuels éclairs; de sorte que le bruit et tintamarre qui est au-dessus de cette montagne pénètre jusqu'à quarante ou cinquante milles dans la mer; et jamais cette nuée ne bouge du plus haut de la montagne. Nos navires se tiennent toujours à la vue de la montagne; tout au fort lointaines de la terre, se contre-gardent de la déclination du soleil, naviguant toujours par Siroc, jusqu'à ce qu'ils aient fait octante lieues, qui se trouve au quatrième degré dessus la ligne de l'équinoxial, et de là soudainement se tournent contre le Levant selon la carte de Siroc, ayant toujours la côte d'Éthiopie du côté de la main gauche, et naviguant en cette sorte jusqu'à ce qu'ils viennent aborder à l'île de

Saint-Thomas, droitement assise sur la ligne susdite.

Comme à l'entrée du fleuve Rio l'on commence à voir quatre étoiles très claires, en forme de croix, qui s'appellent le Chariot; et comme en l'île de Saint-Thomas s'est vu, depuis peu de temps en çà, la lune de nuit, représentant Iris, tout ainsi que fait le soleil sur le jour.

Dans cette mer qui est entre le tropique et la susdite ligne, n'y advient jamais fortune de temps malin, pour autant que communément entre les tropiques ne se rencontrent point mauvais temps ni diffortunes. En plusieurs lieux de cette côte d'Éthiopie, par l'espace de vingt milles près de terre, l'on trouve des fonds et concavités de cinquante brasses en profondeur, et après en s'éloignant quelque peu davantage, on aborde la profonde et haute mer. Nos pilotes portugais ont un livre ordinaire, d'où nous tirons jour pour jour le voyage et chemin que nous faisons, et par quel vent, et en combien de degrés de déclination est le soleil. Et pour aller à l'île susdite, comme nous trouvons au quatrième degré de l'équinoxial, nous servent bien peu les vents de Garbin, d'Auster et de Ponant. Or, comme nous fûmes arrivés au susdit fleuve d'Or, qui est directement sous le tropique de Cancer, nous commençâmes à découvrir quatre étoiles de grandeur et splendeur admirables, mises en forme d'une croix, fort éloignées du pôle antarctique par trente degrés: on les appelle communément le Chariot. Elles nous sembloient fort basses au dessous de ce susnommé tropique, de sorte que nous adressâmes un instrument nommé la balestre à l'une des susdites quatre étoiles, qui est le pied du Chariot, et lorsqu'elle vint tomber sur le Midi, nous la connûmes être au milieu du pôle antarctique. Mais, depuis que nous fûmes arrivés à l'île de Saint-Thomas, nous vîmes lesdites étoiles être fort hautes. Autrefois a été que de nuit, après la pluie, la lune faisoit celle démonstration d'iris, que nous appelons arc céleste, non plus ni moins que le soleil le fait le jour : vrai est que l'arc de la lune ressembloit aux nuées blanches. Quant au croissement et décroissement de la mer, je dis que depuis qu'on est sorti du détroit de Gibraltar, droit à la côte de l'Afrique, jusqu'au tropique de Cancer, on ne voit guère croître la mer; mais passé ledit tropique, dès aussitôt que l'on arrive au grand fleuve nommé Niger, qui est onze degrés par dessus l'équinoxial, l'on s'aperçoit quelque peu que la mer croît selon l'influence dudit fleuve. Quant à la marine, elle est semblable en ce lieu à celle de

Portugal ; mais incontinent que le soleil passe par dessus le perpendicule et niveau, les pluies s'élèvent en telle abondance et débordement par toute l'Éthiopie, que ce fleuve croît et se trouble au même temps que le Nil déborde, même lors les eaux d'icelui fleuve se trouvent ainsi rouges et troubles par quarante milles dans la mer. En l'île Saint-Thomas, la marine ne se montre plus ample ni grande qu'à Venise, voire qu'il s'en faut deux grandes brasses.

Description de l'île Saint-Thomas, peuplée aujourd'hui de plusieurs marchands ; de l'île dite le Principal ; de l'île Anobon, et de la cité appelée Pavoasan.

L'ile de Saint-Thomas, laquelle, depuis huitante ans en çà et davantage, fut trouvée et découverte par aucuns capitaines de notre roi, auparavant du tout inconnue par les antiques, est de forme ronde, et par son diamètre a de largeur soixante milles italiennes, qui est un degré, étant assise sous ligne de l'équinoxial, et son horizon passe par les pôles arctique et antarctique. Là, le jour est en tout temps égal à la nuit, sans que jamais on n'y aperçoive rien de différent, encore que le soleil soit entré au tropique de Cancer ou bien de Capricorne. On n'y voit point l'étoile du pôle arctique, sinon que quelques pasteurs la découvrent la nuit. Les étoiles que l'on appelle le Chariot se voient fort hautes. Du côté de cette ile s'en trouve une autre petite, appelée le Principal, distante de cent et vingt milles, et maintenant habitée et fort bien cultivée, avec un grand apport et revenu provenant des sucres, et appartient au fils aîné de notre roi, au moyen de quoi elle est nommée la Principale. De la part du Ponant Garbin, y a une autre petite île qui est déserte et déhabitée, qu'on appelle Anobon, laquelle est toute pleine de pierres. Si est-ce qu'il s'y trouve des poissons en grande foison, mêmement les habitants de l'île de Saint-Thomas y vont souvent pour pêcher, joint aussi qu'elle n'en est loin que de quarante lieues, étant située deux degrés au-dessous devers le pôle antarctique. Là se trouve un nombre infini de crocodiles et bêtes venimeuses. Or, quand cette ile de Saint-Thomas fut découverte, elle étoit toute en forêts, peuplée de grands arbres droits et verdoyants, de telle et si démesurée grandeur qu'ils sembloient toucher jusqu'au ciel; et combien qu'il y en eût de plusieurs sortes, si étoient-ils tous stériles, avec longues branches différentes à celles de ce pays-ci, qui en partie s'étendent à travers, et en partie se jettent en haut, parce

Crocodiles et bêtes venimeuses.

que ceux-ci produisent toute leur rame le contremont. Les habitants, depuis certain temps en çà, après y avoir défriché une bonne partie de ces arbres, y ont dressé et bâti une cité principale, la nommant en leur langage Pavoasan, en laquelle y a un bon port et garde devers le Grec Levant. Les maisons sont faites toutes de bois et couvertes de peaux. Ils ont un évêque qui est de Condi, ordonné par le pape, à la requête de notre roi, avec un gouverneur qui a l'administration de la justice. Là se peuvent trouver six ou sept cents feux, et y habitent plusieurs marchands tant Portugais, Castillans que François et Genevois, et en somme tous autres de étranges nations, à qui prend envie d'y demeurer, ayant femmes et enfants. Ceux qui sont nés en cette île sont blancs comme nous, excepté quand les femmes blanches veuves prennent des maris noirs; ce qui advient souvent, pour autant que ces Noirs sont communément gens de grand esprit, et qui nourrissent leurs enfants à notre mode et façon de faire, usant d'habits mêmes que nous. Ceux qui sont ainsi engendrés d'hommes noirs et femmes blanches, sont appelés en leur langage Berrettini, et viennent quand on les appelle Mulati.

Comme les habitants de cette île s'adonnent à faire le sucre qu'enlèvent les marchands qui viennent là ; de la bonté de cette terre ; de la mode de planter la canne du sucre ; pourquoi la chair du porc est saine en ce lieu et de bonne digestion.

Le principal exercice des habitants de l'île de Saint-Thomas est de faire à force sucre, pour le vendre aux marchands qui viennent là, tous les ans, avec navires pour les enlever, portant des farines dans des bottes, du vin d'Espagne, huiles, fromages, cuirs à faire souliers, épées, harnois, couteaux, coupes de verre, patenôtres et autres semblables denrées et victuailles, qui sont là reçues en lieu d'argent et monnoie ; de sorte que, ôté ce moyen de leur conduire des vivres, les marchands blancs mourroient de faim, pour autant que leur naturel n'est d'user des viandes des Noirs. Qui cause que chacun d'eux achète d'esclaves, leur faisant labourer la terre, accompagnés de leurs femmes noires, qui trouvent les moyens de recueillir à force sucre pour avoir de nos vivres ; tellement qu'il y a des gens riches qui tiennent, l'un deux cents, l'autre trois cents, tant hommes que femmes noirs, travaillant tout le long de la semaine pour eux, excepté le jour du sabbat, qui leur est réservé pour leurs propres affaires, et pour trouver moyen d'avoir des vivres; même qu'afin de gagner leur vie ès jours du sabbat, ils sèment du millet, du riz, de l'orge et autres grains, desquels en après ils soutiennent leur vie avec certaines herbes provenant des jardins, comme laitues, choux, raves, blettes, persil, lesquels étant semés reviennent en peu de jours et en parfaite bonté : vrai est que la graine qui en provient ne vaut rien pour semer. La terre est de couleur rouge, gluante, grosse et rude; de sorte que, par la grande rosée qui y tombe toutes les nuits, encore ne se peut résoudre en poudre, mais demeure toujours ainsi qu'une cire molle, et pour cette cause elle produit facilement tout ce que l'on y plante ou sème. Quant à la bonté de la terre, on en peut faire jugement de ce que si les Noirs entreprennent de bien labourer quelque quantité de terre soudainement et en peu de jours, les arbres et herbes naissent, croissent et multiplient; qui en ce pays demeurent long-temps à croître et fructifier, de sorte que pour leur grande abondance, ils sont contraints de les couper et brûler; puis aux lieux où ils ont été brûlés, est fort bon d'y planter les cannes qui portent le sucre, lesquelles demeurent cinq mois à mûrir : à savoir que celles qui sont plantées au mois de janvier, ils les taillent au commencement de juin; celles de février, au commencement de juillet, et par ce moyen en tous les mois les plantent et après les taillent, sans que le soleil y porte aucun dommage passant par le perpendicule et niveau au mois de mars et de septembre, parce qu'en ce temps-là les pluies y règnent presque continuellement, ce que vient bien à propos pour lesdites cannes. Cette île fait plus de cent cinquante mille arrobes de sucre, dont chacune arrobe vaut trente et une de nos livres; et à ce compte se retire la décime que notre roi prend tous les ans; laquelle monte par an de douze à quatorze mille arrobes de sucre, encore qu'ils soient plusieurs qui ne payent entière décime. L'on y voit soixante instruments pour conduire l'eau, avec laquelle ils brisent en pièces les cannes, mettant le suc qui en sort dans de grandes chaudières, et après qu'il a bouilli, le dressent en forme et mode que le voyons par deçà, de quinze, dix-huit ou vingt livres. Or, premièrement, ils nettoient ce sucre avec les cendres. Et ès lieux (qui sont plusieurs) où il n'y a d'eau pour cet effet, le font faire aux esclaves avec les bras ou bien avec des chevaux. Ils ont à force pourceaux, qu'ils nourrissent seulement de cette canne ainsi brisée, viande fort bonne pour les engraisser; de sorte que la chair en est aussi délicate et suave que les poulets et poulailles; et de fait, les malades ne mangent autre chair.

Comme le sucre de cette île n'est ni trop dur ni trop blanc, et comme ils assaisonnent.

Ils ont fait venir des gens experts de l'île de Madera pour faire leurs sucres plus blancs et plus durs. Si est-ce que quelque chose et industrie qu'ils y aient su faire, ils n'ont en rien avancé; pour autant que (comme ils disent) la terre est si grasse et tant mal-saine que le sucre même s'en sent; non plus ni moins que le vin qui croît en pays gras retient un goût différent aux autres. La seconde cause qui empêche cette blancheur est que l'air de cette île est si frais, qu'il ne peut bien essuyer ni sécher les pains de sucre mis hors de la forme; mêmement que le soleil, en quelque temps que ce soit de l'année, n'y est chaud ni sec comme ès autres régions, et principalement comme en la ville de Condi; mais au-dessus de l'île susdite il y est chaud et humide en tout temps, excepté ès mois de juin, juillet et août, que les vents provenant du côté d'Éthiopie sont secs et frais, et ne sont toutefois suffisants pour bien sécher lesdits sucres. Au moyen de quoi les manœuvres vaquant á cette affaire ont inventé une pratique pour les sécher, qui est telle: ils font un couvert de peaux haut de terre, comme est entre nous une bonne toise de ville, bien serré par dessus et de tous les côtés, sans fenêtres, sinon une seule porte. Après font un échafaud haut de terre six pieds, avec des traux loin l'un de l'autre environ quatre pieds, et sur les traux étendent leurs peaux et tables, et dessus icelles posent les pains de leur sucre, mettant dessous leur échafaud certaines pièces de bois gros et sec; lesquelles, après que le feu y est mis, ne font ni fumée ni flamme, mais brûlent comme le charbon; et en telle manière sèchent et assaisonnent leurs sucres, tout ainsi que dedans une étuve. Puis après ils les tiennent en lieux tant serrés de peaux, que l'air n'y peut entrer, et soudainement les vendent, ou bien le plus tôt qu'il leur est possible, même pour cause qu'ils se foudroient, si les vouloient garder deux ou trois ans.

Comme aux marchands du roi qui viennent habiter en cette île, le lieutenant du roi vend à bon marché tant de terre qu'ils en peuvent faire cultiver; et comme l'igname, racine, est le fondement et soutien de leur vie.

Les deux tiers de cette île ne sont encore défrichés ni réduits à nature pour porter sucre. Mais, quand quelque marchand d'Espagne, Portugal ou autre nation, vient pour habiter là, le lieutenant du roi lui vend à bon prix autant de territoire comme il se sent bastant pour le cultiver. Ce marchand achète après autant d'hommes noirs avec leurs femmes, comme bon lui semble, lesquels il met en besogne pour défricher son terroir, et après y fait brûler des arbres, et à la parfin y planter des cannes faisant le sucre, sans toutefois que le maître donne rien à ses Noirs; mais, comme avons jà dit, ils travaillent durant toute la semaine pour leur maître, réservé le jour du sabbat, qui est pour eux et pour gagner leur vie, sans que le maître ait soin ou sollicitude de leur donner ni vivres, ni habillements, ni leur fournir de logis ou d'habitation, parce que d'eux-mêmes se pourvoient de tout ce qui leur est nécessaire, excepté quelques pièces de toile de coton, ou de certaine tissure faite de feuilles de palmier, pour couvrir leurs parties honteuses; au reste, allant tout nus autant les femmes que les hommes. Ils mangent ce grain duquel nous avons touché ci-dessus, qui est en forme de pois blanc, et en font du pain ou bien des fougasses cuites sous les cendres chaudes. Les racines de l'igname sont le fondement de leur vie. Leur boire est eau ou bien vin de palme, duquel ils ont à foison, usant aussi du lait de brebis et de chèvres.

De la mode des maisons des Maures qui demeurent dans les bois, travaillant après les sucres.

Aussitôt que le vent ne court en cette île, il y vient une grande abondance de mouches plus grosses et plus fâcheuses que les nôtres, mêmement par les bois et arbres feuilleux, où il faut habiter, principalement ceux qui travaillent après les sucres. Et, pour cette cause, les Noirs dressent leurs maisons en cette mode. Ils plantent en terre quatre pièces de bois en carré, choisissant les plus hautes qu'ils peuvent trouver, et au plus haut d'icelles font un échafaud avec des peaux liées de tous côtés, lesquelles ils couvrent de je ne sais quelle herbe semblant à grosse paille; là où ils montent par une certaine échelle, et s'y retirent la nuit, et les femmes aussi des Noirs communément y portent leurs enfants, leur semblant, par ce subtil moyen, qu'ils se défendent des mouches. En la cité de Pavoasau n'y sont pas tant fâcheuses, pour autant qu'il n'y a pas tant de bois à l'entour.

Quelques années y naissent de petites fourmis noires en si grande quantité, qu'elles mangent et rongent tout ce qu'elles trouvent, et à grand'peine peut-on garder les sucres faits en pain; mais, soudain qu'il pleut, elles se perdent. Les souris aussi leur font fort la guerre. *Petites fourmies.*

De la racine batata ou bien igname, et combien il y en a de sortes; de la mode de la planter, et comment l'on connoit quand elle est mûre.

La racine qui croit auprès des Indiens dans l'île espagnole, appelée batata, les Noirs de Saint-Thomas la nomment igname, et la plantent comme herbe fort exquise et nécessaire à leur vie. L'écorce de dehors est de couleur noire, mais par dedans est blanche, en forme longue, comme une grosse rave, et a en la racine plusieurs branches. Elle a le goût de la châtaigne; vrai est qu'elle est meilleure et plus tendre.

Ils les mangent rôties entre les cendres, et quelquefois crues, et sont de grande substance et nourrissement, rassasiant autant que le pain. Elles ne sont ni chaudes ni froides, mais bien de mauvaise digestion, et pour cela réputées saines. On trouve diverses sortes de ces racines, comme celle que l'on appelle igname cicorero, et d'icelle l'on en apporte assez par manière de provision, dans les navires venant à Saint-Thomas pour charger les sucres, et durent sèches par plusieurs mois jusqu'à passer un an sans se gâter. Une autre sorte est de ces ignames, qui croissent en Benin et en Manicongo, mais celles-ci ne sont d'aussi longue durée que les autres, combien que celles de Benin soient plus délicates au goût qu'aucune de toutes les autres. Les Noirs en plantent grande quantité, pour autant que les navires en enlèvent assez. La manière de les planter est telle. Ils taillent cette racine en rondeur, et sur chacune pierre ils laissent quelque peu d'écorce noire, puis plantent leurs pierres dans la terre labourée et cultivée tellement que l'herbe en est ôtée; puis mettent de longues branches de râme dessus, pour les ramer tellement que, quand elles croissent, elles s'entrelacent aux susdites branches, comme font les courges en ce pays et l'obelon en Picardie. Elles produisent une

Cicorero, racine.

feuille semblant de couleur et de splendeur à celle du citronnier, mais en sa grandeur moindre et plus subtile. Elles demeurent cinq mois à se mûrir. Or, quand il est temps de les arracher, on le connoît en ce qu'elles ont les branches du bois, en quoi elles sont toutes tenues sèches par dedans; autrement ne se pourroit connoître pour cause de la grande abondance des feuilles qu'elles ont produites; mais, en ce cas que l'on voie le bois ainsi sec, ils les arrachent et trouvent que chacune place a produit quatre ou cinq filoles et grandes racines, lesquelles, étant jetées hors de terre, on en fait de grands monceaux; et puis on les étend au soleil ou au vent, où elles se font, même avec bon assaisonnement.

Chose merveilleuse d'une très grande montagne qui est presque au milieu de l'île, dont la cime se jette fort en haut.

En cette île, environ le milieu, y a une montagne de grande et démesurée hauteur, contenant plusieurs milles jusqu'à la cime. Elle est toute revêtue d'arbres grands et hauts, droits, verdoyants et touffus; mais le chemin y est si étroit, qu'à grand'peine et difficulté y peut-on monter.

Au plus haut de cette montagne, et au contour de sa sommité, et dedans l'épaisseur des arbres se voit continuellement une uuée, sans en départir ni de nuit ni de jour, encore que le soleil soit sur la ligne, ou bien sur les tropiques en chacun temps du jour; mais elle ne bouge jamais de là, non plus ni moins que nous voyons les neiges demeurer en tout temps sur les hautes montagnes de la terre.

Cette nuée se résout continuellement en eau, qui tombe sur les feuilles et sur les branches des arbres en si grande abondance que de tous côtés de la montagne l'eau coule et descend par plusieurs ruisseaux, quelquefois plus grands, quelquefois moindres, selon que l'eau prend son cours plus d'un côté que d'autre. Et de ces eaux sont arrosés les champs des Noirs, où sont plantées les cannes du sucre. Outre cela, se trouvent en plusieurs endroits de l'île à force fontaines d'eau douce et vive, fort commodes et utiles pour l'arrosement des lieux circonvoisins. Davantage, par le milieu de la cité de Pavoasan court un beau petit ruisseau d'eau très claire, qui n'est toutefois de trop grande largeur, mais bien d'assez suffisante profondeur; et de cette eau boivent les malades, pour autant qu'elle est très légère. Les habitants de cette cité tiennent pour sûr que personne ne pourroit demeurer là, si n'étoit la parfaite bonté de cette eau, excellence et commodité tant de ce fleuve que des autres fontaines.

Des arbres et du profit qui vient de la palme, produisant le fruit appelé cocos.

La plupart des arbres de cette île sont sauvages, ne produisant aucun fruit, voire que tous en général se trouvent secs et dépouillés de moelle quand se vient à les tailler; ce que les habitants estiment procéder seulement de l'extrême humidité du terroir. Les habitants (de nation espagnole) se sont mis en devoir d'y apporter aucuns oliviers, persiers, amandiers et autres sortes d'arbres, lesquels, étant plantés, sont devenus fort beaux, mais néanmoins n'ont jamais porté fruit; ce qui advient aussi ordinairement à tous arbres portant fruit de noyau. De la côte d'Éthiopie s'y apportent des arbres de palme, produisant un fruit que les Éthiopiens appellent cocos, les Italiens noix d'Indie, dont l'amande est une viande fort bonne et délicate, quand elle est mangée fraîche; outre ce, que l'eau ou liqueur qui est au milieu a plusieurs souverains remèdes pour la santé, pour autant qu'elle est d'un goût très savoureux. Que si l'on fait une fente en cet

Cocos. Noix d'Indie.

arbre, il en distille et dégoutte une liqueur blanche et claire, et de fait ils mettent au-dessous quelque vase pour la recevoir, qui, en la voyant le premier jour, sent son vin fort délicat, puis le second jour se trouble, et à la fin devient aigre. On y commence de planter une certaine herbe, laquelle dedans un an s'étend en hauteur d'un grand arbre, et porte je ne sais quel fruit, gros comme figues, que l'on appelle en Italie muses, en Alexandrie d'Égypte et en notre île de Saint-Thomas, abellana.

Muses.

Pour quelle cause les saisons de cette île sont différentes aux nôtres.

Les saisons des temps en cette île sont fort différentes aux nôtres. Le soleil cause cette différence et variété, pour autant que deux fois l'année, en ce pays, il passe par dessus le perpendicule, à savoir en mars et en septembre. Auxquels temps se connoît l'opération et vertu du soleil, et par quelle voie il procède, qui, de son naturel, attire à soi les vapeurs de la mer, et après les réduit en pluie. Par quoi, en ces temps-là que le soleil est au perpendicule, continuellement l'air est trouble, obscur, nubileux et fort adonné à pluie. Et sitôt que le soleil s'éloigne d'eux, les jours deviennent plus clairs et sereins, et pour cette cause les habitants de cette île tiennent mars et septembre comme pour deux hivers, tels que nous les avons ici, joint que les pluies, eaux, brouillards et nuées que l'on y voit leur confirment cette opinion. Il y a aussi quelque temps de l'année qu'ils appellent les mois venteux, qui sont mai, juin, juillet et août, lorsque le soleil se trouve aux signes septentrionaux, et règnent les vents d'Auster, Siroc et Garbin, qui sont propres et particuliers à cette île ; car les vents de Tramontane, Grec et Mestro n'y courent point, tant peu soit-il. La cause est que le pays de l'Afrique les défend et tient à couvert, joint aussi que le cours du soleil ne les y laisse pénétrer ; mais quand lesdits vents tirent ès mois de sus nommés, les Noirs, qui sont tout nus, trouvent cette fraîcheur fort étrange et contraire à leur complexion, parce mêmement que de leur nature ils sont secs comme bois et sans chair ; par quoi tant peu soient-ils touchés de froid, ils sont navrés jusques au cœur, de sorte que plusieurs en tombent malades et bien souvent en meurent. Et au contraire, les Espagnols et leurs enfants, qui sont de toute autre complexion, trouvent ce temps le plus tempéré de toute l'année, et s'y portent fort bien. Ils ont aussi quelques parties de l'année qu'ils appellent les mois chauds, ou bien les mois do chaleur, qui sont décembre, janvier et février. La raison est que le soleil, lors étant au tropique de Capricorne, ne permet que les vents particuliers courent, et souventefois en cette île y fait une extrême chaleur, à l'occasion des vapeurs que l'on y voit s'élever. Or donc, tout ainsi que les Noirs sont gaillards et allègres en temps des chaleurs, comme saison propice pour eux, tout de même les habitants blancs se sentent fort travaillés, las et battus de toute leur personne; et encore qu'ils n'aient fièvre que ce soit, si est-ce qu'ils demeurent en telle débilité et perplexité de tout leur corps, qu'à peine se peuvent-ils soutenir sur les pieds et cheminer, de sorte que plusieurs vont en pourpoint, sans porter cape ni manteau, tenant seulement en main une baguette pour se soutenir. Ils perdent tout appétit de manger, ne se pouvant souler de boire. Et d'autant que le sang domine sur toutes leurs complexions, en ce temps-ci usent de phlébotomie en la part du front et du bras, afin de recouvrer leur santé; même que c'est le principal et souverain remède de tous les habitants de l'île susdite, tant des hommes blancs que des Noirs.

Coutume des citadins de Pavoasan au temps des chaleurs, et comme, en la susnommée île, court le mal de Naples, et par quel moyen on le guérit.

En la cité de Pavoasan, durant le temps de cet air fade et suffoqué de chaleurs extrêmes et humides, qui est de peu de jours, de sorte qu'ils semblent être dans une chaudière d'eau bouillante, la coutume ordinaire est que cinq ou six chefs de maison s'assemblent, et se retirent avec toute leur famille dans des cavernes sous terre, chacun portant tout ce qu'il a de prêt en sa maison, pour là boire et manger, se rangeant tous en une grande table, et semble que chacun d'entre eux mange plus libéralement de la viande de son voisin que de ce qu'il a fait préparer en sa maison même, tant sont-ils fâchés et dégoûtés. Et ainsi se réjouissant ensemble avec honnêtes ébats et passe-temps, ils laissent courir ces jours fâcheux et ennuyeux; joint aussi que durant cette rigueur ils ne peuvent trafiquer ni démener leurs affaires hors des maisons, mêmement que la terre est enflammée de telle chaleur, qu'ils sont contraints de porter leurs souliers avec doubles semelles, prenant encore outre cela d'autres diverses pantoufles et chaussons par-dessus, afin de tenir leurs pieds frais.

Les blancs qui habitent en Pavoasan ont ordinairement de huit en huit jours un accès de fièvre, qui est premièrement froid et après chaud; mais dans deux heures le tout se passe, selon la complexion des personnes. Or, cet accident advient à ceux qui habitent là continuellement; et, pour souverain remède, se font phlébotomer trois ou quatre fois par chacun an; mais cette fièvre est plus que mortelle pour les étrangers, qui viennent là avec leurs navires, et dure environ vingt jours. A quoi ne se trouve plus prêt antidote que la phlébotomie, sans toutefois compter les onces du sang, duquel l'on tire à pleins vases de la veine moyenne du bras; et soudain qu'ils sont saignés, on leur fait un potage de pain et d'eau, avec quelque quantité de sel et bien peu d'huile; et si le patient passe le septième jour, l'on attend encore jusqu'au quatorzième jour; que s'il peut passer, on le tient pour sauvé, sinon qu'il advienne quelque grand excès. Et, selon que l'on voit que la fièvre diminue, ainsi augmente-t-on peu à peu son manger, qui est poulets, poulailles, et sur la fin chair de porc. En cette île règne fort le mal de Naples, et aussi la rogne; mais les Noirs ne font estime de telles maladies : joint aussi que quelques femmes des Noirs, avec un peu d'alun de roche

<small>Mal de Naples et du remède.</small>

et de sublimé, font certains emplâtres qui en guérissent, usant outre cela de quelques eaux distillées qu'elles font boire au patient.

Comme les Noirs sont tourmentés des fièvres, et du remède.

Au temps que j'ai dit régner le vent d'Auster, qui est au mois de juin, froid de soi-même, les Noirs ont coutume de tomber en fièvre; et soudain qu'ils se sentent relâchés, ils se font appliquer des ventouses sur les joues et sur le front, découpées après avec le rasoir; et de fait usant de ce remède, ils recouvrent leur santé. Parfois se font phlébotomer sur les épaules, faisant une diète fort étroite, à savoir de pain d'orge, avec un bien peu d'huile d'Espagne, en y ajoutant quelques herbes qu'ils ont expressément propres à cet effet. Il n'est bruit ni souvenance que la peste ait jamais couru en cette île, comme elle a fait en l'île de Cap-Vert, où ce mal a été si âpre et ardent, que le sang y suffoquoit le cœur des malades. Les hommes blancs sont battus de fièvres ardentes, pour cause de trop boire sans manger, et aussi assaillis du flux de sang, mêmement au temps que le vent ne court point : de sorte que le nombre est petit de ceux qui habitent en cette île passant l'âge de cinquante ans ; et est merveille d'y voir un homme blanc avec la barbe blanche ; combien que le contraire soit quant aux Noirs, qui vivent jusqu'à l'âge de six vingts ans pour autant que le climat est adapté à leur complexion. Je peux dire sans mentir que, par cinq voyages que j'ai faits en ladite île depuis l'an 1520, j'ai toujours parlé à un Noir, nommé Giovan Menino, habitant de là, homme de bon âge, qui me disoit avoir été là même des premiers venus de la côte d'Afrique, dès le commencement qu'elle fut habitée par le commandement de notre roi. Et suis assuré que ce Noir étoit homme de grandes richesses, et qui avoit des fils et neveux, et fils de ses neveux mariés ; et qui avoient même des enfants. Les habitants de la susnommée île ont à force puces ; mais les Noirs sont encore mieux garnis de poux. Quant aux blancs, ils n'ont ni poux, ni puces, ni punaises dans leurs lits.

Pour quelle cause le froment ne vient à due perfection en cette île, et le même des vignes ; des fruits qui y naissent ; des oiseaux, et variété des poissons.

On a par plusieurs fois et en divers temps expérimenté que le froment ne peut venir à aucune perfection en cette île, à cause que l'épi ne s'emplit de grains, mais croit plutôt du tout en herbe haute et grande. Les habitants, après avoir expérimenté cela en le semant par plusieurs fois de l'an, n'allèguent autre cause, sinon que la terre y est tant grasse, qu'elle convertit le tout en herbe. Autant en font les vignes plantées par les maisons de l'île Saint-Thomas, parce qu'on ne les plante par les champs, à cause que ce seroit temps perdu; mais par les jardins et cours des citadins l'on en plante quelques-unes : qui rendent leurs raisins d'étrange mode, les uns trop mûrs, les autres tout verts, et les autres en fleur, portant néanmoins fruit deux fois l'année, à savoir premièrement en janvier et février, l'autre fois en août et septembre. Tout le pareil est des figues ès mêmes mois. Les melons y viennent une fois l'an, en juillet et août. L'on y voit des glands fort hauts et en grande quantité, comme sur la marine; mais ceux qui croissent sur la montagne sont meilleurs que ceux qui croissent au plat pays; néanmoins tout se mange. *Glands.*

Là se trouve un nombre infini d'oiseaux, comme perdrix, tourdeaux, étourneaux, merles, passeras verts qui chantent, et aussi de papegaux berretins. L'on y prend de toutes sortes de poissons; mais surtout en certain temps de l'année les soipes y sont en requête, spéciale- *Passeras verts.*

ment ès mois de juin et de juillet. C'est une chose fort admirable d'y voir un nombre indicible de baleines qui se trouvent en cette île et dans la côte d'Afrique. Voilà en somme tout ce que j'ai trouvé digne d'écrire touchant cette île, à laquelle j'ai été cinq fois par navires pour y charger des sucres. Que si d'aventure à votre seigneurie n'est satisfait par cette mienne lourde et confuse description, mal couchée et ordonnée, vous m'excuserez, ayant égard à ce que je suis un homme versant sur la marine, et non stylé à bien et subtilement écrire. En me recommandant à votre susdite seigneurie, lui baisant la main.

FIN.

TABLE

DE

CE QUI EST CONTENU DANS LE SECOND VOLUME.

	Pag.		Pag.
LIVRE CINQUIÈME. — DU ROYAUME DE BUGGIE ET DE THUNES.	1	Cour du roi, ordre, cérémonies, et officiers députés en icelle.	45
Buggie, grande cité.	2	Napoli.	51
Gegel, château.	5	Cammar.	ib.
Mesila, cité.	6	Marsa.	52
Distefe..	7	Ariana.	ib.
Necans.	ib.	Hammamet et Eraclia, cité.	ib.
Chollo.	9	Suse.	53
Sucaicada.	10	Monaster.	56
Constantine.	ib.	Tohulba.	56
Mela.	17	El Mahdia.	ib.
Bona.	18	Asfachus, cité.	59
Tefas.	21	Cairaran, jadis au nombre des grandes cités.	ib.
Tebesse.	22		
Urbs.	24	Capes.	66
Beggia.	26	El Hamma.	67
Ham Sammit.	27	Macres, château.	68
Casba.	28	Gerbo, île.	69
Choros, château.	ib.	Zoara et Lepède, cité.	72
Biserte.	29	Tripoli l'ancienne.	73
Carthage, grande cité.	30	Tripoli de Barbarie, très belle et grande cité.	ib.
La grande cité de Thunes.	33		

	Pag.		Pag.
Montagnes de tout le domaine de Buggie.	79	Cheneg, province.	103
		Matgara.	105
Auraz.	80	Retel.	ib.
Des montagnes qui se retrouvent au domaine de Constantine.	8	Territoire de Segelmesse.	106
		Segelmesse, cité.	109
		Esuchaila, château.	110
Montagnes de Bona.	83	Humeledegi.	111
Montagnes prochaines de Thunes.	84	Ummhelhefen.	ib.
		D'aucunes contrées, à savoir: Tebelbelt, Todga, Farcala, Tezerin, Beni Gumi.	
Montagnes de Beni Tefren et de Nufusa.	ib.		
Montagnes de Garian.	85		112
Beni Guarid.	86	Mazalig et Abuhman, châteaux.	
Cassir-Acmed, Subéica, et Casr-Hessin, châteaux.	87		114
		Chasair, cité.	ib.
LIVRE SIXIÈME.		Beni Besseri.	115
D'aucuns villages qui sont prochains du royaume de Thunes et Buggie, à savoir: Gar, Garel-Gare, Sarman, Zamat-Ben-Zarbuh, Zaznor, Hamrozo, et la campagne Tagiora.		Guachde, contrée.	ib.
		Fighig, château.	ib.
		Tesebit.	116
		Tegorarin, contrée.	117
		Meszab.	119
		Techort, cité.	ib.
		Guargala.	121
	89	Zeb, province.	123
Des provinces Mesellata.	91	Pescara.	ib.
Mesrata, province.	ib.	Borgi.	124
Désert de Barca.	92	Nesta.	125
Tesset, cité de Numidie.	93	Theolacha.	126
Guaden, village.	95	Deusen.	ib.
Ifran.	96	Bildulgerid, province.	127
Accha.	97	Teusar.	128
Dara, province.	98	Caphsa, cité.	129
Segelmesse, province.	102	Neszara, château.	131

	Pag.		Pag.
Teorregu.	131	Guber, royaume.	158
Jassiten.	132	Agadez et son royaume.	160
Gademes.	ib.	Cano, province.	162
Fezzen.	133	Zegzeg, royaume.	163
DÉSERTS DE LIBYE. — Zanzaga, premier désert.	ib.	Zanfara, région.	164
		Guangara, royaume.	ib.
Désert où le peuple de Zuenziga fait sa résidence.	135	Borno, royaume.	166
		Gaoga, royaume.	169
		Du royaume de Nubie.	172
Désert où habite le peuple de Targa.	136	LIVRE HUITIÈME.	177
		Division de l'Égypte.	179
Désert où fait sa demeure le peuple de Lemta.	137	Origine et génération des Égyptiens.	180
Désert où habite le peuple de Berdoa.	138	Qualité et accident de l'air en Égypte.	184
Nun, contrée.	ib.	Bosiri, première cité en Égypte, sur le Nil.	187
Tegaza.	139		
Augela.	140	Alexandrie, grande et renommée cité.	ib.
Serte, cité.	ib.		
Berdeoa, contrée.	141	Bocchir, cité.	194
Alguechet.	142	Rasid, appelé par les Italiens Rosette.	195
LIVRE SEPTIÈME, OU IL EST TRAITÉ DU PAYS DES NOIRS.	143	Anthuis, cité.	197
		Barnabal, cité.	ib.
		Thèbes, cité.	198
Gualata, premier royaume des Noirs.	146	Fuoa, cité.	199
Ghinée, royaume.	148	Gezirat Eddeheb, c'est-à-dire, l'île de l'or.	200
Melli, royaume.	150		
Tombut, royaume.	151	Mechella, cité.	ib.
Cabra, cité du royaume de Tombut.	155	Derotte, cité.	201
		Mechellat-Chais, cité.	202
Gago et le royaume d'icelle.	156	La très grande et merveilleuse cité du Caire.	ib.

	Pg.		Pag.
Du premier bourg du Caire appelé Beb Zuaila.	208	El Fijum.	249
		Manf-Loth.	250
Le bourg appelé Gemeh-Tailon.	ib.	Asioth.	251
		Ichmin.	252
Le faubourg appelé Beb-Elloch.	209	Munsia.	ib.
		Georgia, monastère.	253
Le bourg appelé Bulach.	213	El-Chian.	254
Le bourg appelé Charafa.	214	Barbanda.	ib.
La vieille cité appelée Mifrulhetich.	215	Chana.	255
		Asna.	256
Coutumes, habits, et manière de vivre des habitants du Caire et des faubourgs.	223	Asuan.	ib.
		LIVRE NEUVIÈME, où il est traité de tous les fleuves, animaux et herbes les plus notables du pays.	261
Par quel moyen on procède à l'élection du Soudan et des offices et dignités de sa cour.	233	Tensif, fleuve.	ib.
		Teseuhin.	262
LES ÉTATS DE LA COUR DU SOUDAN DU CAIRE.	238	Quadelhabich, c'est-à-dire, fleuve des serfs.	263
Eddeguare.	ib.	Ommirabih.	ib.
SOLDATS DU SOUDAN.	241	Buragrag.	264
OFFICIERS DÉPUTÉS AU GOUVERNEMENT DES CHOSES PLUS UNIVERSELLES.	242	Bath.	ib.
		Subu.	265
Naddheasse.	ib.	Luccus.	267
		Mulullo.	ib.
CITÉS SITUÉES SUR LE NIL.	245	Mulvia.	ib.
Geza.	ib.	Za.	268
Muhallaca.	246	Tene.	ib.
Chanca.	ib.	Mnia.	269
Muhaisira.	247	Selef.	ib.
Benisuaif.	248	Sefsaia.	ib.
Munia.	ib.	Le fleuve Majeur.	270

	Pag		Pag.
Sufgmare.	270	Bœuf marin.	300
Iadog.	271	De la tortue.	ib.
Guadibarbar.	ib.	Crocodile.	301
Megerada.	ib.	Du dragon.	306
Capis.	272	De l'hyd e.	307
FLEUVES DE LA NUMIDIE.	273	Dubb.	ib.
Sus.	ib.	Guaral.	308
Darha.	ib.	Caméléon.	ib.
Ziz.	274	DES OISEAUX.	310
Ghir.	ib.	De l'autruche.	ib.
DU GRAND FLEUVE DU NIL.	275	De l'aigle.	311
DES ANIMAUX.	279	Nesr.	ib.
De l'éléphant.	280	Du bezi, qui signifie autour.	312
Girafe.	281		
Chameau.	ib.	Chauves-souris.	314
Cheval barbare.	287	Papegaux.	ib.
Cheval sauvage.	289	Locustes.	ib.
Lant ou Dant.	ib.	DES MINIÈRES. — Du sel.	316
Du bœuf sauvage.	290	Antimonio.	317
De l'âne sauvage.	ib.	Euforbio.	ib.
Bœufs des montagnes d'Afrique.	291	De la poix.	318
		DES ARBRES, HERBES ET RACINES.	319
Adimmai.	ib.		
Moutons.	292	Maus ou muse.	ib.
Du lion.	293	Casse.	ib.
Du léopard.	294	Terfez.	320
Dabuth.	295	Figuier d'Égypte, appelé par les habitants du pays même, giuméiz.	321
Du chat qui fait la civette.	296		
Du singe.	ib.		
Des conils.	297	Ettalche, arbre.	ib.
DES POISSONS.	299	Tauzargante, racine.	322
Ambara, poisson.	ib.	Addad, racine.	ib.
Du cheval marin.	ib.	Surnag, racine.	ib.

TABLE.

DISCOURS sur ce qui est contenu dans les Navigations de messer Alouys de Cademoste, gentilhomme vénitien. 325
PROÈME DE L'AUTEUR SUR SES NAVIGATIONS. 329
PREMIÈRE NAVIGATION. 335
Du séjour de messer Alouys au cap Saint-Vincent, et de son départ l'an en-suivant pour prendre la route des îles Canaries. 339
De l'île de Port-Saint, où nous arrivâmes. 340
Du port de l'île de Madère, et de ce qu'elle produit. 341
Des sept îles des Canaries et des coutumes des habitants. 346
De Cap-Blanc d'Ethiopie, de l'île d'Argin et autres adjacentes. 353
Discours de l'Ethiopie et du désert qui est entre icelle et la Barbarie, et pour quelle occasion il a retenu le nom de Cap-Blanc. 354
Des poissons ui se trouvent le long de cette côte, et des bancs d'arène qui sont au golfe d'Argin. 355

Du lieu de Hoden, des marchandises et coutumes d'icelui. 356
De l'ordonnance faite par le seigneur Infant en l'île d'Argin, sur le fait des marchandises; du fleuve de Sénéga, et des coutumes des Azanaghes. 358
Quelle chose ils pensoient être nos navires, les ayant premièrement découverts. 362
D'un lieu appelé Tegazza, duquel on tire grande quantité de sel, là où il se porte; par quel moyen et comment on en fait marchandise. 363
De la stature et forme d'aucuns qui ne se veulent, en sorte que ce soit, exposer en vue; en quel lieu se transporte l'or qu'on retire d'iceux. 367
Quelle monnoie se dépend entre les Azanaghes, et de leurs coutumes. 372
Du grand fleuve appelé le ruisseau de Sénéga, anciennement nommé Niger, et comme il fut retrouvé. 375

	Pag.		Pag.
Du royaume de Sénéga et de ses confins.	377	De la façon de vivre et manger de Budomel.	399
En quelle manière on procède à la création des rois de Sénéga, et comment ils se maintiennent en leur état.	ib.	De ce que produit le royaume de Sénéga; comme l'on procède à cultiver la terre, et par quel moyen s'y fait le vin.	400
De la foi de ces premiers noirs.	381	Des animaux qui se trouvent en ce royaume.	404
De la manière des habits et coutumes des Noirs.	382	Des animaux qui se trouvent au royaume de Sénéga, des éléphants et autres choses notables.	406
Des guerres qui surviennent entre eux, et de leurs armes.	385		
Du pays de Budomel et du seigneur d'icelui.	387	Des oiseaux de ce pays; de la diversité des papegais, et de l'industrie grande de laquelle ils usent à faire leurs nids.	409
Du seigneur de Budomel, lequel commit messer Alouys sous la garde d'un sien neveu nommé Bisboror, et combien les Noirs de ces marines sont experts à la nage.	389		
		Du marché que font les Noirs, et des marchandises qui ont cours en icelui.	411
De la maison du seigneur de Budomel et de ses femmes.	392	Par quel moyen sont gouvernés les chevaux, comme ils se vendent, et de certains charmes et enchantements qu'on use lorsqu'on les achète.	413
Cérémonies desquelles Budomel veut qu'on use lorsqu'il donne audience, et de la manière qu'il observe faisant ses prières.	395		
		De la coutume des femmes de ce pays, de ce qui cause grande admiration	

aux hommes, et de quels instruments ils savent sonner. 414

De deux caravelles que je rencontrai, dans l'une desquelles étoit messer Antoniottin, gentilhomme genevois, avec lequel je me mis à la route de Cap-Vert. 417

Pour quelle occasion ce cap est appelé Cap-Vert, de trois îles découvertes, et de la côte d'icelui cap. 419

Des Barbacins et Serères noirs, de leur gouvernement, coutumes, de la qualité et guerres du pays. 421

Du ruisseau des Barbacins et d'un truchement, lequel fut mis en terre pour s'informer du pays. 422

De trois almadies qui furent de notre route, dont ceux qui étoient dedans ne voulurent tenir propos avec nous, et de la façon d'icelles. 425

Du pays de Gambre; de l'habit des Noirs; du combat qu'ils eurent avec les Portugais, auquel furent occis plusieurs de ces Noirs, lesquels par leur maigre réponse donnèrent occasion aux Portugais du retour. 428

Combien haute se voyoit la Tramontane; des six étoiles du pôle antarctique; de la longueur des jours au deuxième de juillet; de la qualité du pays, et manière de semer; et comme le soleil se lève en ces lieux sans être précédé de l'aurore. 435

SECONDE NAVIGATION.—Qui furent les premiers à découvrir les îles de Cap-Vert, deux desquelles furent nommées Bonne-Vue et Saint-Jacques. 43

D'un lieu nommé les deux Palmes, et d'une île qui retient le nom Saint-André; du roi Forosangole, et du seigneur Battimansa. 443

Du présent qui fut fait à Battimansa; des marchandises qu'enlevèrent les Portugais en troc;

	Pag.		Pag.
de la mode de naviguer des Noirs de ce pays, et de leurs rames.	446	Verga, et de la qualité de cette côte.	465
De la foi, manière de vivre, et façon des habits d'iceux.	449	D'un lieu appelé le cap de Sagres; de la foi, coutumes de vivre, et de la manière de voguer des habitants d'icelui.	467
Des éléphants qui se trouvent en ce pays; par quel moyen on leur donne la chasse; de la longueur de leurs dents, et forme du pied d'iceux.	451	Du ruisseau de Saint-Vincent; du fleuve Vert; du cap Liédo, et autres choses.	469
D'aucuns fleuves qui furent découverts du seigneur de Casamansa, et autres choses.	456	Du cap Rouge; de celui Sainte-Anne; de la qualité de cette côte, et autres choses.	470
D'un lieu nommé Cap-Rouge, et à quelle occasion; du ruisseau Sainte-Anne, de celui Saint-Dominique; d'un autre fleuve, et de la marée de ce pays qui monte et dévale.	459	Du fleuve des Palmes et autres choses.	472
Des deux grandes îles et autres petites.	462	LETTRES d'Améric Vespuce, Florentin, sur deux voyages faits par le sérénissime roi de Portugal, envoyées à magnifique Pierre Soderin, gonfalonnier perpétuel de haute et puissante seigneurie de Florence.	477
NAVIGATION du capitaine Pierre de Sintre, portugais, écrite par messer Alouys de Cademoste.	465	LETTRE PREMIÈRE.	ib.
Du ruisseau de Besègue; d'un lieu nommé Cap de		LETTRE SECONDE.—Comme la navire du capitaine en chef périt en froissant contre un roc; et d'un port découvert appelé la Moquerie de tous les	

Saints; et comme ils bâtirent une forteresse en un autre port. 491

SOMMAIRE d'Améric Vespuce, Florentin, sur ses deux navigations, à seigneur Pierre Soderin, gonfalonnier perpétuel de la florissante république de Florence. 499

Comme Améric Vespuce, égaré du droit chemin, le retrouve par le moyen d'astrologie; et comme il découvre un pays de terre ferme; et que commençant à la ligne équinoxiale, huit degrés devers le pôle antarctique, naviguant selon la côte susdite, il outre-passa le tropique hiémal vers ledit pôle, par dix-sept degrés et demi. 504

De la nature et coutume des habitants de ce pays, et de la grande paillardise des femmes. 506

Comme toutes choses sont indifféremment communes entre ces peuples, vivant sans aucune loi; et qu'ils usent de chair humaine. 509

De la température de l'air, et fertilité de ce pays. 512

Comme en ce pays-là le ciel est toujours serein et tempéré, et orné d'aucunes étoiles qui nous sont inconnues; et comme le pôle antarctique n'a l'Ursa majeur ni mineur. 514

Comme Améric Vespuce vit en l'autre hémisphère plusieurs choses répugnantes à l'opinion des philosophes; et comme de nuit il vit l'Iride, qui est arc céleste; et comme se voit la nouvelle lune le jour même qu'elle se joint avec le soleil. 517

Comme Améric navigua et discourut la quarte partie du cercle du monde. 519

NAVIGATION de Lisbonne à l'île de Saint-Thomas, située sur la ligne de l'équinoxial, dressée par un pilote portugais, et envoyée à magnifique comte Rémond de La Tour, gentilhomme de Vérone. 523

	Pag.		Pag.
Les navires partant de Lisbonne pour aller charger le sucre à l'île Saint-Thomas, naviguent aux îles Canaries, appelées par les antiques Fortunées; de l'île des Palmes; du promontoire nommé le Cap-Vert.	525	Ponant. y a divers pays : Guinée, côte de Melegettes, Benin, Manicongo, ensemble plusieurs seigneurs et rois, que les peuples adorent, ayant opinion qu'ils sont descendus du ciel ; et d'aucunes de leurs cérémonies ; et de la coutume du royaume de Benin, quand le roi vient à mourir.	53?
De l'île du Sel, et pourquoi elle est ainsi appelée; de l'île de Bonne-Vue; de l'île de Mai; de la merveilleuse abondance de chèvres en toute l'île de Cap-Vert.	526	Les Noirs de Guinée et Benin sont de longue vie, encore qu'ils mangent désordonnément et sans mesure ; de certaine superstition qu'ils ont entre eux ; des épices melegette ; du poivre de la code ; de certaine écorce d'arbrisseaux, ayant le goût de gingembre; et du savon fait avec cendre et huile de palme.	5?
Comme ceux qui font voyages du côté de l'Afrique se fournissent de poisson en quatre heures ; et de la qualité de cette côte, depuis le commencement de cap Boiador, jusqu'à la fin de Cap-Blanc; des poissons appelés Taborins; et des confins qui divisent la Barbarie du pays des Noirs.	528	Pourquoi les pères et mères de ces Noirs vendent leurs propres enfants, et ce qu'ils en reçoivent en contre-change; et comme les esclaves se mènent à l'île Saint-Jacques, où ils	
De l'île Saint-Jacques, et de la grande cité appelée Ribère.	530		
Comme en la côte d'Afrique, qui regarde vers le			

se vendent accouplés, tant mâles que femelles; de la côte nommée Mina, et pour quelle cause le roi de Portugal y a fait bâtir un château. 538

Du fleuve nommé Rio, anciennement appelé Niger; d'une grande montagne dite Serre-Lionne. 541

Comme à l'entrée du fleuve Rio l'on commence à voir quatre étoiles très claires, en forme de croix, qui s'appellent le Chariot; et comme en l'île de Saint-Thomas s'est vu, depuis peu de temps en çà, la lune de nuit, représentant Iris, tout ainsi que fait le soleil sur le jour. 543

Description de l'île Saint-Thomas, peuplée aujourd'hui de plusieurs marchands; de l'île dite le Principal; de l'île Anobon, et de la cité appelée Pavoasan. 545

Comme les habitants de cette île s'adonnent à faire le sucre qu'enlèvent les marchands qui viennent là; de la bonté de cette terre; de la mode de planter la canne du sucre; pourquoi la chair du porc est saine en ce lieu et de bonne digestion. 548

Comme le sucre de cette île n'est ni trop dur ni trop blanc, et comme ils assaisonnent. 551

Comme aux marchands du roi qui viennent habiter en cette île, le lieutenant du roi vend à bon marché tant de terre qu'ils en peuvent faire cultiver; et comme l'igname, racine, est le fondement et soutien de leur vie. 553

De la mode des maisons des Maures qui demeurent dans les bois, travaillant après les sucres. 554

De la racine batata ou bien igname, et combien il y en a de sortes; de la mode de la planter, et comment l'on connoît quand elle est mûre. 555

Chose merveilleuse d'une très grande montagne

	Pag.		Pag.
qui est presque au milieu de l'île, dont la cime se jette fort en haut.	557	la susnommée ile court le mal de Naples, et par quel moyen on le guérit.	563
Des arbres et du profit qui vient de la palme, produisant le fruit appelé cocos.	559	Comme les Noirs sont tourmentés des fièvres, et du remède.	565
Pour quelle cause les saisons de cette île sont différentes aux nôtres.	560	Pour quelle cause le froment ne vient à due perfection en cette ile, et le même des vignes; des fruits qui y naissent; des oiseaux, et variété des poissons.	566
Coutume des citadins de Pavoasan au temps des chaleurs, et comme en			

FIN DE LA TABLE.